Hans Jürgen Kahrs
Kausalität und überholende Kausalität
im Zivilrecht

Kausalität
und überholende Kausalität
im Zivilrecht

von

DR. HANS JÜRGEN KAHRS

Hamburg
Cram, de Gruyter & Co.
1969

Gesamtherstellung: fr. G. Knauers Buchdruckerei (A. Petzold), Hoya/Syke.
Printed in Germany.

Vorwort

Die vorliegende Arbeit beruht zum Teil auf Ergebnissen meiner Schrift „Das Vermeidbarkeitsprinzip und die condicio-sine-qua-non-Formel im Strafrecht". Wenn ich mich bemüht habe, die strafrechtlichen Fragestellungen auch für das Zivilrecht zu nutzen, so glaube ich mich hierzu auf Grund der Beobachtung berechtigt, daß sich fast jeder Hinweis eines Schädigers auf einen hypothetischen Geschehensablauf in die entsprechende Verteidigung eines Straftäters verwandeln läßt. Hält man aber die Fragestellungen für vergleichbar, so mag man auch gemeinsame Lösungen für nützlich halten. Für das Problem der Kausalität und der überholenden Kausalität kann dabei das Strafrecht dem Zivilrecht schon deshalb gute Impulse geben, weil die gemeinsame Lösung nur in einer Basis liegen kann, die vom Strafrecht bestimmt werden muß. Für sich allein hätte das Zivilrecht eine Reihe denkbarer Möglichkeiten, den Einwand hypothetischen Geschehens zu beachten oder ihn beiseitezulassen, sei es beispielsweise, daß dieser Einwand mit einer Umkehr der Beweislast abzufangen wäre, sei es, daß die nach Kausalgrundsätzen gefundene Lösung dem Schadensbegriff nicht zu entsprechen scheint und von dorther korrigiert werden soll. Greift man bei der Lösung der zivilrechtlichen Probleme jedoch nur zu Gesichtspunkten, die das Zivilrecht allein betreffen können, so versagt man sich bei gleicher Fragestellung für das Strafrecht die Antwort und stellt schließlich auch die für das Zivilrecht gewonnene Lösung wieder in Frage.

Aus der Annahme, daß Kausalprobleme im Strafrecht und im Zivilrecht parallel liegen könnten, folgt der Aufbau der Arbeit. Da die Grundlage gemeinsamer Lösungen etwa für das Problem der hypothetischen Schadensursachen jedenfalls nicht in der Schadensberechnung, im Schadensbegriff oder in anderen nur zivilrechtlichen Gesichtspunkten liegen kann, sondern nur in der Kausalität oder in einem anderen allgemein gültigen Zurechnungsprinzip, wird zunächst jede mit der condicio-sine-qua-non-Formel zusammenhängende Problematik erörtert, bevor besondere zivilrechtliche Gesichtspunkte herangezogen werden. Diese Erörterung führt nach dem 6. Kapitel zu einem Vorschlag, der im Kern dem in der genannten Schrift für das Strafrecht vorgelegten Vorschlag entspricht und der die Probleme des hypothetischen Geschehens auch im Zivilrecht dem Bereich der condicio-sine-qua-non-Formel zuweist. Im 7. Kapitel wird sodann die Rechtsprechung geprüft. Die Sachverhalte und Urteilsgründe werden ausführlich abgedruckt, damit dem Leser die Arbeit des Nachschlagens zahlreicher vielfach komplizierter Fälle erspart bleibt. Dabei und im 8. Kapitel über das Schrifttum wird die vorgeschlagene

Lösung mit den Auffassungen verglichen, die in Rechtsprechung und Schrifttum vertreten worden sind.

Die Begrenzung des condicio-sine-qua-non-Zusammenhangs, wie sie etwa von der Adäquanztheorie versucht wird, gehört nicht zum Thema der Arbeit.

Bonn, im April 1968

Inhaltsübersicht

Abkürzungsverzeichnis

AcP	Archiv für die zivilistische Praxis (Band und Seite)
AP	Nachschlagewerk des Bundesarbeitsgerichts (bis 1954 Zeitschrift: Arbeitsrechtliche Praxis) (Jahrgang und Seite, seit 1954 Gesetzesstelle und Entscheidungsnummer)
BAG	Bundesarbeitsgericht
BAGE	Entscheidungen des Bundesarbeitsgerichts (Band und Seite)
BB	Der Betriebsberater (Jahr und Seite)
BGH	Bundesgerichtshof
BGHSt	Bundesgerichtshof, Entscheidungen in Strafsachen (Band und Seite)
BGHZ	Bundesgerichtshof, Entscheidungen in Zivilsachen (Band und Seite)
DAR	Deutsches Autorecht (Jahr und Seite)
DJ	Deutsche Justiz (Jahr und Seite)
DRZ	Deutsche Rechtszeitschrift (Jahr und Seite)
HRR	Höchstrichterliche Rechtsprechung (Jahr und Nummer)
JR	Juristische Rundschau (Jahr und Seite)
JuS	Juristische Schulung (Jahr und Seite)
JW	Juristische Wochenschrift (Jahr und Seite)
JZ	Juristen-Zeitung (Jahr und Seite)
KB	King's Bench Reports (England)
KG	Kammergericht
LG	Landgericht
LM	Entscheidungen des Bundesgerichtshofs im Nachschlagewerk des Bundesgerichtshofs von Lindenmaier-Möhring (Gesetzesstelle und Entscheidungsnummer)
MDR	Monatsschrift für Deutsches Recht (Jahr und Seite)
OGH	Oberster Gerichtshof für die britische Zone
OGHZ	Rechtsprechung des Obersten Gerichtshofs für die britische Zone in Zivilsachen (Band und Seite)
OLG	Oberlandesgericht
RG	Reichsgericht
RGZ	Reichsgericht, Entscheidungen in Zivilsachen (Band und Seite)

SJZ	Süddeutsche Juristenzeitung (Jahr und Spalte)
VersR	Versicherungsrecht (Jahr und Seite)
VRS	Verkehrsrechtssammlung (Band und Seite)
WM	Wertpapierrechtliche Mitteilungen (Jahr und Seite)
ZHR	Zeitschrift für das gesamte Handelsrecht und Wirtschaftsrecht (von Band 124, 1962 an: vorher: ... Handelsrecht und Konkursrecht) (Band und Seite)

Literaturverzeichnis

Baumbach-Lauterbach, Zivilprozeßordnung mit Gerichtsverfassungsgesetz und anderen Nebengesetzen, 29. Auflage, München und Berlin 1966.
Boehmer, Gustav, Grundlagen der bürgerlichen Rechtsordnung, Bd. I, Tübingen 1950.
—, Anmerkung zu BGH JZ 1958, 742, 743.
Böttidier, Eduard, Zur Ausrichtung der Sanktion nach dem Schutzzweck der verletzten Privatrechtsnorm, AcP 158, 385.
Blomeyer, Arwed, Anmerkung zu BGH JR 1958, 258.
—, Allgemeines Schuldrecht, 3. Auflage, Berlin und Frankfurt 1964.
Bydlinski, Franz, Probleme der Schadensverursachung nach deutschem und österreichischem Recht — Abhandlungen aus dem gesamten Bürgerlichen Recht, Handelsrecht und Wirtschaftsrecht — Beihefte der Zeitschrift für das Gesamte Handelsrecht und Wirtschaftsrecht 28. Heft — Stuttgart 1964.
von Caemmerer, Ernst, Das Problem des Kausalzusammenhangs im Privatrecht, Freiburg 1956.
—, Das deutsche Schuldrecht und die Rechtsvergleichung, NJW 1956, 56.
—, Das Problem der überholenden Kausalität im Schadensersatzrecht, Karlsruhe 1962.
Carl, Anmerkung zu KG JW 1938, 319.
Cassens, Johann-Tönjes, Die Bedeutung des gegliederten Schadensbegriffs für die Berücksichtigung hypothetischer Schadensereignisse, Kieler ungedruckte Dissertation 1961.
Cebulka, Anmerkung zu BGH NJW 1953, 261 in NJW 1953, 624.
Coing, Helmut, Interesseberechnung und unmittelbarer Schaden, SJZ 1950, 866.
Deutsch, Erwin, Fahrlässigkeit und erforderliche Sorgfalt, Köln, Bonn, München, Berlin 1963.
Enneccerus-Lehmann, Recht der Schuldverhältnisse. Ein Lehrbuch, 15. Bearbeitung, Tübingen 1958.
Enneccerus-Nipperdey, Allgemeiner Teil des Bürgerlichen Gesetzbuchs, Bd. II, 2. Halbb., Tübingen 1960.
Entwurf eines Strafgesetzbuches mit Begründung (Bundesratsdrucksache 200/62; Bundestagsdrucksache IV/650), Bonn 1962.
Erman, Handkommentar zum Bürgerlichen Gesetzbuch, 3. Auflage, Münster 1962.
Esser, Josef, Schuldrecht, Allgemeiner und Besonderer Teil, Ein Lehrbuch, 2. Auflage, Karlsruhe 1960.
von Gerkan, Hartwin, Schutzzweckgedanke und Amtshaftung, MDR 1961, 743.
von Gierke, Otto, Der Entwurf eines bürgerlichen Gesetzbuches und das deutsche Recht, Leipzig 1889.
Hainmüller, Dietmar, Der Anscheinsbeweis und die Fahrlässigkeitstat im heutigen deutschen Schadensersatzprozeß, Tübingen 1966.
Heck, Philipp, Grundriß des Schuldrechts, Tübingen 1929.
Heinemann, Jost, Überholende Kausalität und Schadensbegriff, Hamburger Dissertation 1961.
Hofmann, Edgar, Schadensursachenkonkurrenz und überholende Kausalität, VersR 1960, 1063 und VersR 1961, 12.
Hueck, Götz, Zum Problem der überholenden Kausalität, JR 1953, 404.
Isele, Hellmuth Georg, Anmerkung zu RGZ 142, 8 = JW 1934, 89 in JW 1934, 89.

Jung, Wilhelm Herbert, Die conditio sine qua non und ihr Beweis im Zivil- und Zivilprozeßrecht, Dissertation, Frankfurt a. M. 1927.
Kahrs, Hans Jürgen, Das Vermeidbarkeitsprinzip und die condicio-sine-qua-non-Formel im Strafrecht, Hamburg 1968.
Kahrs, Werner, Zivilrechtliche Ansprüche auf Grund einer Verletzung des Diskriminierungsverbots, Baden-Baden 1965.
Knappe, Hans-Joachim, Das Problem der überholenden Kausalität, Göttingen 1954.
Kohler, Josef, Lehrbuch des bürgerlichen Rechts, Berlin 1906.
Kunick, Anmerkung zu RGZ 141, 365 = JW 1933, 2383 in JW 1933, 2383.
Lange, Hermann, Gutachten für den 43. Deutschen Juristentag: Empfiehlt es sich, die Haftung für schuldhaft verursachte Schäden zu begrenzen? Kann für den Umfang der Schadensersatzpflicht auf die Schwere des Verschuldens und die Tragweite der verletzten Norm abgestellt werden? Verhandlungen des 43. Deutschen Juristentages 1960, Bd. I, 1. Teil. S. 1, Tübingen 1960.
—, Zum Problem der überholenden Kausalität, AcP 152, 153.
Lange, Otto, Zur Frage der „überholenden Kausalität", JR 1951, 73.
Larenz, Karl, Die Berücksichtigung hypothetischer Schadensursachen bei der Schadensermittlung, NJW 1950, 48.
—, Anmerkung zu BAG NJW 1959, 356 und 908 in NJW 1959, 865.
—, Die Notwendigkeit eines gegliederten Schadensbegriffs, VersR 1963, 1.
—, Lehrbuch des Schuldrechts, Erster Band, Allgemeiner Teil, 8. Auflage, München und Berlin 1967.
Lehmann, Heinrich, Anmerkung zu OGH DRZ 1949, 182.
—, Begrenzung der Rechtswidrigkeit. Recht und Wirtschaft, Festschrift für Justus Wilhelm Hedemann zu seinem 80. Geburtstag, S. 179, Berlin 1958.
Lemhöfer, Bernt, Die überholende Kausalität und das Gesetz, JuS 1966, 337.
Lindenmaier, Fritz, Adäquate Ursache und nächste Ursache, ZHR 113, 207.
Mailänder, K. Peter, Das Verbot horizontaler Wettbewerbsbeschränkungen und die Rechtsbeziehungen zu Dritten, Dissertation, Tübingen 1963.
Mertens, Hans-Joachim, Der Begriff des Vermögensschadens im Bürgerlichen Recht, Stuttgart, Berlin, Köln, Mainz 1967.
Michaelis, Karl, Beiträge zur Gliederung und Weiterbildung des Schadensrechts, (Leipziger rechtswissenschaftliche Studien, Heft 124), Leipzig 1943.
Mommsen, Friedrich, Zur Lehre von dem Interesse, Braunschweig 1855.
Motive zu dem Entwurfe eines Bürgerlichen Gesetzbuches für das Deutsche Reich, Band II, Recht der Schuldverhältnisse, Berlin und Leipzig 1888.
Neumann-Duesberg, Beweis des hypothetischen Schadenseintritts bei überholender Kausalität, NJW 1952, 131.
—, Verneinung der überholenden Kausalität trotz hypothetischer Schadensursache, JR 1952, 225.
—, Überholende Kausalität bei §§ 992, 990 BGB, JZ 1953, 171.
—, Einzelprobleme der überholenden Kausalität, JZ 1955, 263.
Neuner, Robert, Interesse und Vermögensschaden, AcP 133, 277.
Niederländer, Hubert, Hypothetische Schadensereignisse, JZ 1959, 617.
—, Schadensersatz bei hypothetischen Schadensereignissen, AcP 153, 41.
Nipperdey, Hans Karl, Grundfragen der Reform des Schadensersatzrechts, München, Berlin 1940.
Oertmann, Paul, Die Vorteilsausgleichung beim Schadensersatzanspruch im römischen und deutschen bürgerlichen Recht, Berlin 1901.
—, Kommentar zum BGB und seinen Nebengesetzen 2. Buch, Recht der Schuldverhältnisse, 5. Auflage, Berlin 1928.
Palandt, Bürgerliches Gesetzbuch, Kommentar, bearbeitet von Danckelmann, Gramm, Hoche, Keidel, Lauterbach, 26. Auflage, München und Berlin 1966.
Planck, Max, Kausalgesetz und Willensfreiheit, Berlin 1923.
—, Physikalische Gesetzlichkeit im Lichte neuerer Forschung, Leipzig 1926.
—, Der Kausalbegriff in der Physik, Leipzig 1932.
Prölss, Jürgen, Beweiserleichterungen im Schadensersatzprozeß, Karlsruhe 1966.
Rabel, Ernst, Das Recht des Warenkaufs, Bd. I, Berlin und Leipzig 1936.

Referentenentwurf eines Gesetzes zur Änderung und Ergänzung schadensersatzrechtlicher Vorschriften, Wortlaut (I) und Begründung (II), Karlsruhe 1967.
Rother, Werner, Haftungsbeschränkung im Schadensrecht, München und Berlin 1965.
—, Anmerkung zu OLG Köln VersR 1964, 1191 in VersR 1965, 178.
Rühl, Ludwig, Zum ursächlichen Zusammenhang beim Schadensersatz, NJW 1949, 568.
—, Anmerkung zu LG Dortmund NJW 1950, 508.
Rümelin, Max, Die Verwendung der Causalbegriffe im Straf- und Civilrecht, AcP 90, 171.
Schmidt, Rudolf, Rechtsmängelhaftung und überholende Kausalität, AcP 152, 112.
Siber, Heinrich, Schuldrecht, Leipzig 1931.
Staudinger, Kommentar zum Bürgerlichen Gesetzbuch, Bd. II, Recht der Schuldverhältnisse, Teil 1 c, § 249-327, 10./11. Auflage, Berlin 1967.
Steindorff, Ernst, Abstrakte und konkrete Schadensberechnung, AcP 158, 431.
Verhandlungen des dreiundvierzigsten Deutschen Juristentages, Bd. I und II, Tübingen 1962.
Werner, Alfred, Zur Abgrenzung des Einwandes der überholenden Kausalität, NJW 1957, 1857.
—, Anmerkung zu BGH NJW 1959, 1131 in NJW 1959, 1823.
Wilburg, Walter, Die Elemente des Schadensrechts, Marburg 1941.
Wolf, Joseph Georg, Der Normzweck im Deliktsrecht, Göttingen 1962.
Zeuner, Albrecht, Zum Problem der überholenden Kausalität, AcP 157, 441.
—, Anmerkung zu BGH JZ 1960, 409

Erstes Kapitel

Die Problematik der condicio-sine-qua-non-Formel

Die langdauernde Diskussion um eine juristische Kausalformel hat zu einem Zwischenergebnis geführt, das als unbestritten gelten kann. Der Schädiger hat nur für den Schaden Ersatz zu leisten, den er verursacht hat. Er hat ihn verursacht, wenn seine positive Handlung nicht hinweg- oder seine unterlassene Handlung nicht hinzugedacht werden kann, ohne daß der Schaden entfällt. Diese als condicio-sine-qua-non-Formel bekannte Wendung führt in fast allen Fällen zu gerechten Ergebnissen. Bestehende Zweifel scheinen sich fast nur noch auf die Abgrenzung der Formel zu beziehen, die nicht zum Thema der vorliegenden Arbeit gehört.

Gleichwohl unterliegt die Formel erheblichen theoretischen und praktischen Bedenken. Theoretisch ist anzumerken, daß eine unterlassene Handlung jedenfalls im naturwissenschaftlichen Sinne keinen Schadenserfolg bewirken kann. Für die positiven Handlungen ist hinzuzufügen, daß die Beeinflussung des Willens einer Person und deren dann folgende Entscheidung ebenfalls keinem Kausalgesetz nach naturwissenschaftlichen Maßstäben folgen. Diese Hinweise könnten jedoch als überholt erscheinen, weil der condicio-sine-qua-non-Formel heute weitgehend nicht mehr die Bedeutung einer naturwissenschaftlichen Kausalformel beigemessen wird. Man nimmt vielmehr an, die Formel bestimme in der Verknüpfung zwischen schädigendem Verhalten und Schaden nur einen zureichenden Rechtsgrund für die Auferlegung von Rechtsfolgen, sie diene der Aufgabe, dem Schädiger einen bestimmten Erfolg rechtlich zuzurechnen, der Gedanke der Formel liege in der elementaren Rechtsidee, daß man für den Schaden als Haftpflichtiger in Betracht komme, den man durch anderes als das wirklich beobachtete Verhalten hätte vermeiden können[1]). Stimmt man dem zu, so könnte die wenig praktisch erscheinende Kritik gegen das naturwissenschaftliche Kausalprinzip hinfällig werden, die damit aufgeworfenen Probleme könnten Scheinprobleme sein. Überdies war die Formel jedenfalls im Bereich der Unterlassungen schon von jeher normbezogen; der Schädiger war für einen Erfolg nur dann verantwortlich, wenn sein pflichtgemäßes Verhalten nicht hinzugedacht werden konnte, ohne daß der Schaden entfiel. Die gleiche Entwicklung zeigt sich bei den positiven Handlungen. Der mit der überhöhten Geschwindigkeit von

---

[1]) Bydlinski, Probleme der Schadensverursachung (1964) S. 10

70 km/h fahrende einen Fußgänger tödlich verletzende Kraftfahrer haftet nicht wegen fahrlässiger Tötung schon deshalb, weil er den Tod des Fußgängers kausal herbeigeführt und dabei fahrlässig gehandelt hat, sondern er haftet nur, wenn die unzulässige Geschwindigkeit, sein Fehler, nicht hinweggedacht werden kann, ohne daß der Schaden entfallen wäre. Wie weit jedenfalls im Ergebnis die Normbezogenheit der condicio-sine-qua-non-Formel fortgeschritten ist, erweist sich an der bekannten Fortführung des eben genannten Beispielsfalls: Auf die Einlassung des Schädigers, der Unfall wäre auch bei der zulässigen Geschwindigkeit von 50 km/h geschehen, wird erwidert, dies sei nicht der Fall, denn der Schädiger hätte den Unfallort bei zulässiger Geschwindigkeit noch nicht erreicht gehabt, als der Fußgänger sich dort aufhielt. Hierzu lautet die anerkannte und richtige Lösung, es sei nicht der Sinn des Verbots überhöhter Geschwindigkeit, daß der Kraftfahrer an einem Ort, an dem später unvorhersehbar ein Unfall geschehe, später als sonst eintreffe, sondern vielmehr, daß ihm am Unfallort alle Möglichkeiten erhalten blieben, den Unfall zu vermeiden; deshalb komme es nur auf das hypothetische richtige Verhalten am Unfallort zur Unfallzeit an[2]). Hier richtet sich die condicio-sine-qua-non-Formel deutlich nach dem Sinn und Zweck des Gesetzes. Sie ist keine Formel, die nach wertfreier Methode den wertfreien naturwissenschaftlichen Kausalzusammenhang bestimmt.

Ist die Formel jedoch einigen rechtlichen Gesichtspunkten zugänglich, so fragt sich, ob sie nicht noch weiteren rechtlichen Gesichtspunkten Zugang bieten sollte. Das Problem der überholenden Kausalität wird weitgehend als ein Problem des Schadensbegriffs und der Schadensberechnung angesehen, weil die condicio-sine-qua-non-Formel die vom Ergebnis her gewünschten Differenzierungen nicht liefern könne[3]). Diese Voraussetzung ist mit der Einsicht angegriffen, daß die Formel nicht rechtsneutral arbeiten muß oder sogar, daß sie nicht rechtsneutral arbeiten darf. Auf der anderen Seite wird die Formel auch nicht beliebig gestreckt werden dürfen. Deshalb sind die zulässigen Möglichkeiten einer rechtlich gestalteten condicio-sine-qua-non-Formel zu prüfen.

Auf eine rechtliche Gestaltung der Formel kann auch nicht verzichtet werden. Eine neutrale Arbeitsweise der Formel läßt in entscheidenden Fällen die Frage offen, ob und in welchem Umfang dem Schädiger sein Verhalten zugerechnet werden soll.

Fall 1: Ein Arzt nimmt eine Operation ohne die erforderliche Einwilligung des Patienten vor; hieraus entsteht ein Schaden.

Darf der Arzt sich darauf berufen, daß der Patient, wäre er gefragt worden, der Operation mit Sicherheit zugestimmt hätte? Zur Vereinfachung des Falles sei angenommen, dies sei festgestellt. Dann stellen sich zwei rechtspolitisch wesentliche Fragen. Wenn es der Zweck der notwendigen Einwilligung ist, die persönliche Entscheidungsfreiheit des Patienten

---

[2]) BGH DAR 1960, 114 Nr. 54 unten 7. Kap. I

[3]) Esser, Schuldrecht § 62, 5

zu schützen, ihm die Möglichkeit zu geben, noch einen anderen Arzt zu konsultieren, wenn die Einwilligung also eine Frage seiner persönlichen Entschließung ist, soll sie dann das Gericht, vielleicht nach seinem Tode, für ihn treffen? Und wird die Sorgfaltspflicht des Arztes auch nur im geringsten dadurch berührt, daß sich später aus Zeugenvermutungen das hypothetische Einverständnis feststellen läßt? Rechtspolitisch und im Einklang mit dem Sinn der geforderten Einwilligung könnte man deshalb erwägen, die Berücksichtigung der nicht vorhandenen nur hypothetischen Einwilligung abzulehnen. Andererseits: Wenn doch feststeht, daß die Einwilligung ohnehin erteilt worden wäre, kann es dann rechtspolitisch richtig sein, daß dem Patienten oder seinen Angehörigen eine krisenfeste Position eingeräumt wird, als hätte die Möglichkeit der schädigenden Einwilligung nie bestanden? Welchen Schaden hat der Schädiger denn angerichtet, den der Geschädigte nicht ohnehin zu tragen hätte? Man mag diese Fragen im einen oder im anderen Sinne beantworten. In keinem Fall wird man sich bei dieser Entscheidung aber an eine neutrale Formel oder gar an den Gesichtspunkt binden, der Arzt habe den Schaden verursacht und fahrlässig gehandelt. Entscheidet man sich dafür, die hypothetische Einwilligung zu berücksichtigen, so ist der Schaden dem Arzt nicht zuzurechnen, obwohl er im naturwissenschaftlichen Sinne kausal und auch fahrlässig gehandelt hat und Rechtfertigungsgründe nicht vorliegen. Die Formel würde lauten: der Arzt ist nicht verantwortlich, weil sein fehlerhaftes Verhalten hinweg- und fehlerfreies Verhalten hinzugedacht werden könnte, ohne daß sich am Ergebnis etwas ändern würde. Sie wäre damit condicio-sine-qua-non-Formel; Kausalformel wäre sie nicht.

Nun mag man sich mit einer weitgehend rechtlich gestalteten condicio-sine-qua-non-Formel zufriedengeben, solange die condicio-sine-qua-non-Technik überhaupt erhalten bleibt. Aber auch insoweit ergeben sich erhebliche Bedenken. Zum Fall 1 sei angenommen, daß die hypothetische Einwilligung des Patienten zwar zu berücksichtigen wäre, zugleich aber nicht feststünde, ob sie erteilt worden wäre; für letzteres und dagegen mögen gleich wichtige Argumente sprechen. Dann wird die Klage abgewiesen. Das erscheint nicht gerecht, weil der beklagte Arzt doch offenbar die etwa fünfzigprozentige Chance für eine glückliche ablehnende Entscheidung des Patienten vergeben hat. Legt man aber dem beklagten Arzt die Beweislast auf, so wird er voll verurteilt. Das erscheint wiederum nicht gerecht. Wenn die hypothetische Einwilligung berücksichtigt werden soll, so ist damit dem Gedanken Raum gegeben, daß dem Geschädigten keine krisenfeste Position eingeräumt werden soll. Dann sollte man auch berücksichtigen, daß die Position des Geschädigten schon zur Hälfte verloren war. Eine Schadensteilung nach dem Umfang der vernichteten Chance, an die zu denken wäre, wird jedoch von jeder condicio-sine-qua-non-Formel unmöglich gemacht. Entweder es ist ein Ereignis condicio, dann ist voll zu verurteilen, oder es ist ein Ereignis nicht condicio, dann ist die Klage abzuweisen. Ebensowenig, wie es eine mehr oder weniger vorhandene Kausalität gibt, so wenig gibt es auch eine mehr oder weniger vorhandene condicio. Berücksichtigt man die hypothetische Einwilligung in die Operation überhaupt und sieht man dann den Sinn des Gesetzes darin, dem Geschädigten die Chance für einen glücklichen Entschluß zu bewahren, ohne daß er hieraus einen Vorteil ziehen soll, so könnte mit der gerecht erscheinenden Schadensteilung die Formel und ihre Technik insgesamt getroffen werden.

Dies ist näher auszuführen mit dem

Fall 2: A. übergibt B. 100,— DM und beauftragt ihn bindend, diesen Betrag für ihn bei einem bestimmten Pferderennen zu verwetten, bei dem 10 etwa gleichwertige Pferde mit gleichen Chancen starten. A., der ohne besonderen Anlaß die Pferde 1, 2 und 3 für Favoriten hält, gibt dem B. die Weisung, die 100,— DM auf eines dieser drei Pferde zu setzen. B. kommt dieser Weisung nicht nach, sondern setzt auf das Pferd 10. Das Pferd 1 gewinnt; die Quote beträgt 10:1. A. verlangt von B. Schadensersatz in Höhe von 1000,— DM. Er wirft dem B. vor, daß er, hätte er auftragsgemäß gehandelt, auf das Pferd 1 hätte setzen und damit 1000,— DM für ihn hätte gewinnen können. B. verweigert jede Zahlung und verweist darauf, daß er im Rahmen des Auftrags auch auf die Pferde 2 oder 3 hätte setzen können und dann ebenfalls nichts gewonnen hätte.

Gibt man der Klage statt, so wird A., weist man die Klage ab, so wird B. ungerecht bevorzugt. Gerecht erscheint es dagegen, dem Kläger 333,33 DM zuzusprechen. Dieser Betrag ist ein gerechtes Äquivalent für die vom Beklagten vergebene ⅓ Chance, mit 100,— DM 1000,— DM zu gewinnen.

Fall 3: Aus 10 etwa gleichen Schönheitsprinzessinnen soll eine Schönheitskönigin gewählt werden. Der Preis ist ein Filmvertrag. Der Veranstalter unterläßt es pflichtwidrig, fünf Prinzessinnen einzuladen, die deshalb am Wettbewerb nicht teilnehmen. Eine der eingeladenen Prinzessinnen wird gewählt und erhält den Preis. Jede nicht eingeladene Prinzessin klagt auf vollen Schadensersatz für den ihr entgangenen Filmvertrag [4]).

Würde den Klagen stattgegeben, so hätte der Veranstalter allein Ersatz für fünf verlorene Filmverträge zu leisten, obwohl nur ein Vertrag als Preis gegeben werden sollte. Zahlt er aber nichts, so werden die fünf nicht eingeladenen Prinzessinnen so gestellt, als hätten sie niemals eine Chance

---

[4]) Vgl. den Fall Chaplin v. Hicks (1911) 2 K. B. 786, in dem aus 50 Bewerberinnen 12 Preisträgerinnen ausgewählt werden sollten; die Preisträgerinnen sollten Anstellungen als Schauspielerinnen erhalten. Der Veranstalter lud die Klägerin nicht rechtzeitig ein, so daß sie den Termin versäumte. Der englische Court of Appeals sprach ihr einen Anspruch auf Schadensersatz in Höhe der entgangenen Chance zu. Vgl. weiter auch § 332 Restatement of the Law of Contracts:

„Where a right to a promised performance is conditional upon the happening of some fortuitous event, the promiser can recover damages measured by the value of the conditional right at the time of breach,

a) if it is impossible to determine with reasonable certainty whether or not the event would have occurred if there had been no breach

b) if the breach causes the injured party reasonably to make a new contract for the assumption of the same risk by another contractor."

gehabt; ebenso wäre der Veranstalter gegenüber allen zehn Schönheitsprinzessinnen frei, wenn er die Veranstaltung pflichtwidrig ganz hätte ausfallen lassen — obwohl er hier nachweisbar den irgendeiner Prinzessin doch zustehenden Vertrag vernichtet hat. Die Schadensteilung nach dem Verhältnis 1:10 erscheint gerecht.

F a l l 4 : Ein Reeder gibt 10 gleich leistungsfähigen Werften je einen Frachter in Auftrag. Bis zu einem bestimmten Zeitpunkt behält er sich den Rücktritt vor für den Fall, daß in der Metallindustrie gestreikt wird oder daß die Frachtraten unter einen bestimmten Wert sinken. Die Gewerkschaft streikt tarifwidrig und der Reeder tritt von allen Verträgen zurück. Dann sinken auch die Frachtraten unter den bezeichneten Wert. Die 10 Werften klagen gegen die Gewerkschaft auf Schadensersatz für je einen Frachter. Die Gewerkschaft beruft sich darauf, daß der Reeder wegen des Sinkens der Frachtraten von den Verträgen ohnehin zurückgetreten wäre. Der Reeder sagt als Zeuge aus, dies sei richtig, einen Auftrag allerdings hätte er bestehenlassen, welchen freilich, könne er nicht sagen.

Das Problem der überholenden Kausalität, zu dem man diesen Fall zählen könnte, wird in der Frage gesehen, ob der auf Schadensersatz in Anspruch Genommene sich zu seiner Entlastung darauf berufen darf, daß der Schaden ganz oder teilweise auch ohne sein ihn haftbar machendes Verhalten entstanden wäre, weil Umstände vorlagen oder Ereignisse eingetreten sind, die zu dem gleichen Schaden geführt hätten. Für die vorliegende Arbeit, die jede Einlassung des Schädigers würdigt, daß der Schaden ohnehin eingetreten wäre, und die deshalb von der Aufgabe her nicht zu einer Abgrenzung zwischen Kausalität und überholender Kausalität gezwungen ist, sollte eine Eingruppierung dieses Falles und anderer Fälle vermieden werden. Nach herrschender Auffassung ist das hypothetische Ereignis im Problemkreis der überholenden Kausalität nämlich nur dann zu berücksichtigen, wenn feststeht, daß es mit Sicherheit eingetreten wäre. Nimmt man diesen Fall zum Problem der überholenden Kausalität und wendet man darauf die herrschende Auffassung an, so wäre die Gewerkschaft verpflichtet, jeder Werft den entgangenen Gewinn für einen Frachter zu ersetzen, insgesamt also für 10 Frachter, obwohl schließlich nur noch ein Frachter gebaut werden sollte. Nimmt man den Fall aber zur Kausalität und hat man deshalb keinen besonderen Anlaß, der beklagten Gewerkschaft die Beweislast aufzuerlegen, so wird die Klage in allen Fällen abgewiesen. Das erscheint jedoch erneut bedenklich, weil der Schaden in einem der Fälle doch entstanden sein muß.

F a l l 5 : In einem Metallarbeiterstreik verletzt die Gewerkschaft die tarifvertragliche Friedenspflicht. Sie ordnet Kampfmaßnahmen an, ohne zunächst, wie vereinbart, eine Fünf-Tage-Frist abzuwarten. Die Gewerkschaft beruft sich darauf, daß der Streik nach Ablauf der Frist ohnehin durchgeführt worden wäre, so daß allenfalls der Schaden für fünf Tage, nicht aber für die Gesamtdauer des Streiks zu ersetzen sei.

Dieser vom Bundesarbeitsgericht gegen die I.-G. Metall entschiedene Fall[5]) wird ebenfalls dem Problemkreis der überholenden Kausalität zugerechnet, obwohl das Scheitern weiterer Verhandlungen nach Einhaltung der fünftägigen Friedenspflicht nicht als ein fremdes Ereignis angesehen werden kann, das die Haftung des Schädigers trotz dessen abgeschlossen zu denkender Handlung wieder beseitigen könnte. Zum Problemkreis der überholenden Kausalität wird bisweilen jedoch auch die Frage gerechnet, ob der wegen rechtswidrigen Vorgehens in Anspruch Genommene sich darauf berufen darf, daß auch die Möglichkeit zu einem rechtlich korrekten Vorgehen entsprechender Art bestanden habe und daß dieses korrekte Vorgehen ganz oder teilweise zu den gleichen Folgen für den Betroffenen geführt hätte[6]). Nimmt man diesen Fall deshalb zur überholenden Kausalität und folgt man der Auffassung, die dem Schädiger die Beweislast für den sicheren Eintritt des hypothetischen Ereignisses auferlegt, so ist die Gewerkschaft voll zu verurteilen; dem Bundesarbeitsgericht ist Recht zu geben. Zieht man den Fall aber mehr zur Kausalität und folgt man ohne besonderen gegenteiligen Anlaß dem Grundsatz, daß der Geschädigte seinen Schaden nachzuweisen habe, so wäre die Klage abzuweisen. Diese Fragen sind hier jedoch noch nicht zu vertiefen. Zunächst ist anhand dieses Falles nur aufzuzeigen, daß die Verteidigung des Schädigers mit dem Argument, der Schaden wäre ohnehin eingetreten, schon durch die Eingruppierung in verschiedene schwer voneinander abgrenzbare Bereiche scheitern oder Erfolg haben kann. Darüber hinaus erscheinen auch in diesem Fall die so erreichten Ergebnisse nicht bedenkenfrei: Da der Sinn und der Zweck der fünftägigen Friedenspflicht allein darin bestehen kann, den Vertragspartnern nach Scheitern der Schlichtungsverhandlungen noch eine Chance zur Abwehr der bereits drohenden Streikschäden zu geben, nicht aber, die Arbeitgeber vor dem Schadensrisiko des Streiks überhaupt zu sichern, kann es nicht vorbehaltlos befriedigen, wenn die Verletzung dieser Pflicht zu vollem Schadensersatz und dazu führt, die Arbeitgeber so zu stellen, als hätte eine Streikgefahr nie bestanden. Umgekehrt wäre auch die Klageabweisung nicht gerecht, so daß auch hier eine Teilung des gesamten Schadens nach dem Umfang der durch vertragsgemäßes Verhalten eröffneten Chance angemessen erscheinen könnte.

Freilich wird man sehr zögern, das Alles-oder-Nichts-Prinzip der condicio-sine-qua-non-Formel auch nur teilweise aufzugeben. Man wird sich scheuen, die bestehende Unsicherheit über ein Kausalgeschehen bereits zur Begründung eines Anspruchs, wenn auch nur eines nach dem Grade der Unsicherheit geminderten Anspruchs, ausreichen zu lassen:

Fall 6: Ein Arzt unterläßt es leicht fahrlässig, ein schwer verletztes Unfallopfer zu besuchen, das alsbald an den Folgen seiner Verletzung stirbt.

---

[5]) AP § 1 TVG Nr. 2 (Friedenspflicht) unten 7. Kap. XLVII

[6]) Vgl. von Caemmerer, Das Problem der überholenden Kausalität im Schadensersatzrecht (1962) S. 3, der jedoch im Verlaufe seiner Untersuchung den letzteren Problemkreis dem Rechtswidrigkeitszusammenhang zuordnet.

Hier wird man den Arzt nur dann haftbar machen, wenn sein Besuch und die erforderlichen ärztlichen Maßnahmen nicht hinzugedacht werden können, ohne daß der Tod des Opfers nachweislich vermieden worden wäre. Besteht hierüber keine Klarheit, so sollte die Klage abgewiesen werden, weil der Arzt für den Tod des Verletzten nicht verantwortlich sein kann, wenn offenbleibt, ob Hilfe überhaupt noch möglich war. Wie unterscheidet sich dieser Fall von den zuletzt erörterten Fällen?

Möchte man die Klage in den Streikfällen 4 und 5 jedenfalls dann abweisen, wenn der hypothetische Schadenseintritt mit Sicherheit feststeht, dies umso mehr natürlich auch im Arztfall 6, so bietet sich in anderen Fällen gleichwohl die volle Verurteilung an:

F a l l 7: Jemand erleidet vor dem Flughafengebäude einen Straßenverkehrsunfall. Er wird verletzt und in ein Krankenhaus gebracht. Dort stirbt er an der Verletzung nach einem Jahr. Es ist mit einer an Sicherheit grenzenden Wahrscheinlichkeit festzustellen, daß er, hätte er nicht den Verkehrsunfall erlitten, eine bestimmte Maschine bestiegen und mit ihr wie alle Passagiere infolge Blitzschlages tödlich abgestürzt wäre.

Hier mag man sich zunächst fragen, ob ein Fall der überholenden Kausalität überhaupt vorliegt, obwohl das hypothetische Ereignis vom Tatgeschehen ganz getrennt zu denken ist und deshalb insoweit Zweifel nicht aufkommen sollten. Die Besonderheit des Falles besteht aber darin, daß das hypothetische Ereignis bei Wegfall des Tatgeschehens den Schaden früher herbeigeführt hätte als er auf Grund des Tatgeschehens wirklich eingetreten ist. Diese Fragen sollen, wie bereits bemerkt, hier jedoch noch nicht vertieft werden, wie auch jede vorzeitige definitorische Einordnung vermieden werden soll. Im Ergebnis jedenfalls wird man aber zu diesem Fall der Meinung sein, daß der hypothetische Flugunfall des Passagiers, sollte er auch zu einer an Sicherheit grenzenden Wahrscheinlichkeit feststehen, nicht berücksichtigt werden darf. Nach § 249 Satz 1 BGB freilich hat der zum Schadensersatz Verpflichtete nur den Zustand herzustellen, der bestehen würde, wenn der zum Ersatz verpflichtende Umstand nicht eingetreten wäre. Kann es gerecht oder auch nur rechtspolitisch vertretbar sein, daß der aus einem Straßenverkehrsunfall in Anspruch Genommene Ermittlungen über Pläne vorlegt, die das Opfer in Unternehmungen engagiert hätten, die sich als gefährlich herausgestellt haben? Und wenn dies gerecht oder vertretbar erschiene, sollte man dann auf die Berücksichtigung solcher Ereignisse nicht verzichten, weil die Ergebnisse nur zufällig sein können; denn welcher Beklagte kennt schon die beabsichtigten Reisepläne etc. des von ihm verletzten Opfers? Soll im Streitfall das Gericht darüber Beweis erheben? Man wird dies ablehnen. Dabei handelt es sich gewiß aber nicht um eine Besonderheit des Falles, in dem das hypothetische Geschehen allein zu einem f r ü h e r e n Schadenseintritt als das wirkliche Geschehen geführt hätte. Das folgt aus:

F a l l 8: Jemand wird durch einen Verkehrsunfall getötet. Seine Angehörigen verlangen eine Rente. Der Schädiger beruft sich darauf, das Opfer benutze seit 30 Jahren jeden Morgen auf dem Wege zur Arbeit die gleiche

Straßenbahn, diese sei aber wenige Tage nach dem tödlichen Unfall des Opfers infolge höherer Gewalt entgleist und in einen Fluß gestürzt, niemand habe überlebt und überleben können.

Aus den zum letzten Fall genannten Gründen wird man auch hier die Berücksichtigung des hypothetischen Schadensereignisses generell und ohne Rücksicht auf seine Feststellbarkeit ablehnen. Dann aber wird eine These zweifelhaft, die nach dem heutigen Streitstand über die überholende Kausalität gesichert scheint, daß das hypothetische sicher eintretende Geschehen jedenfalls bei Rentenzahlungen wegen Personenschäden zu berücksichtigen ist. Dies folgt auch aus

Fall 9: Fünf Diebe fahren gemeinsam mit der Eisenbahn in einen Nachbarort, um dort einen fest geplanten und ganz risikolos erscheinenden gemeinschaftlichen Diebstahl zu begehen. Die Sache ist jedoch längst verraten und die Polizei hält sich im Nachbarort bereit, um die Diebe am Tatort alsbald nach Beginn der Ausführung ihrer Tat festzunehmen. Noch in der Eisenbahn und bevor sie sich strafbar gemacht haben, werden sie durch die Fahrlässigkeit eines Mitreisenden, der Explosivstoffe mit sich führt, verletzt. Sie verlangen von ihm den Lohnausfall für sechs Monate. Er macht geltend, daß die Täter nach Beginn des Diebstahlsversuchs mit Sicherheit festgenommen und mindestens je zu sechs Monaten Gefängnis ohne Bewährung verurteilt worden wären. Letzteres ist mit genügender Sicherheit nachweisbar.

Man wird auch hier Zweifel haben, zugunsten des Schädigers die zwar sicheren, aber noch nicht ins Werk gesetzten Pläne der Diebe zu berücksichtigen, wie auch immer das Beweisergebnis ausfallen mag. Die zu den letzten beiden Fällen aufgeführten Bedenken gelten auch hier. Läßt sich dieses Ergebnis aber auch dann durchhalten, wenn die Täter sich zur Zeit der Verletzung durch den Mitreisenden bereits strafbar gemacht hatten und ihre Verurteilung zu Gefängnisstrafen gewissermaßen schon fest begründet und verankert war, als die Verletzung eintrat?

Fall 10: Die fünf Verbrecher haben sich zu einem fest geplanten Mord verabredet und deshalb schon vor Ankunft am Tatort, auch schon in der Eisenbahn, strafbar gehandelt.

Hier wird man eher geneigt sein, dem Einwand des Schädigers nachzugeben; denn ein Verbrecher, der gegen die Strafgesetze verstoßen hat und dem deshalb sichere Freiheitsstrafe droht, sollte durch eine Verletzung nicht so gestellt werden, als bliebe er in Freiheit. Kommt es also darauf an, ob der hypothetische Schadenseintritt schon im Zeitpunkt der Tathandlung fest verankert und begründet war? Diese Annahme könnte gestützt werden durch die zum Problem der überholenden Kausalität entwickelte jedenfalls die Beschädigung und Zerstörung von Sachen betreffende herrschende These, daß zur Zeit der Beschädigung vorhandene Schadensanlagen zu berücksichtigen sind:

Fall 11: Ein Hund, der an einer länger dauernden tödlichen Krankheit leidet, wird fahrlässig getötet.

Der Wertverlust durch die tödliche Krankheit ist gewiß zu berücksichtigen. Ist die These von der Berücksichtigung der Anlageschäden aber nicht zu eng?

Fall 12: Jemand vernichtet fahrlässig fremde Bergwerksaktien. Bevor der Schaden reguliert ist, treten Unwetter auf, die einen Fluß anschwellen lassen, dieser wiederum läßt das gesamte Bergwerk vollaufen und wertlos werden. Die Aktien sind ebenfalls wertlos.

Hier wird man ebenfalls den Wertverlust berücksichtigen und nicht prüfen, ob das Unwetter schon zur Zeit der Vernichtung der Aktien unausweichlich erschien. Damit ist die These von der Bedeutung der Schadensanlage schon in Frage gestellt, so daß sie jedenfalls auch in ihrem Grundgedanken nicht auf Personenschäden anwendbar ist. Hier könnte man erwägen, der Grundgedanke, daß das hypothetische Ereignis schon zur Zeit der Verletzung begründet und verankert gewesen sein muß, könne aufrechterhalten bleiben, der Aktienfall biete nur seinerseits die Besonderheit, daß der hypothetische Schadenseintritt durch den Verlust des Bergwerks sich über den Aktienkurs aktuell auch in der wirklichen Welt widerspiegele. Nimmt man dies hin, so tritt jedoch der auf die Fälle 7, 8 und 9 gegen 10 gegründeten Annahme, das hypothetische Ereignis müsse zum Zeitpunkt der aktuellen Schädigung bereits fest begründet und verankert sein, um berücksichtigt zu werden, entgegen der

Fall 13: Ein hochbezahlter Spezialist mit einem seltenen Beruf wird fahrlässig verletzt und verlangt vom Schädiger eine hohe Rente. Bevor er sich mit ihm über die Höhe geeinigt hat, wird sein Beruf allgemein durch eine technische Neuerung überflüssig; seine Fachkunde wird nicht mehr benötigt.

Hier wird man ohne Untersuchungen darüber, wann die technische Neuerung eingeführt wurde und wie weit sie schon zur Zeit der Verletzung absehbar war, sich dafür entscheiden, daß der Geschädigte wie jeder andere das Risiko seines Berufes selbst zu tragen hat und es nicht auf den Schädiger abwälzen darf; die Rente ist also in jedem Fall geringer zu bemessen.

Nur kurz ist auf eine weitere These einzugehen, die ebenfalls zum Problem der überholenden Kausalität entwickelt worden ist. Es wird allgemein für richtig gehalten, daß ein Schädiger sich nicht mit dem Hinweis entlasten darf, es hätte sonst an seiner Statt ein anderer Schädiger unerlaubt den Schaden herbeigeführt. Dem ist im Ergebnis zu folgen:

Fall 14: Der Leiter einer zoologischen Einrichtung unterläßt es pflichtwidrig, ein Serum gegen Kobrabisse vorrätig zu halten. Ein Tierpfleger wird von einer Kobra tödlich verletzt. Der Leiter der zoologischen Einrichtung macht geltend, wäre das Serum vorhanden gewesen, so wäre es doch durch den herbeigerufenen Arzt infolge eines Kunstfehlers nicht richtig angewendet worden und deshalb wirkungslos geblieben. Als Zeuge befragt, wie er das Serum angewendet hätte, gibt der Arzt in der Tat eine ganz fehlerhafte Schilderung.

Fall 15: Jemand begeht einen Mord und beruft sich zu seiner Entlastung darauf, das Opfer wäre sonst alsbald von einem anderen Mörder getötet worden.

Zunächst machen diese beiden Fälle wiederum deutlich, wie nahe die condicio-sine-qua-non-Problematik bei der Problematik der überholenden Kausalität liegen kann. Im Fall 14, im Fall einer Unterlassung, ist infolge des hypothetischen Fehlers des Arztes der condicio-sine-qua-non-Zusammenhang nicht festgestellt, man kann deshalb nur schwer auf die zur überholenden Kausalität entwickelte These ausweichen, der Schädiger könne sich auf die hypothetische unerlaubte Schädigung durch einen Dritten nicht berufen. Fall 15 ist dagegen nach herrschender Auffassung gewiß ein Fall der überholenden Kausalität, jedenfalls wenn der zweite Mord später als der erste geschehen wäre, und deshalb leicht mit der genannten These zu erfassen. Zweifel bestehen allerdings, wie diese These begründet werden soll. Soweit sie damit begründet wird, der Erstschädiger sei haftbar, weil er dem Geschädigten den späteren Anspruch aus der Zweitschädigung genommen habe, so könnte dem entgegengehalten werden, dann könne die These nur in den Fällen zahlungsfähiger Zweitschädiger Bestand haben, weil die Hinderung wertloser Ansprüche kaum als Schadenszufügung angesehen werden kann.

Zum Thema der Arbeit gehört auch die alternative Konkurrenz:

Fall 16: Ein Lieferant gerät mit einem Maschinenteil, ein zweiter Lieferant mit einem anderen Maschinenteil in Verzug. Der Fabrikant verklagt beide als Gesamtschuldner auf Schadenersatz.

Können die Lieferanten sich jeder für sich mit dem Hinweis verteidigen, die Maschine sei wegen des Verzugs des anderen ohnehin nicht gebrauchsfertig gewesen? Man wird dies verneinen und einem in Verzug geratenen Lieferanten allenfalls einräumen, sich mit dem Hinweis zu verteidigen, daß der Schaden infolge höherer Gewalt wie etwa infolge eines länger dauernden Stromausfalls ohnehin eingetreten wäre.

Die Auseinandersetzung mit der condicio-sine-qua-non-Formel erfolgt zunächst. Zusammengefaßt lauten die Bedenken gegen sie: Es ist unsicher, welche Sachverhalte in das condicio-sine-qua-non-Verfahren einbezogen werden sollen. Ferner ist das mit diesem Verfahren verbundene Alles-oder-Nichts-Prinzip in bestimmten Fällen bedenklich. Damit die Möglichkeiten der condicio-sine-qua-non-Formel voll ausgeschöpft werden, sollen zunächst nur solche Fälle geprüft werden, in denen das hypothetische Ereignis den Schaden spätestens gleichzeitig mit dem wirklichen Schaden herbeigeführt hätte. Insofern gleicht die Fragestellung der strafrechtlichen; Probleme der Schadensberechnung können in diesem Bereich noch zurückgestellt werden.

Die Arbeit setzt sich nicht zum Ziel, zwischen verschiedenen Schadensbegriffen zu entscheiden. Für das bürgerliche Recht gilt der Schadensbegriff des subjektiven Interesses. Hiernach sind die Auswirkungen einer schädigenden Handlung nicht an der betroffenen Sache allein, sondern am gesamten Vermögen des Geschädigten zu bemessen. Einigen sich die Parteien nicht, so ist der maßgebliche Zeitpunkt die letzte Tatsachenverhandlung. In diesem Zeitpunkt ist gemäß § 249 BGB zu prüfen, welcher Zustand bestehen würde, wenn der zum Ersatz verpflichtende Umstand nicht eingetreten wäre. Diese Differenzhypothese läßt die Berücksichtigung hypothetischen Geschehens jedenfalls für die Problemstellung zu. Würde im deutschen bürgerlichen Recht ein abstrakt-objektiver Schadensbegriff allgemein gelten, wie er etwa gemäß § 430 HGB, § 85 EVO, § 35 Abs. 1 KVO, §§ 658, 659 HGB, § 26 BinnenschiffahrtsG und § 19 Abs. 5 OrderlagerscheinVO vereinzelt gilt, wonach bei Fahrlässigkeit die Haftung sich auf den gemeinen Wert zur Zeit der schädigenden Handlung beschränkt, so wäre jedenfalls das Problem der überholenden Kausalität weniger bedeutsam, weil ein solcher Schadensbegriff die späteren Ereignisse ex definitione ausschließt. Es mag nun für ein künftiges Recht oder sogar schon für das geltende Recht nützlich scheinen, in weiten Bereichen, wie etwa bei der Zerstörung einer Sache allgemein, oder in weiteren Einzelfällen als den bisher gesetzlich festgelegten den Schadensbegriff des abstrakt-objektiven Schadens zu bevorzugen. Die vorliegende Arbeit, die in der Spannweite der Problemstellung an den Schadensbegriff des subjektiven Interesses anknüpft, trägt zur Diskussion für oder gegen einen bestimmten Schadensbegriff bewußt kaum Neues bei. Sie begnügt sich damit, die Lösung nach der am weitesten gespannten Problemstellung zu suchen und Veränderungen dieser Lösung hinzunehmen, wo ein anderer Schadensbegriff gelten soll. Sie ist deshalb auch gehindert, zur Lösung des Problems der überholenden Kausalität vorzuschlagen, daß in einzelnen Bereichen oder überhaupt ein anderer Schadensbegriff als der des subjektiven Interesses gelten soll. Sie stellt sich die gleiche Aufgabe, die auch das Zurechnungsprinzip der Kausalität erfüllen soll; sie will die Prinzipien des Schadensnachweises darlegen, wo ein Schadensnachweis gefordert wird, sie will nicht selbst fordern, daß ein solcher Nachweis ganz oder teilweise unterbleiben muß.

Zweites Kapitel

Notwendigkeit und Grenzen einer besonderen juristischen Schadenszurechnung

Ist die naturwissenschaftliche Kausalität einerseits das gültige Prinzip der Schadenszurechnung und wird dieses Prinzip zutreffend durch die condicio-sine-qua-non-Formel wiedergegeben, ist andererseits aber eine differenzierte Lösung wünschenswert, wie sie allgemein in Rechtsprechung und Schrifttum vorgeschlagen und auch im ersten Kapitel dieser Arbeit erwogen worden ist, so kann die Kausalität diese differenzierte Lösung nicht liefern und es ist in andere Lösungsmöglichkeiten, etwa den Sinn und Zweck des Schadensersatzes und andere Gesichtspunkte auszuweichen. Es ist jedoch zweifelhaft, ob die naturwissenschaftliche Kausalität überhaupt ein juristisches Zurechnungsprinzip darstellen kann.

Die naturwissenschaftliche Kausalität ist eine Beziehung zwischen zwei Zuständen, nach der der eine Zustand auf den anderen naturgesetzlich folgt[7]).

Im naturwissenschaftlichen Sinne kausal für einen Zustand 2 handelt somit derjenige, der einen Zustand 1 schafft, aus dem der Zustand 2 naturgesetzlich folgt.

Dieser Zustand 1 kann aus verschiedenen Faktoren zusammengesetzt sein. Schwarzpulver beispielsweise ist ein Gemenge, das aus Holzkohle, Schwefel und Salpeter besteht. Diese Faktoren bilden zusammen mit dem später hinzutretenden Faktor Feuer einen Zustand 1, aus dem eine Explosion oder jedenfalls die Produktion von Gasen als Zustand 2 folgt. Für den Juristen ist es nun nicht interessant, ob Kausalität nur gegeben sein kann zwischen dem gesamten Zustand 1 mit allen seinen Faktoren oder auch zwischen einem Faktor des Zustands 1 und dem Zustand 2, nachdem die anderen Faktoren des Zustands 1 hinzugetreten sind. Vom Standpunkt des Juristen aus handelt schon derjenige kausal für einen Zustand 2, der den bestehenden Faktoren des Zustands 1 noch den fehlenden Faktor hinzufügt, der die naturgesetzliche Folge auslöst. Das ist deshalb noch keine juristische, von der naturwissenschaftlichen Kausalität getrennte,

---

[7]) Nach Max Planck, Kausalgesetz und Willenfreiheit S. 8 ff., Physikalische Gesetzlichkeit im Lichte neuerer Forschung S. 28, Der Kausalbegriff in der Physik S. 3 ff. — Die hierzu von der Heisenbergschen Unbestimmtheitsrelation her geübte Kritik ist für das Recht ohne Bedeutung, weil das rechtlich relevante Geschehen nicht im atomaren oder subatomaren Bereich abläuft.

sondern immer noch naturwissenschaftliche Kausalität, weil ihr entscheidendes Kriterium, die naturwissenschaftliche Folge, erhalten bleibt.

Die Einzelfaktoren des Zustands 1 kann man Bedingungen für den Eintritt des Zustands 2 nennen. Sie bedingen den Zustand 2 derart, daß dieser mit naturgesetzlicher Sicherheit nicht eingetreten wäre, wenn der Faktor hinweggedacht würde; es wäre dann bei den anderen Faktoren des Zustands 1 geblieben. Eine condicio sine qua non ist aber im naturwissenschaftlichen Sinne kausal für einen Erfolg, wenn sie nicht hinweggedacht werden kann, ohne daß der dem Naturgesetz unterstehende Geschehensablauf und damit der Eintritt eines bestimmten Geschehnisses entfiele. Die condicio-sine-qua-non-Formel gibt also den naturwissenschaftlichen Kausalzusammenhang zutreffend wieder.

Ist das naturwissenschaftliche Kausalprinzip aber selbst ein richtiges juristisches Zurechnungsprinzip? Für die Identität der naturwissenschaftlichen Kausalität und der juristischen Schadenszurechnung spricht, daß in vielen Fällen mit der festgestellten Verursachung kein Zweifel mehr besteht, daß der Schaden dem Schädiger auch zugerechnet werden muß. Wer sein Opfer mit einem Schuß in das Herz tötet, hat den Tod des Opfers im naturwissenschaftlichen Sinne kausal herbeigeführt; zugleich muß er für den Schaden auch verantwortlich sein. Zweifel ergeben sich jedoch bei der Unterlassung: Infolge Unachtsamkeit eines Laboranten ist das Schwarzpulver mit Feuer in Berührung gekommen und beginnt zu brennen. Ein Laborwärter unterläßt es pflichtwidrig, den Brand zu löschen. Er hat nicht im naturwissenschaftlichen Sinne kausal für den Eintritt des Zustands 2 gehandelt. Das Nichtvorhandensein von Wasser und allen möglichen anderen geeigneten Löschmitteln gehört nicht zum Zustand 1, kann also den Zustand 2 nicht naturgesetzlich herbeigeführt haben.

Das bekannte Problem der Kausalität der Unterlassung soll hier jedoch nicht weiter erörtert werden. Es läßt sich durchaus denken, daß man hier mit anderen Gesichtspunkten arbeiten muß, die denen des Kausalprinzips nicht gleichwertig sein müssen. Immerhin kann eine Trennung beider Bereiche dogmatisch nicht sehr erwünscht sein. Dies dahingestellt, könnte doch jedenfalls im Bereich der positiven Handlungen die Identität naturwissenschaftlicher Kausalität und juristischer Schadenszurechnung gegeben sein.

Aber auch das ist zweifelhaft: Der Laborwärter beginnt gerade, den Brand zu löschen. Ein Besucher, der das Feuerwerk sehen will, hält ihn fest und hindert ihn daran. Auch dieser — positiv handelnde — Besucher hat den Zustand 2 nicht im naturwissenschaftlichen Sinne kausal herbeigeführt. Ebenso wie das Nichtvorhandensein von Wasser etc. nicht zu den Faktoren des Zustands 1 gehört, so wenig gehört auch die verhinderte Anwendung vorhandenen Wassers etc. zu den Faktoren des Zustands 1.

Aber auch diese Problematik soll nicht weiter erörtert werden. Die Hinderung eines rettungswilligen Helfers kann offenbar nicht anders beurteilt werden, als wenn der Helfer selbst nicht tätig geworden wäre.

Die besondere Unterlassungsproblematik könnte sich deshalb auch auf diesen Teil der positiven Handlungen erstrecken, obwohl dies gewiß die dogmatischen Bedenken wachsen läßt. Jedenfalls ist feststellbar, daß diese Fälle mit dem naturwissenschaftlichen Kausalprinzip nicht erfaßt werden können. Ebenso zweifelsfrei ist jedoch, daß der Laborwärter im vorletzten, der Besucher im letzten Fall für den Schaden verantwortlich sein muß. Zweifelsfrei auch läßt sich die condicio-sine-qua-non-Formulierung unmittelbar auf den letzten, in ihrer Umkehrung („kann nicht hinzugedacht werden ...") auch auf den vorletzten Fall anwenden. Es liegt deshalb die Annahme nahe, daß die condicio-sine-qua-non-Formel zwar ein richtiges Zurechnungsprinzip wiedergibt, das wiedergegebene Prinzip jedoch ein anderes ist als das der naturwissenschaftlichen Kausalität.

Weitere Zweifel ergeben sich in einer anderen Fallgruppe der positiven Handlungen: Ein Mörder wirft ein Kind ins Wasser. Die Mutter springt hinterher und ertrinkt. Hier hat der Mörder den Tod der Mutter nicht in naturwissenschaftlichem Sinne kausal herbeigeführt. Wirft ein Mörder ein Kind ins Wasser, so ist es zwar die regelmäßige oder sichere Folge, daß die Mutter das Kind retten will, eine naturgesetzliche Folge ist es aber nicht. Nähme man dies an, so müßte man die Willensfreiheit leugnen. Oder: Jemand betrügt einen anderen. Der Geschädigte verfügt willensfrei und nicht unter dem Zwang eines Naturgesetzes. Wohl aber kann man für beide Fälle sagen, daß der Schaden ohne das Verhalten des Schädigers nicht eingetreten wäre. Erneut also scheint sich die condicio-sine-qua-non-Formel als taugliche und richtige Zurechnungsformel außerhalb der naturwissenschaftlichen Kausalität zu erweisen.

Nun wird man allerdings der Meinung sein, ob die Mutter das Kind aus eigenem Entschluß oder unter dem Zwang eines Naturgesetzes retten wollte, ob ferner der durch Betrug Getäuschte unter dem Zwang eines Naturgesetzes stand, müsse für das Recht schlechthin und ohne weitere Erörterung ohne Bedeutung sein. Dem ist zuzustimmen. Damit ist jedoch zugleich das naturwissenschaftliche Kausalprinzip als Zurechnungsprinzip abgelehnt. Sollen stattdessen auch nur zum Teil juristische Gesichtspunkte gelten, die die Formel tragen, so ist weiter zu untersuchen, welche anderen juristischen Gesichtspunkte hierfür noch in Frage kommen und ob sie die condicio-sine-qua-non-Formel auch ausgestalten, ergänzen oder ändern können.

Dabei wird man sich freilich zunächst voll an der condicio-sine-qua-non-Formel orientieren. Es besteht gewiß kein Bedürfnis, auf die historische Entwicklung der Formel zurückzugreifen oder die einzelnen im Verlaufe dieser Entwicklung erörterten Kausalbegriffe und Kausalformeln einander gegenüberzustellen[8]).

Die Ursache im Rechtssinne ist im Gesetz nicht definiert. Hinsichtlich des Problems der überholenden Kausalität hält sich der Gesetzgeber sogar so weit zurück, daß er es zwar für ein Problem des Ursachenzusammen-

[8]) Vgl. Enneccerus-Lehmann Schuldrecht § 15 Vorbem. mit Überblick über die Entwicklung.

hangs erklärt, es dann im wesentlichen aber der Rechtsprechung und dem Schrifttum überweist[9]). Ist danach jedoch der Ursachenbegriff gesetzlich nicht bestimmt, so kann gleichwohl nicht jedes denkbare Prinzip der Schadenszurechnung mit dem Gesetz in Einklang gebracht werden. Das Merkmal der Verursachung hat innerhalb der Tatbestände verschiedener Vorschriften einen eigenen Rang. Es tritt neben andere Merkmale wie etwa neben das Merkmal des Schadens und des Verschuldens. Mit dem Gesetz nicht vereinbar wäre deshalb ein Zurechnungsprinzip, das nicht als eine fest greifbare Verknüpfung der schädigenden Handlung mit dem Schadenserfolg angesehen werden könnte. Ist ein schweres Unglück eingetreten, für das man einen Schuldigen suchen möchte und hat zugleich nicht fern vom Unglücksort irgend jemand in empörender Weise einen Fehler begangen, der zu solchen Unglücken führen kann, so könnte man daran denken, die Schwere des Verlustes mit der Schwere des Fehlers in Beziehung zu setzen und den Täter aus Billigkeitsgründen haften zu lassen. Dann hätte das Gesetz aber nicht das besondere Merkmal der „Verursachung" neben Verschulden und Schaden zu erwähnen brauchen. Dem Gesetz dürfte vielmehr nur ein solcher Ursachenbegriff nicht widersprechen, in dem die geforderte Verknüpfung zwischen schädigender Handlung und Schaden nicht schon ganz oder teilweise durch Charakteristika dieser Merkmale ersetzt wird.

---

9) Motive II, 769.

Drittes Kapitel

Das Vermeidbarkeitsprinzip: Grundlagen

I. Allgemeine Voraussetzungen des Vermeidbarkeitsprinzips

Bei der vom naturwissenschaftlichen Kausalprinzip freien Feststellung der Zurechnungskriterien ist zu berücksichtigen, welchen Zweck die Normen des Schadensersatzrechts haben.

Die deliktischen wie die an Verschulden anknüpfenden vertraglichen Schadensersatznormen — die nicht auf Verschulden beruhenden Ersatzpflichten bleiben noch zurückgestellt — sollen dafür sorgen, daß dem durch bestimmtes gegen Sorgfaltspflichten verstoßendes Verhalten Geschädigten ein Ausgleich zuteil wird. Diese ursprünglich wohl im Vordergrund stehende Ausgleichsfunktion des Schadensersatzrechts führt zumindest mittelbar, als Reflex, wenn nicht zugleich mit der Ausgleichsfunktion auch originär, zu einer zweiten Funktion, der Präventivfunktion. Wenn die Rechtsgemeinschaft für deliktische oder vertragliche Verstöße einen erzwingbaren Ausgleich ermöglicht, so befiehlt sie zugleich, sich nicht wie mißbilligt wird zu verhalten. Die aus § 823 Abs. 1 BGB folgende Pflicht, für die Tötung eines Menschen Ersatz zu leisten, begründet auch für das Zivilrecht, hier nämlich als zivilrechtlichen Befehl, das Gebot „Du sollst nicht töten". Da dieser Satz für die Zurechnung aber nichts Verwendbares aussagt, kann und sollte man besser sagen „Du sollst den Tod eines Menschen nicht verursachen, nicht herbeiführen". Oder besser noch, weil das „Verursachen" und „Herbeiführen" gerade erst näher bestimmt werden soll, „Du sollst dich so verhalten, daß der Tod eines Menschen vermieden wird". Man könnte deshalb, zunächst ohne präzise Fassung, ein Prinzip der Schadenszurechnung wie folgt formulieren:

> Dem Schädiger wird ein Schaden zugerechnet, wenn er ihn nicht vermieden hat.

Die Bezeichnung „Vermeiden" hat den Vorteil, daß sie sprachlich sowohl das positive Tun wie das Unterlassen umfaßt. Ein Unterlassungstäter könnte verantwortlich sein, weil er den Schaden nicht durch Tätigwerden „vermieden" hat. Ein aktiv handelnder Täter könnte verantwortlich sein, weil er den Schaden nicht durch Beachtung von Sorgfaltspflichten vermied. Im übrigen erhält jedoch das Vermeidbarkeitsprinzip insoweit noch keine präzise und näher faßbare Aussage.

Eine erste Konkretisierung könnte dieses Prinzip jedoch ganz allgemein aus dem Sinn des Schadensersatzrechts heraus erfahren. Wenn es zumindest eine Zweitwirkung des Schadensersatzrechts ist, durch Erzwingung bestimmten Verhaltens Schäden zu vermeiden, dieses bestimmte, fehlerfreie Verhalten also, damit Schäden vermieden werden, zur Pflicht zu machen, so sollte der Schadensausgleich auch nur nach diesem Gedanken erfolgen:

> Dem Schädiger wird ein Schaden zugerechnet, wenn er ihn nicht vermieden hat, obwohl er dazu verpflichtet war.

Aus dem Pflichtmerkmal ergibt sich die nächste Konkretisierung. Wenn die Vermeidepflicht das Vermeidbarkeitsprinzip trägt, dann sind mit den Grenzen dieser Pflicht auch die Grenzen des Prinzips zu bestimmen. Für die durch Unterlassung begangenen Handlungen ist anerkannte Zurechnungsvoraussetzung, daß der Schädiger den Schaden abwenden konnte. Konnte der Schädiger den Schaden also nicht vermeiden, so ist er für ihn auch nicht verantwortlich. Dem ist zuzustimmen. Für die außerhalb der Einflußmöglichkeiten eines Menschen eintretenden Schäden kann sich die Frage nach deren Zurechenbarkeit nicht stellen. Es folgt nicht nur aus dem Grundgedanken des § 306 BGB, wenn eine unerfüllbare Pflicht als nichtig angesehen wird. Würde etwa das im § 823 BGB enthaltene Gebot, den Tod eines Menschen zu vermeiden, so verstanden werden, daß es einen Arzt verpflichtete, den Tod eines unerreichbar fernen Unfallopfers abzuwenden, so wäre dieses Gebot unerfüllbar, nichtig und unbeachtlich. Jedenfalls für die durch Unterlassung begangenen Delikte ist deshalb zu fordern:

> Dem Schädiger wird ein Schaden zugerechnet, wenn er ihn nicht vermieden hat, obwohl er ihn vermeiden konnte und dazu verpflichtet war.

Die enge Verflechtung zwischen Pflicht und Vermeidenkönnen wurde schon dargestellt. Sie läßt sich zunächst weiter nur für die durch Unterlassung begangenen Schädigungen noch enger knüpfen. Angenommen, ein Arzt konnte den Tod eines Unfallopfers vermeiden, indem er sich an dem Ort aufgehalten hätte, an dem später unvorhersehbar ein Unfall stattfand. Gewiß war der Arzt nicht gehindert, sich dort wie überall aufzuhalten, er war aber nicht verpflichtet, an einem Ort zu sein, an dem sich unvorhersehbar ein Unfall ereignen würde. Würde das Gebot des § 823 BGB lauten: „Vermeide den Tod eines Menschen, indem du dich an Orten aufhältst, an dem sich später unvorhersehbar ein Unfall ereignet“, so wäre dieses Gebot ebenso sittenwidrig, nichtig und unbeachtlich wie ein Gebot, etwas Menschenunmögliches zu vollbringen. Das zuletzt formulierte Prinzip ist daher so zu verstehen, daß der Schädiger sich in irgendeiner Weise pflichtwidrig verhalten haben muß, indem er den Schaden nicht vermied. Zunächst nur für die durch Unterlassung begangenen schädigenden Handlungen bietet sich eine weitere Konkretisierung an. Es wäre denkbar, daß der Schädiger für den Schaden bereits dann verantwortlich wäre, wenn er ihn in seiner konkreten Bestimmtheit vermeiden konnte. Der Arztfall ist dahin umzudenken, daß der Unfallverletzte zwar erreichbar gewesen wäre, daß er bei Eintreffen des Arztes aber schon so viel Blut verloren gehabt hätte, daß der Arzt ihm zwar noch eine Transfusion hätte geben, den Tod aber nicht mehr vermeiden können. Kommt es auf die Vermeidbarkeit des „konkreten" oder des „abstrakten" Erfolges an? Für die durch Unterlassen begangenen Schädigungen sind hier keine weiteren Ausführungen zu machen. Ganz offensichtlich ist nicht schon derjenige für einen Schaden verantwortlich, der den Eintritt des Schadens in seiner konkreten Bestimmtheit vermeiden konnte, sondern nur derjenige, der den Erfolg insgesamt vermeiden konnte. Für die durch Unterlassen begangenen Schädigungen ist die Formel daher wie folgt weiterzuführen:

> Dem Schädiger wird ein Schaden zugerechnet, wenn er ihn nicht vermieden hat, obwohl er ihn i n s g e s a m t vermeiden konnte und dazu verpflichtet war.

Dieses Prinzip gilt auch für die positiven Handlungen:

Ein Schiff hatte bei unvorhersehbar schwerem Wetter Grundberührung, ist leckgeschlagen und wird von den nächsten sich schon auftürmenden Brechern mit Sicherheit zum Kentern gebracht werden. Die Seeleute machen sich bereit, in das Wasser zu springen, obwohl sie mit Sicherheit an den Felsklippen der Küste zu Tode kommen werden. In dieser Situation steuert der Kapitän das Schiff fahrlässig und seemännisch fehlerhaft auf eine Felsklippe, die schon sprungbereiten Seeleute werden in das Wasser geschleudert und an der Klippe zerschmettert.

Wendet man das bisher formulierte Zurechnungsprinzip hierauf an, so ergibt sich:

Zunächst kommt es nicht darauf an, ob der Kapitän den Tod der Seeleute dadurch vermeiden konnte, daß er die Reise ganz unterließ oder daß er einen anderen Kurs als den jetzt an sich fehlerfrei gewählten einschlug. Denn dazu war er nicht verpflichtet. Würde man dem die Zurechnung tragenden Gebot den Inhalt geben „Vermeide den Tod von Menschen, indem du als Kapitän Seefahrten überhaupt unterläßt oder Strecken nicht befährst, auf denen später unvorhersehbar schweres Wetter aufkommt", so wäre dieses Gebot unerfüllbar, willkürlich und nichtig.

Deshalb kommt es auch für die positiven Handlungen nur darauf an, ob der Schädiger den Schaden pflichtwidrig nicht vermieden hat. Das Zurechnungsprinzip der Vermeidbarkeit ist vom Merkmal der Pflichtwidrigkeit nicht getrennt zu denken.

Weiter sei angenommen, daß die Seeleute ohne das fehlerhafte Manöver auf andere Weise an anderen Klippen zerschmettert worden wären. Dann war ihr Tod insgesamt nicht vermeidbar. Dann fragt sich, ob der Kapitän dadurch für den Schaden verantwortlich sein kann, weil er jedenfalls den bestimmten Schadensverlauf vermeiden konnte.

Zunächst ist daran zu erinnern, daß das naturwissenschaftliche Kausalprinzip für die Zurechnung ohne Bedeutung ist und daß die Entscheidung von dorther nicht beeinflußt werden kann.

Gegen die Berücksichtigung des Schadenseintritts „in seiner konkreten

Bestimmtheit" spricht zunächst, daß für positives Tun anderes gelten würde als für das Unterlassen, wo es auf die Gestaltung des konkreten Schadensverlaufs nicht ankommt.

Wichtiger ist jedoch, daß die Trennung positiven Tuns und Unterlassens zugleich ungerechte Ergebnisse zur Folge hätte. Angenommen, der Kapitän hätte sich passiv verhalten und dies wäre seemännisch fehlerhaft gewesen. Ob die Seeleute dann an diesen oder jenen Klippen zu Tode gekommen wären, hätte die Verantwortlichkeit des Kapitäns nicht berührt. Nur deshalb, weil der Kapitän aber aktiv handelnd einen ähnlichen seemännischen Fehler begangen hat, soll es nun auf den Schadensverlauf, auf den Tod der Seeleute an diesen oder jenen Klippen ankommen mit der Folge, daß der Kapitän und die Reederei für den Tod vielleicht von hundert Seeleuten und der Kapitän wegen hundertfach begangener fahrlässiger Tötung verantwortlich wäre? Das ist abzulehnen. Es kommt daher auch für die positiven Handlungen nur darauf an, ob der Schaden bei pflichtgemäßem Verhalten des Schädigers insgesamt vermeidbar war.

II. Die condicio-sine-qua-non-Formel als Vermeidbarkeitsformel

Das bisher kurz umrissene noch weiter auszugestaltende Zurechnungsprinzip soll zunächst an den Fällen erprobt werden, die zur Kritik am Kausalprinzip geführt haben, unabhängig hiervon jedoch die condicio-sine-qua-non-Formel als richtige Zurechnungsformel ausweisen. Kann das bisher formulierte Zurechnungsprinzip diese Fälle gerecht lösen und deckt es die dort bisher ohne Begründung anwendbare condicio-sine-qua-non-Formel?

Unproblematisch war der Fall, daß der Mörder sein Opfer durch einen Schuß ins Herz tötet. Der Mörder handelte hier im naturwissenschaftlichen Sinne kausal. Die condicio-sine-qua-non-Formel wird vom Kausalprinzip gedeckt; von hier aus ergab sich also noch keine Kritik. Zugleich ist aber auch die Vermeidbarkeitsformel anwendbar. Der Mörder ist für den Schaden verantwortlich, weil er ihn durch Unterlassen des Schusses vermeiden konnte und dazu verpflichtet war. Er konnte ihn vermeiden, weil er durch Beherrschung des Kausalverlaufs über Eintritt oder Nichteintritt des Schadens entschied. Diese Betrachtungsweise erscheint zwar etwas umständlich, einfacher wäre es in der Tat, könnte man sagen, der Mörder habe den Tod des Opfers „verursacht" und sei deshalb verantwortlich. Dieser Weg ist jedoch nicht gangbar, weil die weiteren Fälle zur Ablehnung des Kausalprinzips geführt haben und deshalb die „Verursachung" neu definiert werden soll. Daher ist festzustellen, daß im vorliegenden Fall die condicio-sine-qua-non-Formel jedenfalls auch durch das Vermeidbarkeitsprinzip gedeckt wird: das pflichtwidrige Verhalten des Mörders könnte nicht hinweggedacht werden, ohne daß der Schaden „entfiele" oder „vermieden worden wäre".

Wenn der Laborwärter pflichtwidrig den Brand nicht löscht, so ist er für den Schaden verantwortlich, weil sein pflichtgemäßes Verhalten nicht hinzugedacht werden kann, ohne daß der Schaden entfiele. Der Laborwärter handelt nicht kausal, durch die Möglichkeit, einem Kausalverlauf Einhalt zu gebieten, entscheidet er jedoch über Eintritt oder Nichteintritt des Schadens und kann daher auch den Schaden vermeiden. Die condicio-sine-qua-non-Formel ist hier nur durch das Vermeidbarkeitsprinzip gedeckt.

Ein Besucher, der den zum Löschen bereiten Laborwärter hindert, ist ebenfalls für den Schaden verantwortlich, weil seine pflichtwidrige Handlung nicht hinweggedacht werden kann, ohne daß der Schaden entfiele. Der Besucher handelt nicht kausal, dadurch aber, daß er einen rettungsbereiten Helfer hindert, entscheidet er ebenfalls über Eintritt oder Nichteintritt des Schadens. Erneut ist die condicio-sine-qua-non-Formel allein durch das Vermeidbarkeitsprinzip gedeckt.

Wenn schließlich der Mörder ein Kind in das Wasser wirft und die Mutter hinterherspringt und ertrinkt, so ist der Mörder für den Tod der Mutter verantwortlich, weil sein pflichtwidriges Verhalten nicht hinweggedacht werden kann, ohne daß der Entschluß der Mutter, das Kind zu retten, und ihr Tod nicht eingetreten wären. Gleiches gilt für die Verantwortlichkeit des Betrügers, der den Getäuschten zum schädlichen Entschluß verleitet. Mangels vorliegender naturwissenschaftlicher Kausalität wird die condicio-sine-qua-non-Formel auch hier allein durch das Vermeidbarkeitsprinzip gestützt.

Zusammenfassend wird man, soweit es bisher geprüft ist, das Vermeidbarkeitsprinzip dem Kausalprinzip vorziehen: die Beeinflussung des den Menschen umgebenden Geschehens kann nicht nur mit Hilfe kausaler Mittel erfolgen. Hieraus läßt sich das Zurechnungsmerkmal des „Vermeidenkönnens“ unmittelbar ableiten. Es ist jedoch noch einmal hervorzuheben, daß neben das Merkmal des „Vermeidenkönnens“, und mit ihm verflochten, das Merkmal der „Pflichtwidrigkeit“ treten muß. Welchen Sinn sollte es haben, für einen Arzt die Verantwortlichkeit für den Tod eines Unfallopfers zu fingieren, weil er physisch in der Lage gewesen sei, sich wie überall, so auch am Unfallort aufzuhalten, und deshalb den Tod des Unfallopfers habe vermeiden können, wenn er mangels Voraussehbarkeit des Unfalls doch nicht verpflichtet war, dort zu sein? Das aus dem neutralen hier abgelehnten naturwissenschaftlichen Kausalprinzip stammende Bemühen, das Zurechnungsprinzip von jedem normativen Bezug freizuhalten, ist für das Vermeidbarkeitsprinzip überflüssig und unrichtig.

III. Vermeidbarkeitsprinzip und Rechtswidrigkeitszusammenhang

Wenn eben gesagt wurde, die „condicio“ sei ein pflichtwidriges Verhalten, welches nicht dürfe hinweggedacht werden können, ohne daß der Schaden entfalle, so hat damit der Begriff der condicio einen anderen Inhalt erhalten als er ihn als Kausalbegriff hatte. „Condicio" bedeutet innerhalb des Vermeidbarkeitsprinzips nicht mehr „Kausalfaktor", sondern allgemein ein pflichtwidriges Verhalten. Diese Bezeichnung ist sicher zulässig, wenn man den neuen Inhalt des Begriffs im Auge behält, wie es auch zulässig wäre, das Vermeidbarkeitsprinzip als „juristisches Kausalprinzip" zu bezeichnen. Letzteres empfiehlt sich jedoch nicht, solange nicht alle aus dem Prinzip folgenden Ergebnisse geprüft sind.

Der vom naturwissenschaftlichen Kausalbegriff abweichende Begriff der condicio und das an den neuen Begriff geknüpfte sine-qua-non-Verfahren sind unter der Bezeichnung „Rechtswidrigkeitszusammenhang" bereits bekannt[10]). Schrifttum und Rechtsprechung vertreten etwa zu den Straßenverkehrsunfällen die Auffassung, es genüge nicht, daß der Kraftfahrer den Fußgänger mit überhöhter Geschwindigkeit überfahren und dabei rechtswidrig und schuldhaft gehandelt habe, sondern es müsse neben der neutralen Kausalität noch geprüft werden, ob das fehlerhafte Verhalten im Schadenserfolg wirksam geworden sei[11]). Danach ist der kausal handelnde Täter nur dann für den Schaden verantwortlich, wenn sein fehlerhaftes Verhalten nicht hinweggedacht werden kann, ohne daß der Schaden entfiele.

Das Vermeidbarkeitsprinzip trennt sich von der Theorie des Rechtswidrigkeitszusammenhangs in dem Punkt, daß neben der Vermeidbarkeit eine Prüfung der für die Zurechnung bedeutungslosen Kausalität nicht mehr stattfinden kann.

Im übrigen befaßt sich die Theorie vom Rechtswidrigkeitszusammenhang überwiegend mit der Begrenzung des condicio-sine-qua-non-Zusammenhangs, die nicht zum Thema dieser Arbeit gehört. Soweit das Thema der Arbeit betroffen ist, werden die unter dieser Theorie zu gruppierenden Gerichtsentscheidungen und Stellungnahmen im 7. und 8. Kapitel erörtert werden.

---

[10]) Rabel, Recht des Warenkaufs (1936) I. Bd. S. 474ff., 495ff., 502ff.; von Caemmerer, Das Problem des Kausalzusammenhanges im Privatrecht (1956), NJW 1956, 569; Enneccerus-Nipperdey, Allgemeiner Teil II § 208 II 3, Nipperdey, Grundfragen der Reform des Schadensersatzrechts (1940) S. 44, 45, 48; Lindenmaier, ZHR 113 (1950) 243; Esser, Schuldrecht § 61, 1; Hermann Lange, Verhandlungen des 43. Deutschen Juristentages 1960 Bd. I 1. Teil S. 39ff; S. 59; auch Verhandlungen des 43. Deutschen Juristentages 1960 Bd. II C 47; Wolf, Der Normzweck im Deliktsrecht (1962) insbes. S. 59; Boehmer JZ 1958, 743; Palandt-Gramm BGB § 823 Anm. 12a; Erman-Drees BGB Anm. 5d bb vor § 823; Gerkan MDR 1961, 743, 744; kritisch Lehmann, Festschrift für Hedemann (1958) S. 179ff.; Larenz Schuldrecht I § 14 III 3b a. E.; Staudinger-Werner BGB Vorbem. 31—35 zu I 249—253.

[11]) DAR 1960, 115 unten 7. Kap. I.

Viertes Kapitel

Stufen der Vermeidbarkeit: Die Vernichtung objektiver Rettungsmöglichkeiten

I. Mangelnde Reichweite der condicio-sine-qua-non-Formel

In der Aufgabe sind einige Fälle genannt worden, die im Ergebnis „aus Kausalgründen", nicht wegen Mitverschuldens, zur Schadensteilung drängten. Das in der condicio-sine-qua-non-Formel niedergelegte Alles-oder-Nichts-Prinzip hatte ein solches Ergebnis jedoch verhindert. Es fragt sich, wie das Vermeidbarkeitsprinzip sich dazu stellt. Führt es zur Schadensteilung, so ist die bisher gedeckte condicio-sine-qua-non-Formel entsprechend zu ändern oder sogar aufzugeben:

Ein Tyrann läßt die zum Tode verurteilten Verbrecher vor der Urteilsvollstreckung immer in einen kreisförmigen Hof bringen. Von dort aus führen vier gleiche, in regelmäßigen Abständen angeordnete Tore ins Freie. Geht der Verurteilte durch ein bestimmtes Tor, so wird das Urteil vollstreckt. Geht er durch eines der anderen drei Tore, so wird er begnadigt. Bevor wieder einmal ein Urteil vollstreckt werden soll, unterläßt ein Sekretär es fahrlässig, die Akten weiterzuleiten, so daß der Verurteilte nicht in den Hof geführt wird und keine Rettungsmöglichkeit erhält. Der Verurteilte wird hingerichtet. Der Tyrannensekretär wird von den Angehörigen des Verurteilten in Anspruch genommen und beruft sich darauf, daß dieser auch durch das Unglückstor hätte gehen können und daß das Urteil dann ebenfalls vollstreckt worden wäre.

Nach der rechtlich gestalteten condicio-sine-qua-non-Formel, wie sie üblicherweise angewendet wird und wie sie nach den bisherigen Ausführungen auch durch das Vermeidbarkeitsprinzip gestützt wurde, wäre der Tyrannensekretär für den Tod des Verurteilten nur dann verantwortlich, wenn die pflichtgemäße Weiterleitung und die damit verbundene Eröffnung der überwiegenden Rettungsmöglichkeiten nicht hinzugedacht werden kann, ohne daß der Tod des Verurteilten entfällt. Das ist jedoch absolut unbeweisbar. Tragen die Kläger die Beweislast, so werden ihre Klagen abgewiesen, obwohl der Verurteilte bei pflichtgemäßem Verhalten des Sekretärs mit überwiegender Wahrscheinlichkeit begnadigt worden wäre. Trägt die Beweislast der Beklagte, so stellt er die Kläger damit so, als hätte die Todesgefahr für den Verurteilten nicht bestanden. Erscheint beides ungerecht, so könnte eine Schadensteilung nach Maßgabe der vernichteten Chance angemessen sein. Die condicio-sine-qua-non-Formel verhindert das.

Wenn im folgenden geprüft werden soll, ob das Vermeidbarkeitsprinzip in einem solchen Fall zur Schadensteilung führt, so wird damit zunächst die Verteidigung des Beklagten im Grundsatz als berechtigt unterstellt. Denkbar wäre auch eine Lösung, die dem Beklagten jeden Hinweis auf den hypothetischen Tod des Verurteilten untersagt: Er war verpflichtet, die Akten weiterzuleiten und dem Verurteilten die Rettungsmöglichkeit zu schaffen. Der Bestand dieser Pflicht wird nicht davon berührt, daß der Schaden dennoch eintreten konnte. Vom Inhalt der an den beklagten Sekretär gerichteten Pflicht her betrachtet, ist es fast anstößig, ihm eine solche Verteidigung zu gestatten. Andererseits ist möglicherweise nicht mehr geschehen, als die Angehörigen des Verurteilten ohnehin hätten dulden müssen. Die Entscheidung dieser Frage soll jedoch noch offen bleiben, obwohl eine Entscheidung zugunsten der ersten Alternative eine Schadensteilung bereits illusorisch macht. Gelingt es nämlich, ein präzise arbeitendes Instrument der Schadensteilung zu schaffen und den Interessen beider Parteien damit gerecht zu werden, so mag man weniger geneigt sein, der ersten Alternative zuzustimmen. Im folgenden wird deshalb die Berücksichtigung hypothetischen Geschehens zunächst unterstellt, obwohl darauf später noch umfassend einzugehen ist. Dieser Problematik wird dadurch Rechnung getragen, daß nur Fälle gewählt werden, in denen die Problematik der Berücksichtigung hypothetischen Geschehens nicht im Vordergrund steht.

II. Die Vernichtung objektiver Rettungsmöglichkeiten

Mit der denkbaren Schadensteilung ist die condicio-sine-qua-non-Formel selbst angegriffen.

Bisher waren condicio sine qua non und Vermeidbarkeit identisch. Nimmt man aber den obigen Fall dazu, so fällt ein wesentlicher Unterschied zwischen beiden Begriffen auf.

Während ein Geschehen für einen Schaden immer nur kausal oder nicht kausal sein kann, condicio sine qua non oder nicht condicio sine qua non, und dies auch in gleicher Weise für die vergleichbare Technik der hier verwendeten condicio-sine-qua-non-Formel gilt, ist demgegenüber der Begriff der Vermeidbarkeit elastisch. Bei pflichtgemäßem Verhalten des Sekretärs wäre der sonst unvermeidbare Tod des Verurteilten vermeidbar geworden, sogar zu überwiegender Wahrscheinlichkeit vermeidbar geworden. Insofern besteht auch kein Beweisproblem. Unklar und darüberhinaus absolut unbeweisbar ist dagegen, ob der Schaden bei pflichtgemäßem Verhalten des Sekretärs auch vermieden worden wäre. Ein Geschehen kann also die Vermeidbarkeit viel leichter begründen als die zwingende

Erfolgsvermeidung. Die condicio-sine-qua-non-Formel erfaßt nur den letzteren Begriff. Sie sperrt den Zwischenbereich.

Anhand des vorliegenden Falles ist dieser Zwischenbereich schon grob zu strukturieren. Der Schaden kann mehr oder weniger sicher vermeidbar sein. Der Tod des Verurteilten war vermeidbar, wie bemerkt, weil der Verurteilte durch eines der drei rettenden Tore gehen konnte. Sein Tod war auch mit großer Aussicht vermeidbar, weil drei rettenden Toren nur ein verderbenbringendes Tor gegenüberstand. Es wäre mit geringerer Aussicht vermeidbar, wenn das Verhältnis der Tore umgekehrt wäre.

Welche Bedeutung für die Zurechnung hat der von der Formel gesperrte Zwischenbereich der Vermeidbarkeit und die dort ablesbare Stufenfolge?

Verschieden große Möglichkeiten, einen Schadenserfolg zu vermeiden, oder verschiedene Stufen der Vermeidbarkeit gibt es nur im kausal nicht gebundenen Geschehen. Im kausal gebundenen, determinierten Bereich verbleibt es nach einem Eingriff entweder mit naturgesetzlicher Sicherheit bei einem erreichten Zustand oder es tritt mit naturgesetzlicher Sicherheit ein anderer Zustand ein. Mehrere Möglichkeiten eines Geschehensablaufs lassen die Naturgesetze nicht zu. Eine Unsicherheit über den voraussichtlichen Ablauf eines kausal gebundenen Geschehens bedeutet deshalb nie die Anerkennung mehrerer tatsächlich vorhandener Möglichkeiten für den Ablauf des Geschehens, sondern allein das Nichtwissen des Betrachters. Im kausal nicht gebundenen Bereich kann sich dagegen ein Zustand in diese und jene Richtung entwickeln. So mag ein Spaziergänger, der an einer Kreuzung angelangt ist, sich nach links in den Wald oder nach rechts zum Boulevard wenden. Allerdings läßt sich auch im kausal nicht gebundenen Bereich eine gewisse Lenkung des Geschehens und damit auch eine Vergrößerung der Möglichkeiten für den Eintritt eines bestimmten Erfolgs erreichen. Der Mensch handelt zwar willensfrei, er beachtet aber die ihm vorschwebenden Ziele und die zur Erreichung dieser Ziele gegebenen Möglichkeiten, bevor er seine Entscheidungen trifft. Die Einflußnahme auf das kausal nicht gebundene Geschehen ist deshalb auf doppelte Weise denkbar. Entweder wird eine auf die Erreichung eines bestimmten Zieles gerichtete Motivation geschaffen, verstärkt, beseitigt oder abgeschwächt oder die Durchsetzungsmöglichkeiten werden geschaffen, erleichtert, beseitigt oder erschwert. Zwischen diesen Maßnahmen lassen sich die verschiedensten Kombinationen herstellen mit dem Ergebnis, daß der Erfolg ohne den Eingriff entweder mehr oder auch weniger wahrscheinlich gewesen wäre oder entsprechend, daß die Möglichkeit, den Erfolg zu vermeiden, entweder mehr oder auch weniger aussichtsreich war. Gewinnt jemand beispielsweise ein starkes Motiv für ein bestimmtes Ziel und stehen der Verwirklichung keine Hindernisse entgegen, so wird er sich mit hoher oder sogar mit an Sicherheit grenzender Wahrscheinlichkeit für die Verwirklichung dieses Ziels entscheiden. Besteht ein weniger starkes Motiv für ein bestimmtes Ziel und ergeben sich bei der Durchsetzung gewisse Widerstände, so wird der Erfolg nur mit mittlerer Wahrscheinlichkeit eintreten. Besteht nur ein schwaches Motiv, so mag der Erfolgseintritt überhaupt unwahrscheinlich sein. Verstärkt jemand ein Motiv oder erleichtert er die Durchsetzungsmöglichkeiten, so wird der Eintritt des Erfolgs wahrscheinlicher werden, schwächt jemand ein Motiv ab oder erschwert er die Durchsetzungsmöglichkeiten, so wird der Eintritt des Erfolgs unwahrscheinlicher sein. In gleicher Weise können die Möglichkeiten der Schadensvermeidung gesteigert oder abgeschwächt werden. Alle diese im Geflecht von Motiven und Durchsetzungsmöglichkeiten mannigfach auftretenden Steigerungen und Abschwächung der Aussichten, den Erfolg herbeizuführen oder zu vermeiden, sind kennzeichnend für den kausal nicht gebundenen Bereich; sie sind den Naturgesetzen des Kausalbereichs nicht bekannt.

Der Vorgang des Wahrscheinlicher- oder Unwahrscheinlichermachens des Erfolgseintritts läßt sich mit Zahlen und Prozentsätzen veranschaulichen und annäherungsweise fest umschreiben. Im vorliegenden Fall des Tyrannensekretärs hat der Sekretär durch sein Versäumnis den Tod des Verurteilten um 75 v. H. wahrscheinlicher gemacht. Er hat eine fünfundzwanzigprozentige Schadensgefahr zur hundertprozentigen gesteigert. Zugleich hat er eine fünfundsiebzigprozentige Möglichkeit, den Tod des Verurteilten zu vermeiden, vernichtet. Das gilt nicht nur im statistischen Durchschnitt, sondern auch in dem bestimmten hier zur Entscheidung stehenden Einzelfall: Gewiß werden von hundert Personen, welche die vom Tyrannensekretär eröffneten Möglichkeiten erhalten, recht genau fünfundsiebzig durch die drei rettenden Tore gehen, fünfundzwanzig durch das verderbenbringende Tor. Das ist aber nicht entscheidend. Entscheidend ist vielmehr, daß der Verurteilte in dem ihn betreffenden Einzelfall eine glückliche Möglichkeit erhalten hätte, die dreimal so groß war wie die unglückliche. Der Tyrannensekretär hat deshalb auch im Einzelfall eine fünfundsiebzigprozentige Rettungsmöglichkeit verschüttet. Das läßt sich nur bestreiten, wenn man zugleich die Tatsache bestreitet, daß der Verurteilte eine für jedes Tor gleich große Möglichkeit hatte. Damit würde man jedoch, wie der Sachverhalt liegt, die Willensfreiheit leugnen.

Bevor geprüft wird, ob die Vernichtung einer im kausal nicht gebundenen Bereich gegebenen Rettungsmöglichkeit die Schadenszurechnung begründet und weiter, wie groß die vernichtete Chance gewesen sein muß, damit sie die Zurechnung tragen soll, ist jedoch noch einmal auf den Unterschied hinzuweisen, der zwischen Möglichkeiten nur statistischen Durchschnitts und Möglichkeiten kausal nicht determinierter Chancen besteht. Die dem Verurteilten im Falle des Tyrannensekretärs genommene Chance hätte im Einzelfall bestanden. Aus statistischen Durchschnittsberechnungen braucht sich dagegen gerade nicht zu ergeben, daß im Einzelfall eine Rettungsmöglichkeit verschüttet worden ist. An diesem Gegensatz wird nichts dadurch geändert, daß viele zusammengenommene Fälle des Tyrannensekretärs auch, wie bemerkt, statistische Berechnungen ermöglichen. Statistische Berechnungen führen aber nicht immer zu dem Nachweis, daß auch im Einzelfall eine Möglichkeit zu verschiedenen Ergebnissen bestand.

Angenommen, es liegt eine Stadt auf der einen Seite eines Flusses, so daß, wie die Erfahrung lehrt, jedes zehnte von der anderen Seite her aufziehende Gewitter über der Stadt niedergeht. Zieht dann ein bestimmtes Gewitter auf, so wird man ohne sprachlichen Fehler sagen können, es bestehe nun eine zehnprozentige Möglichkeit dafür, daß das Gewitter sich über der Stadt entlade. Im Gegensatz zu den kausal nicht determinierten Möglichkeiten im Falle des Tyrannensekretärs bedeutet diese Einschätzung aber nicht, daß das Gewitter sowohl die objektive Möglichkeit habe, über der Stadt niederzugehen, wie die objektive Möglichkeit, vorbeizuziehen — denn dies liegt längst naturgesetzlich fest — sondern allein die Unkenntnis des Betrachters über den bereits sicheren Kausalverlauf. Wollte man eine von beiden „Möglichkeiten" näher bezeichnen, so könnte man sie nur eine statistische oder subjektive nennen. Im folgenden wird zunächst nur geprüft, welche Bedeutung die Vernichtung einer objektiven Rettungsmöglichkeit hat.

Bei der Beantwortung der Frage, ob die Vernichtung einer objektiven Rettungsmöglichkeit des indeterminierten Bereichs die Schadenszurechnung begründet, ist nun jedenfalls ein Bereich unproblematisch. Er umfaßt die Fälle, in denen der Schädiger eine hundertprozentige Rettungsmöglichkeit verschüttet hat. Wäre die Mutter in einem der vorgenannten Beispielsfälle nicht in das Wasser gesprungen, wenn der Mörder nicht ihr Kind hineingeworfen hätte, so hat der Mörder, indem er dies tat, die hundertprozentige Lebenschance der Mutter vernichtet. Wäre ein Betrugsopfer ohne die Vorspiegelung einer bestimmten Tatsache niemals zu der schädlichen Vermögensverfügung bereit gewesen, so hat der Betrüger eine hundertprozentige Chance vernichtet, den Schaden zu vermeiden. Hat der Tyrann heimlich angeordnet, alle vier Tore sollten zur Begnadigung führen, so hat der Sekretär eine hundertprozentige Chance vertan. In allen diesen Fällen ist die Zurechnung zu bejahen. Sie folgt schon aus der condicio-sine-qua-non-Formel. Das ist auch nicht überraschend, weil die hundertprozentige indeterminierte Chance wiederum doch nur ein Ergebnis kennt, sich also ohne Schwierigkeiten unter das Alles-oder-Nichts-Prinzip fügt. Zugleich ist damit die Feststellung getroffen, daß der Schaden bei pflichtgemäßem Verhalten nicht nur vermeidbar war, sondern auch vermieden worden wäre.

Wie ist aber in den Fällen zu entscheiden, in denen das Vorhandensein oder Fehlen eines bestimmten Eingriffs mehrere objektive Möglichkeiten eines Ergebnisses kennt? Hätte also der Sekretär pflichtgemäß gehandelt, so hätte eine 75prozentige Rettungsmöglichkeit bestanden.

Eine Entscheidung darüber, ob nur hundertprozentige oder auch geringere vernichtete Rettungsmöglichkeiten die Schadenszurechnung begründen, ist nicht aus dem Zurechnungsmerkmal des Vermeidenkönnens herzuleiten, weil die größeren oder kleineren objektiven Möglichkeiten Stufenfolgen des Vermeidenkönnens selbst sind. Mit dem Zurechnungsmerkmal der Vermeidbarkeit ist jedoch das Zurechnungsmerkmal der Pflichtwidrigkeit verbunden. Gibt es kleinere, größere und hundertprozentige objektive Rettungsmöglichkeiten, so geht die Pflicht des Tyrannensekretärs sicher nicht nur dahin, hundertprozentige, sondern auch alle kleineren Rettungsmöglichkeiten zu eröffnen, auch einprozentige, wenn der Sachverhalt so gestaltet wäre. Ist weiter, wie angenommen, die Schadenszurechnung das Spiegelbild der Pflicht, den Schaden zu vermeiden, so folgt aus dem Inhalt dieser Pflicht, daß auch die Vernichtung der kleinsten objektiven Rettungsmöglichkeit die Schadenszurechnung begründet. Im übrigen wäre es auch rechtspolitisch nicht vertretbar, nur die Vernichtung einer hundertprozentigen Rettungschance die Zurechnung begründen zu lassen. Der Tyrannenfall kennzeichnet mit einem extremen Beispiel die häufige Pflicht, nicht sicher wirkende Vorsichtsmaßnahmen zu treffen. Angenommen, es wäre ein Steinbruchunternehmer verpflichtet, um seinen Steinbruch einen 1½ Meter hohen Zaun zu ziehen, damit auch spielende Kinder gewarnt werden. Unterläßt er dies und stürzt sich dort ein Kind zu Tode, so wird der Unternehmer mit Hilfe der condicio-sine-qua-non-Formel sofort einwenden, daß die Kinder den Zaun, wäre er ordnungsgemäß errichtet worden, auch hätten überklettern, am Steinbruch spielen und sich dort ebenfalls zu Tode stürzen können. Der Zaun dient nur als Warnung. Er kann nur begrenzte Sicherheit schaffen. Ließe man den Einwand des Steinbruchunternehmers zu, der condicio-sine-qua-non-Zusammenhang sei nicht beweisbar, mit anderen Worten: er habe keine hundertprozentige Rettungschance vergeben, so bliebe sein Fehler ohne Folgen im Schadensrecht. Rechtspolitisch richtiger erscheint es vielmehr, nach einer Sanktion auch für nicht sicher wirkende Vorsichtsmaßnahmen zu suchen. Diese Forderung läßt sich leicht erfüllen. Auch der Steinbruchunternehmer hat eine im indeterminierten Bereich gegebene Rettungschance vernichtet. Er hat es pflichtwidrig unterlassen, den Jungen durch die Errichtung eines ordnungsgemäßen Zaunes zu warnen, in ihm ein Gegenmotiv zu setzen, das noch zu überwinden war, und damit schließlich dessen unglücklichen Entschluß wahrscheinlicher gemacht. Der Beweis hierfür ist bereits dann erbracht, wenn bewiesen wird, daß der Junge für Warnungen dieser Art allgemein empfänglich war und auch hier empfänglich gewesen wäre, weil er am Steinbruch nicht ihm unabweisbar scheinende Ziele verfolgte, wie etwa die Rettung seines dort verirrten Hundes etc. Die Beweisführung kürzt sich also von der für Kläger und Beklagten gleichermaßen gegebenen absoluten Unbeweisbarkeit dessen, was der Junge getan hätte, auf die Feststellung seiner Motivation. Dies wird durch das materiellrechtliche Institut der vernichteten objektiven Rettungsmöglichkeit erreicht.

Läßt sich somit die Verantwortlichkeit des Schädigers für den Schaden auf die Vernichtung auch nur einer geringen im indeterminierten Geschehen gegebenen Rettungsmöglichkeit stützen, so fragt sich weiter, ob der Schädiger in solchen Fällen den ganzen Schaden oder nur einen der vernichteten Rettungschance entsprechenden Teil des Schadens zu ersetzen hat. Hierzu ist auf die Fälle 2, 3 und 4 der Aufgabe zurückzugreifen. Im Fall 2 hatte der A. dem B. 100,— DM gegeben und ihn beauftragt, diesen

Betrag bei einem Pferderennen mit zehn gleichen Pferden entweder auf das Pferd 1, 2 oder 3 zu setzen, die er ohne besonderen Anlaß für Favoriten hält. B. setzt abredewidrig auf das Pferd 10, Pferd 1 gewinnt. Stützt man die Verurteilung des B. darauf, daß er ⅓ Chance vergeben hat, auf das Pferd 1 zu setzen und 1000,— DM zu gewinnen, so erscheint es gerechter, dem A. 333,33 DM zuzusprechen statt 1000,—, weil er mit letzterem Urteil so gestellt würde, als hätte er sicher gewonnen. Im Fall 3 sollte aus 10 etwa gleichen Schönheitsprinzessinnen eine Königin gewählt werden, die einen Filmvertrag erhalten sollte, fünf Prinzessinnen werden infolge eines Versehens aber nicht eingeladen. Jeder der fünf Prinzessinnen ist 1/10 Chance entgangen. Erneut erscheint es gerechter, jeder der fünf vergessenen Prinzessinnen jeweils nur ein Zehntel des Preises zu ersetzen und den Veranstalter nicht fünfmal auf vollen Ersatz zu verurteilen. Im Fall 4 hatte ein Reeder zehn gleich leistungsfähigen Werften je einen gleichen Frachter in Auftrag gegeben und sich bis zu einem bestimmten Termin für den Fall von Streik oder Sinkens der Frachtraten den Rücktritt vorbehalten. Die tarifwidrig streikende Gewerkschaft verteidigt sich später damit, der Reeder hätte auch infolge Sinkens der Frachtraten den Rücktritt von allen Verträgen erklärt, der Reeder sagt jedoch als Zeuge aus, einen Auftrag hätte er bestehenlassen, bei welcher Werft, könne er nicht sagen; alle hätten die gleiche Chance gehabt. Hier sollten nicht alle Werften so gestellt werden, als hätten sie den Auftrag behalten mit der Folge, daß die Gewerkschaft zehnmal voll verurteilt würde, obwohl nachweisbar nur ein Auftrag bestehengeblieben wäre, sondern es sollte jede Werft nur ein Zehntel Ersatz erhalten, damit der Wert des einzigen bestehenbleibenden Auftrags erreicht wird.

Erscheint dieser Weg gerecht und auch praktisch gangbar, weil sich Gericht und Parteien nicht mehr mit dem absolut unbeweisbaren Ergebnis hypothetischen Geschehens zu befassen haben, so wird man die damit vorgeschlagene Lösung dennoch nicht weiter verfolgen, wenn sie keine genügende Abgrenzung bietet. In keinem Fall sollten Prozesse so entschieden werden, daß Unsicherheiten im Geschehensablauf allgemein zur Schadensteilung führen. Das ist zu prüfen.

III. Objektive und andere Rettungsmöglichkeiten

Wie bemerkt wurde, kann es die Vernichtung objektiver geringerer als hundertprozentiger Rettungsmöglichkeiten nur im indeterminierten, nicht kausal gebundenen Bereich geben. Der Eingriff oder Nichteingriff in das kausal gebundene Geschehen kann immer nur ein Ergebnis haben. Hier gilt auch unter dem Vermeidbarkeitsprinzip die Alles-oder-Nichts-Regel der condicio-sine-qua-non-Formel.

Nun mag man die Meinung vertreten, gerade unter dem Gesichtspunkt der das Vermeidbarkeitsprinzip mit prägenden Vermeidepflicht sei es angemessen, das Prinzip über die Vernichtung objektiver Rettungsmöglichkeiten hinaus, zu denen im kausal gebundenen Geschehen auch die dort allein denkbaren hundertprozentigen Rettungsmöglichkeiten gehören, auszudehnen und auch die Vernichtung nur statistisch feststellbarer Rettungsmöglichkeiten zu erfassen, vielleicht sogar darüber noch hinausgehend jede Unsicherheit über die Beziehung zwischen schädigendem Verhalten und Schaden.

Jedenfalls für die Berücksichtigung statistisch nachweisbarer Rettungsmöglichkeiten scheint in der Tat der Inhalt der Vermeidepflicht zu sprechen. Wenn ein Arzt pflichtwidrig einem Kinde ein Diphtherieserum nicht gibt, das zu achtzig Prozent wirksam gewesen wäre, weil von zehn Kindern acht auf das Serum ansprechen, so hat der Arzt keine im vorliegenden Einzelfall nachweisbare im indeterminierten Geschehen wurzelnde Rettungsmöglichkeit verschüttet, weil die Wirksamkeit des Serums sich nach Naturgesetzen vollzieht und das Kind deshalb von vornherein rettungslos verloren sein konnte. Gleichwohl wird man aber doch nicht annehmen, daß der Arzt deshalb gar nicht erst verpflichtet wäre, dem Kind das Serum überhaupt zu geben und auf diese Weise die Rettung zu versuchen. Eine solche Einlassung des Arztes wäre, von seiner Pflicht her gesehen, ebenso unverständlich wie die Einlassung des Tyrannensekretärs, er sei zu nichts verpflichtet gewesen, weil der Verurteilte ohnehin durch das verderbenbringende Tor hätte gehen können. Auch rechtspolitisch erscheint es kaum angezeigt, die sich in der Vernichtung einer objektiven Rettungschance verbergende Unsicherheit anders zu bewerten als andere Unsicherheiten. Im Gegenteil; der Mensch muß die Unsicherheiten des ihn umgebenden Geschehens allgemein beachten und sein Verhalten danach bestimmen. Bewirbt sich jemand zusammen mit einem gleich Tüchtigen um eine Stellung, so wird er seine alte Beschäftigung nicht aufgeben, bevor eine für ihn glückliche Entscheidung gefallen ist — hier ist die andere objektiv bestehende Möglichkeit zu beachten. Ebenso wird ein Landwirt die Ernte beschleunigt hereinholen, wenn er nicht weiß, ob das am Horizont aufziehende Gewitter auf seinen Feldern niedergehen wird — hier ist die nur statistische andere Möglichkeit zu berücksichtigen. Für das Rechtsleben sollte dies ebenfalls gelten. Die Vermeidepflicht wäre nicht nur zu formulieren: „Vermeide einen Schaden, indem du jede, auch nur eine geringe sich zur Rettung bietende objektive Rettungsmöglichkeit wahrnimmst oder nicht vernichtest". Sie würde weiter lauten müssen: „Vermeide einen Schaden, indem du jede, auch nur eine geringe, wenn auch nur statistisch zu ermittelnde, sich zur Rettung bietende Möglichkeit wahrnimmst oder nicht vernichtest". Oder vielleicht sogar noch weitergehend: „Vermeide einen Schaden, solange die Aussichtslosigkeit deines Helfens oder die Wirkungslosigkeit deines Handelns nicht eindeutig feststeht."

Mag man dies auch für gerecht und für vernünftig halten, die zur Schadenzurechnung führenden Pflichten können sich keinen solchen Inhalt geben. Bei der Vernichtung einer geringeren als hundertprozentigen Rettungsmöglichkeit im kausal nicht gebundenen Bereich steht fest, daß die

Vermeidepflicht erfüllbar war, weil nämlich der Schaden noch vermieden werden konnte, wenn er auch nicht vermieden werden mußte. Bei dem erwogenen weiteren Inhalt der Vermeidepflicht steht ihre Erfüllbarkeit aber nicht mehr fest. Die etwa einem Arzt auferlegte Pflicht, den Tod eines unerreichbar fernen Kranken abzuwenden mit dem Ergebnis, daß er für den Tod des Kranken verantwortlich gemacht würde, wäre unerfüllbar, nichtig und unbeachtlich. Der Serumfall bildet hierzu keinen Gegensatz. Die Anwendung des Serums kann blind verlaufen, der Kranke kann auch hier „unerreichbar fern" sein. Die Unkenntnis des Richters darüber, ob ein Kranker unerreichbar fern oder aus anderen Gründen unrettbar verloren war, als der Eingriff hätte stattfinden müssen, kann die Schadenszurechnung nicht begründen. Sonst würde dem Rechtsunterworfenen das Risiko zugemutet, objektiv unerfüllbare Pflichten zu erfüllen mit dem Ergebnis, für den „pflichtwidrig" nicht vermiedenen Erfolg verantwortlich zu sein.

Ist das Vermeidbarkeitsprinzip deshalb aufzugeben? Diese Frage ist zu verneinen. Die Prämisse für die Definition des Begriffs der Verursachung muß darin bestehen, daß selbst das empörende Verhalten eines möglichen Schädigers einerseits und der nach einem Schuldigen verlangende Schadensumfang andererseits allein die Schadenshaftung nicht begründen. Es muß deshalb eine Verknüpfung beider nachweisbar sein, die etwas über die beiden anderen Tatbestandsmerkmale Hinausgehendes bestimmt und den Schadenseintritt vom schädigenden Verhalten abhängig erscheinen läßt. Diese Verknüpfung kann nicht darin bestehen, daß über die Abhängigkeit des einen vom anderen Unkenntnis herrscht. Dem läßt sich nicht entgegenhalten, auch bei der Vernichtung objektiver im indeterminierten Geschehen gegebener Rettungsmöglichkeiten sei unsicher, ob der Schaden schließlich vermieden worden wäre. Das ist zwar richtig, nur gehört die Unsicherheit in diesem Fall zur Natur des indeterminierten Geschehens, gehört also zur Verknüpfung selbst, während die Unsicherheit bei der Vernichtung rein statistischer Rettungsmöglichkeiten sich in der Unsicherheit über das Vorliegen einer Verknüpfung erschöpft.

In deutlicher Abgrenzung zu dem Bereich nur statistischer und anderer noch weniger faßbarer Rettungsmöglichkeiten ist das bisher vorgeschlagene Vermeidbarkeitsprinzip wie folgt zu formulieren:

> Dem Schädiger wird ein Schaden zugerechnet, wenn sein pflichtwidriges Verhalten nicht hinweggedacht oder sein pflichtgemäßes Verhalten nicht hinzugedacht werden kann, ohne daß die Wahrscheinlichkeit für den Eintritt des Schadens durch die nachgewiesene Eröffnung objektiver Möglichkeiten, die bei glücklichem menschlichen Verhalten zur Vermeidung des Schadens geführt hätten, auch nur in geringem Maße verringert worden wäre.

Fünftes Kapitel

Das hypothetische Geschehen und die alternative Konkurrenz

I. Das erlaubte Verhalten des Schädigers

Im 3. Kapitel wurde dargelegt, daß die an eine Pflichtwidrigkeit geknüpfte condicio-sine-qua-non-Formel die Verantwortlichkeit des Schädigers bestimmt. Im 4. Kapitel wurde ergänzt, daß schon die Vernichtung einer objektiven Rettungschance die Zurechnung begründet. In beiden Fällen ist das pflichtwidrige Verhalten des Schädigers hinwegzudenken oder sein pflichtgemäßes Verhalten hinzuzudenken, wenn sich die Auswirkungen dieses Fehlers unter dem Gesichtspunkt der Vermeidbarkeit feststellen lassen sollen.

Damit ist die Bezugsebene der Vermeidbarkeit das hypothetische erlaubte Verhalten des Schädigers. Kann sein unerlaubtes Verhalten nicht hinweggedacht und sein erlaubtes Verhalten statt dessen nicht hinzugedacht werden, ohne daß der Schaden entfällt oder eine Rettungschance vernichtet worden wäre, so ist er für den Schaden verantwortlich.

Die ersten Probleme treten auf, wenn das hypothetische fehlerfreie Verhalten des Schädigers in mehreren Bezugsebenen bestehen kann:

Hat ein Kraftfahrer einen Fußgänger mit überhöhter Geschwindigkeit überfahren und getötet, so ist nach den obigen Ausführungen deutlich, daß der Kraftfahrer für den Tod des Fußgängers nur dann verantwortlich ist, wenn die überhöhte Geschwindigkeit nicht hinweggedacht und die zulässige Geschwindigkeit nicht hinzugedacht werden kann, ohne daß der Tod des Fußgängers entfiele oder ohne daß eine Rettungsmöglichkeit verschüttet worden wäre. Man wird also prüfen, ob der tödliche Unfall bei zulässiger Geschwindigkeit am Unfallort zur Unfallzeit vermeidbar war. Hier ist jedoch unter dem Vermeidbarkeitsprinzip der bekannte Einwand zu erörtern, bei zulässiger Geschwindigkeit wäre das Kraftfahrzeug noch nicht am Unfallort gewesen; der Schaden hätte deshalb bei verkehrsrichtigem Verhalten des Kraftfahrers vermieden werden können.

Die Entscheidung hierüber ist aus dem Pflichtmerkmal des Vermeidbarkeitsprinzips zu treffen. Es ist nicht der Zweck des Verbots überhöhter Geschwindigkeit, Unfälle dadurch zu vermeiden, daß Kraftfahrzeuge später als sonst an Orten eintreffen, die durch einen dort unvorhersehbar eintretenden Unfall qualifiziert sind. Der Zweck des Verbots besteht vielmehr darin, dafür zu sorgen, daß dem Kraftfahrer am Unfallort im Unfallzeitpunkt alle Möglichkeiten zur Vermeidung des Schadens offenbleiben. Wenn diesem Zweck der Vermeidepflicht Rechnung getragen werden soll, so kann es nur auf die Vermeidbarkeit des Unfalls bei zulässiger Geschwindigkeit am Unfallort zur Unfallzeit ankommen; der andere denkbare hypothetische Geschehensablauf ist ohne Bedeutung. Ein von der Vermeidepflicht abhängiges Zurechnungsprinzip hat natürlich auch den Zweck der Vermeidepflicht zu berücksichtigen.

Daß die Auswahl des hypothetischen fehlerfreien Geschehens unter mehreren ebenfalls hypothetischen fehlerfreien Geschehensabläufen vom Zweck der Vermeidepflicht sicher bestimmt werden muß, zeigt sich weiter im folgenden Draisinenfall[12]). Ein Eisenbahnarbeiter überfährt einen anderen tödlich mit einer Draisine, deren Bremsen schadhaft sind. Der Getötete hat den Bahndamm jedoch so plötzlich betreten, daß sein Tod auch durch wirksames Bremsen nicht zu vermeiden war. Kommt es hier darauf an, daß der Arbeiter die schadhafte Draisine gar nicht hätte benutzen dürfen und der Tod des anderen Arbeiters dann vermieden worden wäre, weil die Fahrt unterblieb? Kommt es darauf an, ob eine zweite nicht schadhafte Draisine vorhanden war, die der Arbeiter sonst genommen hätte oder hätte nehmen können, oder darauf, ob die Fahrt mit der nicht schadhaften Draisine durchgeführt worden wäre? Hier ergeben sich eine Reihe von denkbaren fehlerfreien Geschehensabläufen. Nun besteht der Zweck des Verbots, schadhafte Draisinen zu benutzen, nicht darin, daß weniger Draisinen oder andere später oder früher fahren und hierdurch Unfälle vermieden werden, sondern darin, dem Fahrer am Unfallort zur Unfallzeit alle Möglichkeiten einer intakten Draisine zu erhalten. Das hypothetische fehlerfreie Geschehen ist dementsprechend festzusetzen. Es kommt insbesondere nicht darauf an, ob solches hypothetisches Geschehen — Fahrt mit einer vorhandenen intakten Ersatzdraisine — überhaupt zu verwirklichen war. Die naheliegende Auffassung etwa, nur „sachverhaltsnahe" hypothetische Geschehensabläufe seien zu berücksichtigen[13]), ist dagegen irreführend und abzulehnen: Ein Kraftfahrer überfährt mit einer Geschwindigkeit von 80 km/h, während er pflichtwidrig nur Abblendlicht eingeschaltet hat, einen betrunkenen Fußgänger, der plötzlich 25 m vor ihm hinter einer Hecke hervor auf die Straße taumelt. Wäre der Kraftfahrer mit dem bei dieser Geschwindigkeit nötigen Fernlicht gefahren, so wäre der Tod des Fußgängers wegen des kurzen Bremsweges gleichwohl nicht vermieden worden. Wäre der Kraftfahrer jedoch, der mit Abblendlicht fuhr, mit der dabei noch zulässigen Geschwindigkeit von 40 km/h gefahren, so wäre der Tod des Fußgängers nicht eingetreten. Wäre also nun der Tod des Fußgängers bei verkehrsrichtigem Verhalten vermieden worden oder nicht? Ist das hypothetische Aufblenden oder das hypothetische Langsamfahren zu berücksichtigen?

---

[12]) Beispiel nach BGH in Strafsachen MDR 1951, 658 bei Dallinger.

[13]) Vgl. BGH in Strafsachen BGHSt 10, 369 = LM StGB Nr. 4 zu Vorbem. § 1 = NJW 1957, 1526 = VRS 13, 278 sowie BGHSt 17, 181; das folgende Beispiel ist dem Fall des Oberlandesgerichts Hamm in Strafsachen VRS 11, 55 nachgebildet.

Man mag versucht sein, den Kraftfahrer zu fragen, welchen Sachverhalt er bevorzugt hätte, wenn ihm das pflichtwidrige Verhalten verboten worden wäre, ob er dann lieber eine langsame Fahrt mit weiter abgeblendeten Scheinwerfern gemacht hätte oder ob er ein bestimmtes Ziel schnell erreichen wollte. Hierauf kommt es aber nicht an. Die Pflicht des Kraftfahrers endet mit dem Gebot, auf Sichtweite zu fahren und dadurch den Tod von Menschen zu vermeiden. Ihm wird die Wahl überlassen, auf welchem der beiden denkbaren Wege er dieser Pflicht genügt. Will man ihn nicht aus Gründen verantwortlich machen, auf die sich seine Vermeidepflicht nicht zwingend erstreckt hat, so muß man ihm zubilligen, sich auf den ihm günstigen fehlerfreien Sachverhalt zu berufen, zu dem ihm Freiheit gelassen war. Deshalb ist das Fahren mit einer Geschwindigkeit von 80 km/h bei Fernlicht zugrundezulegen; die Ziele des Kraftfahrers, die den einen oder den anderen hypothetischen fehlerfreien Sachverhalt wirklichkeitsnäher erscheinen lassen könnten, sind ohne Bedeutung.

II. Die hypothetische Eigenschädigung des Opfers

Es ist zurückzugreifen auf Fall 1 des 1. Kapitels, in dem ein Arzt eine Operation ohne die erforderliche Einwilligung des Patienten vorgenommen hatte und der Patient an der Operation gestorben war. Der Arzt beruft sich darauf, daß der Patient, wäre er gefragt worden, die Einwilligung erteilt hätte.

Erneut stehen hier zwei fehlerfreie hypothetische Geschehensabläufe zur Wahl. Der eine besteht darin, daß der Arzt die Operation unterlassen und die dadurch herbeigeführten Schäden so vermieden hätte, der andere, daß der Arzt den Patienten gefragt hätte mit der möglichen Folge der Einwilligung, so daß die Schäden ohnedies eingetreten wären. Die Vermeidepflicht bestimmt, daß der Arzt ohne Einwilligung nicht operieren darf. Sie überläßt es dem Patienten, nicht ihm — von Sonderfällen abgesehen — zu bestimmen, ob die Operation vorgenommen werden darf. Diese Pflicht ist nicht davon abhängig, ob der Patient seine Einwilligung sicher oder möglicherweise doch erteilt hätte. Die hypothetische Einwilligung berührt den Inhalt und Zweck des Operationsverbotes nicht. Sie hat damit nichts zu tun. Da die Rechtsordnung wünscht, daß der Arzt ohne Einwilligung des Patienten passiv bleibt, ist das hypothetische fehlerfreie nach dem Pflichtinhalt allein zu berücksichtigende Geschehen darin zu sehen, daß der Arzt nicht operiert hätte. Dann wäre der Tod des Patienten vermieden worden. Nach dem bloßen Pflichtinhalt ist der Arzt für den Schaden verantwortlich.

Für dieses Ergebnis sprechen jedoch auch einige rechtspolitische Gründe. Die Einwilligung, die von vielen Faktoren abhängen kann, erwächst aus der persönlichen Haltung des Patienten, sie ist seine persönliche Entscheidung und später vom Gericht kaum angemessen nachzuvollziehen. Das Problem liegt jedoch zentral. Es ist nicht auf die Frage der hypothetischen Einwilligung bei Operationen beschränkt. Zum Fall des Tyrannensekretärs war unterstellt worden, daß der Sekretär sich grundsätzlich darauf berufen dürfe, der Verurteilte wäre möglicherweise oder sicher ohnehin durch das verderbenbringende Tor gegangen und deshalb hingerichtet worden. Diese Unterstellung war nötig, weil nur auf diese Weise das Modell der Vernichtung objektiver Rettungsmöglichkeiten mit der möglichen Folge der Schadensteilung herauszustellen war. Der bloße Inhalt der Vermeidepflicht läßt diese Einlassung des Tyrannensekretärs jedoch ganz fallen: Der Sekretär hatte die Akten weiterzuleiten. Er hatte damit dem Verurteilten die Lebenschance zu geben, ob er sie wahrnahm oder nicht. Das hypothetische eigenschädigende Verhalten des Verurteilten kann den Bestand und den Inhalt der Vermeidepflicht nicht berühren. Auch rechtspolitisch ist jedenfalls zu zweifeln, ob die dem glücklichen Geschick des Verurteilten überlassene Entscheidung später nach der Hinrichtung des Verurteilten durch das Gericht noch nachvollzogen werden sollte. Hieraus folgt für die Festsetzung hypothetischen fehlerfreien Geschehens nur nach der Vermeidepflicht und auch mit gewisser rechtspolitischer Unterstützung, daß die glückliche Entscheidung des Verurteilten als hypothetisches aus fehlerfreier Handlung des Tyrannensekretärs folgendes Geschehen unterstellt werden muß, mag diese Entscheidung auch noch so sehr zweifelhaft und tatsächlich widerlegt sein.

Im Steinbruchfall hat der Unternehmer durch die Errichtung eines ordnungsgemäßen Zaunes dafür zu sorgen, daß am Steinbruch spielende Jungen gewarnt werden und eine größere Lebenschance erhalten. Es geht ihn nichts an, ob die Jungen den ordnungsgemäß errichteten Zaun ohnehin überklettert hätten und abgestürzt wären. Will man entsprechend dieser Vermeidepflicht den Hinweis auf den möglichen oder sicheren hypothetischen Absturz des Jungen ausschließen, so ist für die Vermeidbarkeitsprüfung zu unterstellen, daß der Junge den errichteten Zaun mit Sicherheit nicht überklettert hätte und dies selbst dann, wenn das Gegenteil bewiesen ist. Auch für dieses Ergeonis sprechen rechtspolitische Gesichtspunkte; die nach der Pflicht des Steinbruchunternehmers geförderte bessere Entscheidung des Jungen wird nur mit Bedenken dem Gericht zu dessen Überzeugung überlassen werden können.

Hiergegen läßt sich nicht einwenden, mit einem so weitgehend nach dem Inhalt der Vermeidepflicht ausgerichteten Verfahren werde der Sachverhalt verfälscht, jedenfalls aber sehr gekürzt. Die Vermeidepflicht beruht auf dem vollständigen Sachverhalt, auf der Situation nämlich, in der der Verpflichtete etwas tun oder unterlassen soll, und in der Feststellung, wieweit der Verpflichtete und mit welchem Ergebnis er sich danach gerichtet hat. Freilich führt die Vermeidepflicht dazu, sie selbst nicht berührende Teile des Sachverhalts unbeachtet zu lassen; hiergegen dürfte jedoch nichts zu erinnern sein.

Das Problem erstreckt sich auch auf die Sachverhalte, in denen das Opfer die hypothetische eigenschädigende Handlung mit Sicherheit nicht vorgenommen hätte. Hier führt auch die condicio-sine-qua-non-Formel des Kausalprinzips zur Klagabweisung. Im Unterschied zum geläufigen Kausalprinzip fordert das Vermeidbarkeitsprinzip nach dem Inhalt der Pflicht, daß dieses Verhalten ohne Beweiserhebung unterstellt werden muß: Unterläßt es der Inhaber einer Fensterreinigungsfirma pflichtwidrig, seinen Arbeitern Sicherungsgurte zur Verfügung zu stellen und führt die Beweisaufnahme schließlich zu der Feststellung, daß sie die Gurte mit Sicherheit getragen hätten und der Tod eines Arbeiters dadurch vermieden worden wäre, so hätte dieser Beweis nach dem Inhalt der Vermeidepflicht nicht geführt zu werden brauchen, weil die hypothetische Nichtbeachtung der Gurte durch den Arbeiter die Pflicht des Unternehmers nicht berührt und deshalb zwingend unterstellt werden muß, daß die Arbeiter die Gurte auch verwendet hätten. Wird umgekehrt bewiesen, daß die Arbeiter die Gurte mit Sicherheit nicht getragen hätten, so ist dies nach dem Vermeidbarkeitsprinzip jedenfalls entsprechend dem Inhalt der Vermeidepflicht bedeutungslos. Dieser Beweis kann nichts helfen. —

Diese streng nach dem Inhalt der Vermeidepflicht vorgenommene und auch durch einige rechtspolitische Gesichtspunkte unterstützte Schadenszurechnung würde allerdings mit Ausnahme weniger Einzelfälle zu Ergebnissen führen, die in der deutschen Rechtsprechung kaum je erwogen worden sind. Im Rahmen der hergebrachten condicio-sine-qua-non-Prüfung ist das hypothetische eigenschädigende Verhalten des Opfers regelmäßig mitberücksichtigt worden, wohl auch deshalb, weil die neutral arbeitende Kausalformel normativen Gesichtspunkten den Zugang versperrte. Dennoch ist die ständige Praxis der deutschen Gerichte nicht zu rügen. Sie bestünde wohl kaum, wenn sie nicht vertretbare Ergebnisse ermöglichte. Vom Standpunkt der Vermeidepflicht aus gesehen hat sie die Bedeutung, daß dem Schädiger der Schaden nach der Vermeidepflicht zwar zugerechnet werden könnte, daß dies jedoch unterbleibt, wenn der Schädiger im Ergebnis keinen größeren Schaden herbeigeführt hat, als ihn der Geschädigte ohnedies hätte tragen müssen. Dies ist ein Verzicht auf die Schadenszurechnung entgegen der Vermeidepflicht aus überwiegenden rechtspolitischen Gründen. Mag das hypothetische eigenschädigende Verhalten des Patienten im Fall der mangelnden Einwilligung, mag das hypothetische unglückliche Verhalten des Verurteilten im Tyrannenfall, mag das hypothetische unglückliche Verhalten des Jungen im Steinbruchfall, mag das hypothetische unglückliche Verhalten der Arbeiter der Fensterreinigungsfirma auch die Vermeidepflicht des Schädigers unberührt lassen und mag eine dementsprechende Schadenszurechnung sogar gerecht erscheinen, dem doch in allen Fällen durch die Möglichkeit unglücklicher Entscheidungen bedrohten Opfer wäre nach diesem Prinzip eine krisenfeste Position geschaffen, die ihm nicht zustehen sollte. War es rechtspolitisch auch bedenklich, daß ein Gericht nach dem Tode des Patienten, der in die Operation nicht eingewilligt hatte, dessen persönliche oft schwierige Entscheidung nachzuvollziehen hatte, so ist es jedoch andererseits wiederum rechtspolitisch bedenklich, den doch vor bedrohliche Entscheidungen gestellten Patienten so zu stellen, als wäre er nie bedroht gewesen. Die gleichen gegensätzlichen rechtspolitischen Positionen lassen sich in allen genannten Beispielsfällen beziehen.

Für die Entscheidung zwischen beiden rechtspolitischen Positionen mag mit entscheidend sein, daß die Berücksichtigung hypothetischen eigenschädigenden Verhaltens des Opfers nicht in die Problematik absolut unbeweisbaren Geschehens führt, sondern nur in die Problematik der Vernichtung objektiver Rettungsmöglichkeiten. Da nach den Ausführungen im 4. Kapitel die Vernichtung von objektiven Rettungsmöglichkeiten bereits entsprechend dem Umfang der vernichteten Möglichkeit zur Schadenszurechnung führt, sind die Gerichte nicht mehr dem Erfordernis ausgesetzt, die hypothetische Entscheidung des Opfers sicher bestimmen oder andernfalls gegen das Opfer entscheiden zu müssen. Mit der Schadenszurechnung nach dem Umfang der vernichteten objektiven Rettungsmöglichkeiten wird diese Alternative gelockert. Wenn die Rechtsprechung es bisher schon unter den bestehenden Schwierigkeiten für gangbar hielt, das hypothetische eigenschädigende Verhalten des Opfers zu berücksichtigen, so wird dies nach Lockerung dieser Schwierigkeiten erst recht angezeigt sein. Hat der Kläger etwa nachgewiesen, daß der Arzt eine nach der Situation und dem Charakter des Patienten gegebene Chance versäumt hat, so haftet er dem Umfang der Chance entsprechend auf ein Drittel oder ein Viertel etc. Das erscheint vertretbar. Ebenso ist es nicht ungerecht, den Schaden auch im Tyrannenfall, im Steinbruchfall und in ähnlichen Fällen nach dem Umfang der vernichteten Chance zu teilen. Wesentlich dürfte aber auch der Hinweis auf die Konsequenzen sein, die sich bei der Schädigung mehrerer aus dem Vermeidbarkeitsprinzip ergeben, wenn man es allein nach dem Inhalt der Vermeidepflicht und ohne die Einschränkung der Abwehr einer krisenfesten Position anwendet: Wer zehn Schönheitsprinzessinnen die Einladung zu einer Veranstaltung versprochen hat, auf der die Schönheitskönigin gewählt und preisgekrönt werden soll, hat jede Prinzessin zum Wettbewerb einzuladen und ihr die Möglichkeit zu Sieg und Preisgewinn zu geben — daß sie vielleicht den Sieg und den Preis nicht errungen hätte, ist für seine Pflicht ohne Bedeutung — nicht angemessen wäre es jedoch, wenn er vielleicht fünf vergessene Prinzessinnen so stellen müßte, als hätte jede für sich den Preis gewonnen. Ungerecht wäre freilich auch die Klagabweisung in allen Fällen, wie sie heute nach der condicio-sine-qua-non-Formel auszusprechen wäre.

Folgt man dem rechtspolitischen Gedanken, daß der Geschädigte keine krisenfeste Position erlangen soll, so ergeben sich dogmatisch keine Bedenken. Der nur rechtspolitische und auch nur aus überwiegenden rechtspolitischen Gründen vorzunehmende Verzicht auf die Schadenszurechnung ist frei disponierbar. Da die unabdingbare Voraussetzung für die Verantwortlichkeit des Schädigers immer erst die Verantwortlichkeit nach der Vermeidepflicht ist, kann der Schädiger durch die Inpflichtnahme niemals ultra posse belastet werden. Wenn aus dem Gedanken heraus, daß dem Geschädigten ein gewisses Risiko verbleiben müsse, auf die Schadenszurechnung verzichtet wird, so ist den Interessen des Geschädigten mit diesem Gesichtspunkt Rechnung getragen, den Interessen des Schädigers bereits mit der dogmatisch zwingenden Zurechnungsprüfung.

Daraus folgt:

> Dem Schädiger wird ein Schaden zugerechnet, wenn sein pflichtwidriges Verhalten nicht hinweggedacht *und pflichtgemäßes Verhalten sowie das vom Geschädigten ohnehin zu duldende Geschehen nicht hinzugedacht werden kann*, ohne daß die Wahrscheinlichkeit für den Eintritt des Schadens durch die nachgewiesene Eröffnung objektiver Möglichkeiten, die bei glücklichem menschlichen Verhalten zur Vermeidung des Schadens geführt hätten, auch nur in geringem Maße verringert worden wäre.

Zum Bereich der hypothetischen Eigenschädigungen des Opfers gehören auch die Fälle, in denen sich der Geschädigte durch ein Verhalten Schaden zugefügt hätte, das von der schädigenden Handlung getrennt gedacht werden kann. Will ein Selbstmörder sich gerade unter einen Kraftwagen stürzen, gerät der Kraftfahrer jedoch ohnedies fahrlässig auf den Bürgersteig und tötet er ihn, so wird man in der bisher vorgeschlagenen Weise verfahren: Mit dem hypothetischen Selbstmord hat die an den Kraftfahrer gerichtete Vermeidepflicht nichts zu tun, er könnte also ganz unbeachtet bleiben. Zugleich aber trifft das Tatgeschehen auf eine Situation, auf die — den bisherigen Fällen vergleichbar — ein Schaden unmittelbar zuzugreifen drohte und nach der es vertretbar erscheint, den Geschädigten eine krisenfeste Position zu versagen. Dabei ist daran zu erinnern, daß die Arbeit bisher noch nur die hypothetischen Geschehnisse erörtert, die die Schäden gleichzeitig mit dem wirklichen Geschehen herbeigeführt hätten. Einschränkungen dieses Grundsatzes bleiben deshalb weiterhin möglich.

Gegen die vorgeschlagene zweigeteilte Lösung läßt sich nicht einwenden, des zweiten Gesichtspunkts bedürfe es nicht; wo den Geschädigten keine krisenfeste Position eingeräumt werden solle, müsse bereits die Vermeidepflicht begrenzt werden: wenn im Steinbruchfall etwa festgestellt werde, daß der Junge mit Sicherheit auch den ordnungsgemäß errichteten Zaun überklettert hätte, so wäre dem Unternehmer die Erfüllung seiner Pflicht, den Tod des Jungen durch die Errichtung eines ordnungsgemäßen Zaunes zu vermeiden, bereits unmöglich geworden, unmöglich zu erfüllende Pflichten seien nichtig und hieraus rechtfertige sich bereits zwingend die Klagabweisung. Hierbei sind jedoch zwei verschiedene Pflichtenkonstruktionen zu unterscheiden. Könnte ein Arzt verpflichtet sein, einen unerreichbar fernen Kranken zu heilen mit dem Ergebnis, daß er für dessen Tod verantwortlich wäre, so wäre dies willkürlich und tyrannisch. Die unmögliche oder unmöglich gewordene Pflicht des Arztes muß nichtig sein. Im Steinbruchfall hat die Pflicht des Unternehmers aber nur den Sinn, dem Jungen die gesteigerte Möglichkeit zu geben, für sich selbst verantwortlich zu handeln; diese Möglichkeit ist gegeben und die Pflicht damit auch dann erfüllt, wenn der Junge sich anders entscheidet. Diese aus ihrer Natur heraus begrenzte auf die Mitwirkung der anderen Person hinwirkende Teilpflicht kann auch die Schadenszurechnung insgesamt begründen. Im Falle ihrer Verletzung wäre es nicht willkürlich oder tyrannisch, wenn der Unternehmer haften müßte. Im Gegenteil, vom Inhalt der Pflicht erscheint es befremdlich, wenn ein zu Sicherheitsmaßnahmen Verpflichteter sich darauf beruft, die zu Schützenden hätten sie nicht ausgenutzt und schon deshalb entfalle seine Pflicht. Hieran kann nur der dispositive, aus überwiegenden rechtspolitischen Gründen für wünschenswert gehaltene Gesichtspunkt etwas ändern, daß dem Geschädigten trotz Pflichtverletzung des Schädigers und möglicher Zurechnung keine krisenfeste Position geschaffen werden soll.

Für die Weiterentwicklung des Vermeidbarkeitsprinzips ist von erheblicher Bedeutung, daß es auf diesen beiden getrennt zu haltenden Merkmalen beruht. Es darf noch einmal darauf hingewiesen werden, worin sich beide Merkmale unterscheiden. Der Inhalt der Vermeidepflicht steckt dogmatisch zwingend die Grenze dessen, wofür der Schädiger überhaupt verantwortlich gemacht werden kann. Das zweite Merkmal ist nicht zwingend, sondern disponierbar. Es beruht auf überwiegenden rechtspolitischen Gedanken. Bei weiterer Durchsicht der Fallgruppen kann sich ergeben, daß dieser Gedanke modifiziert oder aufgespalten werden muß. Das zweite Zurechnungsmerkmal hat sich dann danach zu richten und ist dessen auch fähig. Diese Konstruktion des Vermeidbarkeitsprinzips insgesamt kann genauere Ergebnisse erbringen als das Kausalprinzip. Die nach dem Inhalt der Vermeidepflicht ausgerichtete Vermeidbarkeit arbeitet die Verantwortlichkeit des Schädigers nach klaren Grenzen heraus und erfüllt die Forderung des Gesetzgebers nach einer Verknüpfung zwischen Verhalten und Schaden. Disponierbar ist der Zurechnungsverzicht mit allen Möglichkeiten seiner Gestaltung. Im Gegensatz dazu sagt das Kausalprinzip — es ist ohnehin oben im 2. Kapitel auch theoretisch als Zurechnungsprinzip abgelehnt worden — nichts praktisch Brauchbares über etwa notwendige Gestaltungsmöglichkeiten aus.

III. Das hypothetische Verhalten eines Dritten

Der Eigentümer einer in starkem Maße feuergefährdeten Fabrik möge gesetzlich verpflichtet sein, an zwei Punkten seines ausgedehnten Fabrikgeländes je einen Spezialfeuerlöscher bereitzuhalten. Er beschafft jedoch nur einen Feuerlöscher und installiert ihn. Ein Werkmeister ist verpflichtet, die vorhandenen Spezialfeuerlöscher zu warten und zu überprüfen. Er unterläßt dies und der angeschaffte eine Feuerlöscher wird deshalb gebrauchsunfähig. An der Stelle, an welcher der andere nicht installierte Feuerlöscher hätte angebracht sein müssen, bricht ein Brand aus, der mehrere Todesopfer fordert; dabei kann die Werksfeuerwehr nicht helfend eingreifen, weil kein Feuerlöscher vorhanden ist. Einige Tage später, nachdem nun ein zweiter Feuerlöscher installiert und der andere Feuerlöscher gebrauchsfertig gemacht worden ist, bricht an derselben Stelle wiederum ein Brand aus. Die Leute der Werksfeuerwehr, die nur allein befugt und in der Lage sind, die Spezialfeuerlöscher zu bedienen, verhalten sich bei der Anwendung des nunmehr ordnungsgemäß installierten Geräts so unzuverlässig, daß sie das geringste Risiko scheuen und in einem Strafprozeß wegen fahrlässiger Tötung verurteilt werden. In einem weiteren Prozeß wird die Verantwortlichkeit des Fabrikeigentümers für den Tod der bei dem ersten Brand ums Leben gekommenen Menschen untersucht; dort war der Spezialfeuerlöscher nicht vorhanden. Es möge nun mit einer an Sicherheit grenzenden Wahrscheinlichkeit feststehen, daß die bei dem ersten Brand ums Leben gekommenen Opfer gerettet worden wären, wenn der an der späteren Brandstelle pflichtgemäß anzubringende Spezialfeuerlöscher vorhanden, gebrauchsfertig gewesen und von der Werksfeuerwehr pflichtgemäß eingesetzt worden wäre. Im Gegensatz dazu steht aber auch mit großer Wahrscheinlichkeit fest, daß der Werkmeister den zweiten Feuerlöscher, wäre er angeschafft worden, wie schon den ersten nicht gewartet hätte, so daß dieser ohnehin nicht gebrauchsfähig gewesen wäre. Wäre er aber vorhanden und gebrauchsfähig gewesen, so steht wiederum mit einiger Wahrscheinlichkeit fest, daß die Feuerwehr sich schon beim ersten Brand so unzuverlässig gezeigt hätte, wie das beim zweiten Brand der Fall war. Während nun der Werkmeister nicht verantwortlich ist, weil kein Gerät an der späteren Brandstelle vorhanden war, das er hätte warten können, und während weiter auch die Werksfeuerwehr für den Tod dieser Opfer nicht verantwortlich sein kann, weil ihr kein Löschgerät zur Verfügung stand, so wäre der Fabrikeigentümer ebenfalls nicht verantwortlich, weil seine unterlassene Handlung ohne weiteres hinzugedacht werden kann, ohne daß sich am Eintritt des Schadens irgend etwas ändert. Auch das Hilfsmittel der Schadensteilung nach dem Umfang der vernichteten Rettungschancen führt nicht weiter, weil der Fall auch so gedacht werden kann, daß Werkmeister oder Feuerwehr mit einer an Sicherheit grenzenden Wahrscheinlichkeit fehlerhaft gehandelt hätten und dann bei Berücksichtigung dieses Geschehens keine Rettungsmöglichkeit zur Verfügung stand.

Nach dem Vermeidbarkeitsprinzip ist der Fall ohne besondere Schwierigkeiten zu lösen. Ebenso wie der zu Sicherungsmaßnahmen Verpflichtete auf die Mitwirkung des zu Schützenden angewiesen sein kann und seine die Zurechnung tragende Pflicht nur dahin geht, diesem eine gesteigerte Möglichkeit zur Rettung zu geben, so geht in vielen Fällen die Pflicht des für Sicherungsmaßnahmen Verantwortlichen dahin, diese über Dritte wirken zu lassen, auf deren Mitwirkung er angewiesen ist, Dritten also die Gelegenheit zu deren bestmöglicher Schadensvermeidung zu geben. Verletzt der für Sicherungsmaßnahmen Verantwortliche diese Pflicht, so trägt dies bereits die Schadenszurechnung. Seine Vermeidepflicht wird nicht dadurch hinfällig, daß die beteiligten Dritten von den Maßnahmen keinen zuverlässigen Gebrauch gemacht hätten. Die Erfüllung seiner Vermeidepflicht ist auch nicht mit der Folge der Nichtigkeit dieser Pflicht unmöglich geworden, weil die Dritten sich unzuverlässig verhalten hätten. Dies selbst unterstellt, erscheint die Pflicht des Verantwortlichen auch mit Bezug auf die Schadenszurechnung nicht als tyrannisch und willkürlich. Im Gegenteil, könnte sich ein Rechtsunterworfener darauf berufen, die ihm an sich auferlegte Pflicht zur Bereitstellung von Sicherheitsmaßnahmen könne für die Schadenszurechnung nicht fortbestehen, weil Dritte davon nicht den bestmöglichen oder weil sie davon gar einen fehlerhaften Gebrauch gemacht hätten, so wird man im Gegenteil gerade eine solche Einlassung für unverständlich halten. Will man nun das vom Inhalt der Vermeidepflicht her bestimmte Ergebnis aber auch formelhaft, mit Hilfe der condicio-sine-qua-non-Formel, erreichen, so ist für ihre Anwendung zu unterstellen, daß die beteiligten Dritten das Gerät bestmöglich gewartet und es bestmöglich angewendet hätten; selbst sicher zu treffende gegenteilige Feststellungen bleiben außer Betracht, solange die Vermeidbarkeit nach dem Inhalt der Vermeidepflicht geprüft wird. Im vorliegenden Fall ist sogar zu unterstellen, daß die Feuerwehrleute in abenteuerlichem, das eigene Leben nicht schonendem Einsatz tätig geworden wären, weil der Fabrikeigentümer durch Bereitstellung des Feuerlöschers die Möglichkeit für jede Art seiner Anwendung gewähren muß und über das Ausmaß der Opferbereitschaft Dritter nicht selbst entscheiden darf. Die so nach dem Inhalt der Vermeidepflicht festgestellte Vermeidbarkeit wird jedoch eingeschränkt durch das zweite Merkmal, das zur endgültigen Zurechnung ebenfalls erfüllt sein muß: die Opfer sollen keine krisenfeste Position erhalten. Sie haben den Schaden zu tragen, den sie auch ohne die Pflichtwidrigkeit des Fabrikeigentümers hätten hinnehmen müssen. Dazu rechnet nur der auf nicht pflichtwidrigem Verhalten der Beteiligten beruhende Schaden, ferner innerhalb dieses Bereichs nur der Schaden, der bei einem zwar nicht pflichtwidrigen, aber auch nicht besonders opferbereiten Verhalten hinzuzunehmen war. Für die Anwendung der condicio-sine-qua-non-Formel bedeutet dies, daß jedes hypothetische unerlaubte Verhalten Dritter zwingend unbeachtet bleibt, im übrigen aber festgestellt werden muß, wie die Beteiligten sich verhalten hätten. Ist der condicio-sine-qua-non-Zusammenhang nicht feststellbar, so genügt für die endgültige Schadenszurechnung schon der Nachweis der Vernichtung objektiver Rettungsmöglichkeiten; im letzteren Falle ist der Schaden nach dem Umfang der vernichteten Chance zu teilen.

Auch in der Gruppe der Fälle, in denen es auf das hypothetische Verhalten Dritter ankommt, könnte man unterscheiden zwischen dem hypothetischen Geschehen, das in den Tatverlauf unmittelbar eingebaut ist und dem hypothetischen Geschehen, das ganz getrennt hiervon gesehen werden kann: Jemand stößt die Hand des Scharfrichters beiseite, mit der dieser gerade ein in ordentlichem Verfahren ergangenes Urteil vollstrecken will, und betätigt das Fallbeil selbst. Oder: Jemand erschießt den Delinquenten in dem Augenblick, in dem das Urteil hätte vollstreckt werden sollen. Jedenfalls soweit es sich wie hier um ein Geschehen handelt, in dem zwei Risiken auf den Verletzten unmittelbar zugreifen, wird man dem Opfer keine krisenfeste Position einräumen wollen. Es bleibt also bei der bisherigen Einschränkung des Zurechnungsprinzips, daß auf die mögliche Zurechnung verzichtet wird.

Anders ist zu entscheiden, wenn ein Mörder sich darauf beruft, daß sonst an seiner Stelle ein anderer Täter den Mord begangen hätte; denn der hypothetische Mord ist vom Opfer nicht zu dulden. Für solche Fälle fehlt jeder Anlaß zum Verzicht auf die Zurechnung.

IV. Hypothetische Naturereignisse

In dem Augenblick, in dem der Kraftfahrer einen Unfall herbeiführt und einen Fußgänger auf der Stelle tötet, wird dieser vom Blitz getroffen, so daß er ohnehin sofort gestorben wäre. Der Kraftfahrer haftet nicht. Zwar wird seine von den Erfordernissen des Straßenverkehrs bestimmte Vermeidepflicht vom Blitzschlag nicht berührt, dieser ist gleichwohl jedoch hinzuzudenken, weil der Kraftfahrer keinen größeren Schaden herbeigeführt hat, als ihn der Geschädigte ohnedies zu dulden hatte. Erneut ist daran zu erinnern, daß die Arbeit bisher nur das mit dem Tatgeschehen gleichzeitig eintreffende hypothetische Geschehen erörtert.

V. Versichertes oder sonst gedecktes hypothetisches Geschehen

Ist der Fußgänger im zuletzt erörterten Fall gegen Blitzschlag versichert, so haftet der Kraftfahrer, weil die Zurechnung nach dem Inhalt der Vermeidepflicht möglich ist und der Fußgänger den Blitzschlagsschaden nicht ohnehin zu tragen hatte. Gleiches gilt für jedes mit dem Tatgeschehen gleichzeitig eintreffende Geschehen, das zum Ersatz berechtigt hätte. Für einen Verzicht auf die Schadenszurechnung besteht kein Anlaß. Auf die Zahlungsfähigkeit des hypothetisch Verpflichteten kommt es nicht an.

VI. Hypothetisches unerlaubtes Verhalten des Schädigers

Versäumt jemand eine Inspektion und entsteht hieraus ein Schaden, so kann er sich nicht darauf berufen, er hätte bei der Durchführung der Inspektion ebenfalls fehlerhaft gehandelt, so daß der Schaden ohnehin entstanden wäre. Die Pflicht zur Durchführung der Inspektion wird hiervon nicht berührt, die Zurechnung ist möglich und sie bleibt auch bestehen, weil der Geschädigte dadurch keine krisenfeste Position erlangt.

VII. Unmittelbarer Ersatz des Tatgeschehens durch das hypothetische Geschehen; Beweislast

Zu dem Kriterium, daß der Geschädigte durch die Zurechnung keine krisenfeste Position erhalten darf, stellt sich eine weitere Frage. Wie bisher wird dabei zunächst noch allein das hypothetische Geschehen geprüft, das den Schaden mit dem Tatgeschehen spätestens gleichzeitig herbeigeführt hätte.

Jemand verletzt einen anderen fahrlässig durch Straßenverkehrsunfall. Der Verletzte wird in ein Krankenhaus gebracht und stirbt dort ein halbes Jahr später an den Folgen. Der Schädiger macht geltend, der Verletzte habe einen Monat nach dem Unfall mit einer Linienmaschine nach Südamerika fliegen wollen, die über dem Atlantik abgestürzt sei, ohne daß irgend jemand ein Verschulden treffe. Er habe die Maschine zwar noch nicht fest gebucht gehabt, seine Sekretärin habe vor dem Verkehrsunfall jedoch schon damit begonnen, seine hiesigen Termine mit dem Flug abzustimmen. Kann der Schädiger sich hierauf mit Erfolg berufen? Könnte er es, wenn der Verletzte die Maschine schon fest gebucht gehabt hätte und der Unfall nur einen Tag vor dem Abflug stattfand? Könnte es schließlich ein anderer Flugpassagier, der den Betroffenen beim Besteigen der Maschine von der Treppe gestoßen und ihn mit gleichen Folgen verletzt hätte? Man wird diese Fragen verneinen, obwohl die Zurechnung dem Geschädigten hier durchaus eine „krisenfeste Position" einräumt.

Der Sekretärinnenvariante des Falles wird man sofort mit dem rechtspolitischen Argument entgegentreten, der Schädiger dürfe dem Geschädigten und dem Gericht keine „negativen Milchmädchenrechnungen" aufmachen, die schließlich dahin führten, daß alle möglichen geplanten oder halb geplanten gefährlichen Unternehmungen in die Betrachtung einbezogen werden müßten. Das Argument ist wohl richtig und es wird noch durch den Gedanken unterstützt, daß der Schädiger selbst auch solche Informationen weitgehend nur zufällig erhalten würde. Solche wohl richtigen Überlegungen sind aber vielleicht nicht ganz entscheidend. Jedenfalls in der Treppenvariante reichen sie nicht aus.

Oder: Jemand wird auf dem Bahnsteig verletzt und kommt ins Krankenhaus. Der kurz darauf einlaufende Zug entgleist auf einer Brücke, Lokomotive und erster Waggon stürzen in eine tiefe Schlucht. Die Reisenden dieses Waggons werden getötet, die der anderen bleiben unverletzt. Ist es eine „negative Milchmädchenrechnung", wenn der Schädiger darauf hinweist, der Verletzte habe manchmal, oft, regelmäßig oder ohne Ausnahme seit dreißig Jahren den ersten Waggon benutzt? Wie ist zu entscheiden, wenn es sich um einen Triebwagen gehandelt hätte, der ganz in die Schlucht hinabgestürzt ist?

Diese Fälle unterscheiden sich von den bisher erörterten Fällen, in denen der Geschädigte keine krisenfeste Position erhalten sollte, in einem wesentlichen Punkt. Innerhalb des aus diesem rechtspolitischen Grunde ausgesprochenen Verzichts auf die an sich mögliche Schadenszurechnung gibt es zwei Gruppen von Sachverhalten. Die eine Gruppe besteht darin, daß das Opfer in einer bestimmten bedrohlichen Situation einen Schicksalsschlag hinnehmen muß, neben den das Tatgeschehen tritt als diesen Schicksalsschlag betonend (Beispiel: der sorglose Fensterputzer lehnt die Verwendung eines Gurts ab, der Unternehmer stellt den Gurt auch nicht zur

Verfügung; der Fensterputzer stürzt tödlich ab) oder selbst einen neuen Angriff bildend (Beispiel: Mord neben Blitzschlag). Auf eine bestimmte Situation also wird doppelt zugegriffen. Aus diesen Sachverhalten ist der Grundsatz gebildet worden, daß der Schädiger nicht über das Maß dessen hinaus verantwortlich zu machen sei, was der Geschädigte ohnedies zu tragen gehabt hätte. Die oben aufgezeigten Flughafen- und Bahnsteigfälle bilden aber, vom Risiko her betrachtet, für den Geschädigten eine ganz andere Situation. Es besteht kein doppelter Zugriff, sondern das Tatgeschehen selbst hat die Situation so verändert, daß die zweite Bedrohung keinen Ansatzpunkt mehr findet und daher ganz entfällt. Für die ins Krankenhaus gebrachten Verletzten sind die sonst sicher durchgeführten gefährlichen Reisen nicht mehr möglich, nicht mehr aktuell. Ist es zu berücksichtigen, wenn das Tatgeschehen selbst die Situation so verändert hat, daß die hypothetische Bedrohung damit insgesamt entfiel?

Für die bisher erörterten Fälle wird man die Frage dahin beantworten, daß die Risiken, die nur für den Gesunden entstanden wären, nicht dem Verletzten noch zugewiesen werden sollten. Das im Krankenhaus liegende Opfer treffen in seinem dortigen Lebensbereich neue Risiken. Es kann dort ohne irgend jemandes Verantwortung unglücklich stürzen, sich infizieren, das Krankenhaus kann abbrennen, kurz, es lassen sich dort ähnliche Risiken denken, wie sie mit der Tätigkeit eines Gesunden anderswo verbunden sind. Stirbt das Opfer im Krankenhaus an einem solchen Unglücksfall, so trägt es das Risiko selbst mit der Folge, daß die Verantwortlichkeit des Schädigers aufhört. Dem kann das Opfer nicht mit dem Hinweis widersprechen, ohne den schädlichen Eingriff hätte es dieses Risiko nicht auferlegt erhalten; denn der zufällige Krankenhausbrand ist von der Vermeidepflicht nicht mehr gedeckt, müßte es aber sein, wenn er für die Haftung des Schädigers von Bedeutung sein sollte. Würde das Opfer neben den Risiken seines neuen Daseins nun auch noch die Risiken tragen, die es für gefährliche Unternehmungen als Gesunder getragen hätte, so trüge es die Risiken eines doppelten Daseins. Man wird dies für bedenklich halten.

Es fragt sich aber, ob diese Mechanik der Risikoausschaltung auch allen Fällen gerecht wird und ob deshalb nicht noch weitere Gesichtspunkte zu berücksichtigen sind. Angenommen, jemand verletzt fahrlässig schwer einen Maler, der wegen Mordes zum Tode verurteilt ist, zwei Tage vor dessen sicherer Hinrichtung. Während der Haft hat der Verurteilte Bilder gemalt, die seinen Angehörigen noch ein regelmäßiges Einkommen sicherten. Infolge der Verletzung kann der Verurteilte nicht mehr malen, zugleich wird aber auch die Hinrichtung verschoben, bis der Verurteilte im Krankenhaus gesund gepflegt ist, so daß die Hinrichtung nachgeholt werden kann. Er wird aber nicht wieder gesund und stirbt dort an der erlittenen Verletzung nach einem Jahr. Können seine Angehörigen für dieses Jahr Unterhalt verlangen? Hätte man den Fall strafrechtlich zu beurteilen, legte man insoweit auch das Vermeidbarkeitsprinzip zugrunde, eingeschränkt durch den Gedanken, daß die Zurechnung nicht über das Maß dessen hinausgehen sollte, was die Rechtsgemeinschaft ohnedies hinzunehmen hätte — vgl. den Scharfrichterfall bei gleichzeitiger wirklicher Tötung und hypothetischer Hinrichtung —, so wird man gewiß eine Einschränkung nach der eben auch für das Zivilrecht erwogenen Formulierung vornehmen; denn das Strafrecht kann den Verletzten nicht, soweit die Verantwortlichkeit des Schädigers betroffen ist, vom Zeitpunkt seiner hypothetischen Hinrichtung an als tot ansehen, während dieser noch Monate an der erlittenen Wunde laboriert und daran schließlich stirbt. Ob aber die Angehörigen des verletzten Mörders für den Zeitraum nach dessen hypothetischer Hinrichtung noch eine Schadensrente verlangen sollten, erscheint erheblich zweifelhafter, obwohl der Schädiger das Risiko der Hinrichtung für ein volles Jahr beseitigt hat und dies nach der bisher erwogenen Formulierung für die Ersatzpflicht erheblich sein müßte.

Der Fall der hypothetischen Hinrichtung unterscheidet sich vom oben genannten Flugzeugfall und Bahnsteigfall in einem wesentlichen Aspekt. Zwar unterscheiden sich die Fälle nicht dadurch, daß der Eintritt des einen oder des anderen hypothetischen Geschehens mehr oder weniger sicher gewesen wäre; die Fälle lassen sich alle so denken, daß der hypothetische Schaden außer allem Zweifel eingetreten wäre. Während aber das Buchen eines Fluges, auch noch das Besteigen eines Flugzeuges oder eines Zuges noch variable Tätigkeiten sind, die mit jedem Schritt neue Risiken begründen und andere hinter sich lassen können, so daß eine schwere Verletzung an der Flugzeugtreppe oder auf dem Bahnsteig sofort einen ganzen Lebens- und Risikobereich sperrt und einen anderen eröffnet, hat der Mörder, wohin er auch geht, jedenfalls in einem Lande, das die Todesstrafe kennt, mit seinem Leben das Risiko der Hinrichtung untrennbar verbunden. Unter diesem Gesichtspunkt kann man nicht mehr von einem ablösbaren und einem neu zu begründenden Risiko sprechen, in dessen Gestaltung eine schädigende Handlung eingreifen könnte. Für die Fälle des variablen Risikos paßt der Gedanke, daß der Verletzte nicht die Risiken eines doppelten Daseins führen sollte, für die Fälle eines mit dem Rechtsgut untrennbar verbundenen Risikos paßt dieser Gedanke nicht. Vielmehr erscheint es gerecht, den mit einem untrennbaren Risiko belasteten Geschädigten dieses Risiko auch durchgehend tragen zu lassen. Zugleich wird damit insgesamt auch dem Gedanken gefolgt, daß der Schädiger dem Geschädigten und dem Gericht nicht weitläufige negative Rechnungen aufmachen sollte. Die Risiken des durch die Tat gesperrten Lebensbereichs bleiben außer Betracht. Die Risiken des neuen Lebensbereichs wirken sich in aktuellen Geschehnissen aus und sind auch leicht übersichtlich hinsichtlich ihrer Konsequenz, daß sie die bereits entstandenen Schäden ohnehin herbeigeführt hätten. Auch die Berücksichtigung eines mit dem Rechtsgut untrennbar verbundenen Risikos schließt weitläufige Rechnungen aus.

Nun läßt sich das dem Geschädigten verbleibende Risiko jedoch auch anders begrenzen. Seit Mommsen[14]) besteht bis heute die fast einhellige

[14]) Zur Lehre von dem Interesse (1855) S. 146.

Auffassung, jedenfalls hypothetische spätere Ereignisse dürften allenfalls dann berücksichtigt werden, wenn ihr Eintritt mit Sicherheit oder doch mit an Sicherheit grenzender Wahrscheinlichkeit festgestanden hätte[15]). Zur Begründung werden dabei ähnliche Gesichtspunkte angeführt, wie sie hier zur Abgrenzung der Risikobereiche angewendet worden sind. So erklärt der Bundesgerichtshof[16]), an die Darlegungs- und Beweispflicht des Beklagten hinsichtlich hypothetischer Ereignisse müßten strenge Anforderungen gestellt werden, weil man sich sonst zugunsten irrealer Umstände zu weit von dem Boden wirklicher Gegebenheiten entfernen würde. Damit ist die Umkehr der Beweislast als Instrument materiellrechtlicher Ziele gekennzeichnet. Das ist im Ergebnis auch nicht zu beanstanden, obwohl die Umkehr der Beweislast sich damit in den Fällen hypothetischen Geschehens ohne einen aus dem Beweisrecht folgenden zwingenden Grund von dem allgemein geltenden Grundsatz entfernt, daß der Kläger die Voraussetzungen seines Anspruchs beweisen muß[17]), dies gilt auch für den Beweis einer Negative[18]). Tatsächlich gelangt man auch mit der Umkehr der Beweislast und den überdies noch verschärften Anforderungen an die Darlegungs- und Beweislast weitgehend zu einer Ausschaltung hypothetischer Ereignisse, wie sie hier materiellrechtlich aus dem Gedanken einer Risikoabgrenzung vorgeschlagen wird. Vor allem dieses mit Hilfe der Beweisumkehr erreichte Ziel dürfte zu der fast einhelligen Auffassung geführt haben, daß nur sichere oder fast sichere hypothetische Geschehensabläufe berücksichtigt werden; regelmäßig fehlt es an Ausführungen, wie die Umkehr der Beweislast beweisrechtlich zu erklären sei. Ohne eine beweisrechtliche Begründung für die Umkehr der Beweislast fällt es etwa Bydlinski[19]) leicht, hierin eine abrupte Lösung zu sehen und Lemhöfer,[20]) darzulegen, es gehöre zum Tatbestand, an den das Gesetz die Schadensersatzpflicht knüpfe, daß der Schaden ohne das haftungsbegründete Ereig-

---

15) Von Caemmerer, Das Problem der überholenden Kausalität im Schadensersatzrecht (1962) S. 20; Knappe, Das Problem der überholenden Kausalität (1954) S. 50; Esser, Schuldrecht § 62, 11; Niederländer JZ 1961, 774; Coing SJZ 1950, 869; Rother VersR 1965, 178.

16) JR 1952, 70 mit Anm. Neumann-Duesberg unten 7. Kap. XXXIV (Beschlagnahme eines Personenkraftwagens). Neumann-Duesberg tritt dort und in NJW 1962, 131 dafür ein, daß eine an Sicherheit grenzende Wahrscheinlichkeit genügen müsse, von Caemmerer a. a. O. bemerkt jedoch, daß die Gerichte die Feststellung des hypothetischen sicheren Schadenseintritts nur mit großer Vorsicht treffen. Cassens, Die Bedeutung des gegliederten Schadensbegriffs für die Berücksichtigung hypothetischer Schadensereignisse, Kieler Dissertation 1961 S. 6 meint, diese Beweiserfordernisse bildeten eine sichere Handhabe, die Zahl allgemein bedeutsamer hypothetischer Ursachen sinnvoll zu begrenzen. Ebenso BGH WM 1960, 21, 23 ff. unten 7. Kap. XLVI.

17) Baumbach-Lauterbach ZPO § 282 Anh. 2; Rosenberg, Beweislast S. 98 ff.; Stein-Jonas-Schönke-Pohle, ZPO § 282 Anm. IV 4 a; Wieczorek ZPO § 282 Rdnr. E III a C.

18) Baumbach-Lauterbach § 282 Anh. 2; Stein-Jonas-Schönke-Pohle ZPO § 282 Anm. IV 4 b Fußn. 37.

19) Probleme der Schadensverursachung nach deutschem und österreichischem Recht (1964) S. 102.

20) JuS 1966, 337, 341, 342.

nis nicht bestünde; für eine Umkehr der Beweislast fehle jeder Anhaltspunkt. Ein Verhältnis von Norm und Gegennorm bestehe nicht, man könne auch nicht einmal sagen[21]), der Kläger habe nur die Entstehung des Anspruchs zu beweisen, hypothetische Geschehnisse seien dann spätere Änderungen, die der Beklagte beweisen müsse; letzteres treffe beispielsweise schon für die Anlageschäden nicht zu. Dem ist beweisrechtlich gerade auch von der hier vertretenen Lösung her zu folgen, weil das Kausalprinzip nicht gilt und das Zurechnungsprinzip mit allen hier erörterten Fragen Anspruchsvoraussetzungen besfimmt. Wesentlicher ist jedoch, daß auch mit Hilfe einer für zulässig erachteten Umkehr der Beweislast noch keine gerechten Ergebnisse erzielt werden. Wie die Flugzeug- und Eisenbahnfälle zeigen, werden auch mit der Umkehr der Beweislast noch nicht genügend Geschehensabläufe ausgeschaltet. Sie ist deshalb auch als bewußt eingesetztes Instrument zur Risikoabgrenzung nicht tauglich und hat überdies den Nachteil, daß Geschehensabläufe, von denen sich etwa der Bundesgerichtshof im genannten Fall von vornherein distanzieren möchte, mit allen Beweismitteln nachgepüft werden müssen. Die Umkehr der Beweislast läßt sich auch nicht so begründen, daß es sich bei hypothetischen Geschehensabläufen um besonders unübersichtliche Vorgänge handle, deren Nachweis dem Geschädigten nicht auferlegt werden dürfe. Wäre diese Begründung richtig, ohne daß es noch auf weitere Gesichtspunkte wie etwa ein grobes Verschulden des Schädigers ankäme, so wäre damit der Grundsatz, daß der Kläger und nicht der Beklagte das Risiko der Unaufklärbarkeit gerade auch schwer aufklärbarer Sachverhalte tragen muß, ganz erheblich eingeschränkt. Anstelle einer solchen Überforderung des Beweisrechts wird man materiellrechtlichen Kriterien den Vorzug geben.

Danach gilt:

> Dem Schädiger wird ein Schaden zugerechnet, wenn sein pflichtwidriges Verhalten nicht hinweggedacht und pflichtgemäßes Verhalten sowie das vom Geschädigten ohnehin zu duldende Geschehen nicht hinzugedacht werden kann, ohne daß die Wahrscheinlichkeit für den Eintritt des Schadens durch die nachgewiesene Eröffnung objektiver Möglichkeiten, die bei glücklichem menschlichen Verhalten zur Vermeidung des Schadens geführt hätten, auch nur in geringem Maße verringert worden wäre; *auch vom Geschädigten ohnehin zu duldendes Geschehen bleibt jedoch unberücksichtigt, wenn der Schädiger den Sachverhalt so sehr verändert hat, daß eine zunächst auf Grund solchen Geschehens drohende Gefahr des Schadenseintritts damit insgegesamt nicht mehr bestand; dies gilt jedoch nicht für Gefahren, die mit dem betroffenen Rechtsgut untrennbar verbunden sind.*

[21]) Vgl. Rudolf Schmidt AcP 152 (1952/1953), 133.

VIII. Die gesetzliche Berücksichtigung des hypothetischen Geschehens und die Fälle des pflichtwidrig verschobenen Risikos

Nach § 287 Satz 2 BGB ist der Schuldner auch für die während des Verzugs durch Zufall eintretende Unmöglichkeit der Leistung verantwortlich, es sei denn, daß der Schaden auch bei rechtzeitiger Leistung eingetreten wäre. Nach § 848 BGB ist der Deliktsschuldner auch für den zufälligen Untergang, die zufällige Unmöglichkeit der Herausgabe oder die zufällige Verschlechterung der Sache verantwortlich, die er einem anderen durch unerlaubte Handlung entzogen hat. Nach §§ 565 HGB, 44 BinnenschiffahrtsG haftet der Verfrachter, wenn er die Ware vertragswidrig auf ein anderes Schiff verlädt als vereinbart war, es sei denn, daß auch das Schiff, auf das die Ware hätte verladen werden sollen, untergegangen ist. Mit Recht erweitert von Caemmerer[22]) diese Fälle: Ein Garagenhalter stellt ein Auto vertragswidrig in die Sammelgarage statt in die Einzelgarage. Das Auto verbrennt, der Garagenbrand hat aber auch alle in den Einzelgaragen untergebrachten Wagen vernichtet. Der Fall läßt sich noch ergänzen: die Sammelgaragen verbrennen, die Einzelgarage explodiert weit entfernt und unabhängig von dem Brand.

Alle diese Fälle haben gemeinsam, daß der Schuldner die Sachen rechtswidrig in einem bestimmten Risikobereich hält und für diesen Risikobereich die Gefahr trägt. Wäre nun innerhalb dieses von ihm rechtswidrig behaltenen Risikos nichts Nachteiliges geschehen, so hätte der Gläubiger die Sache unversehrt erhalten, selbst wenn die Sache im bestimmungsgemäßen Risikobereich untergegangen wäre. Hier liegt es nahe, den Gläubiger mit den Gefahren des bestimmungsgemäßen Risikobereichs zu belasten. Das zeigt sich besonders deutlich im Fall der vertragswidrigen Verladung von Waren auf ein Schiff. Hat das vertragswidrig gebrauchte vielleicht schlechtere Schiff den Bestimmungshafen erreicht, so ist die Ware gemäß § 565 HGB[23]) auch dann auszuliefern, wenn das vertraglich vereinbarte vielleicht bessere Schiff untergegangen ist. Würde man den Befrachter nicht mit den Risiken des vertragsgemäß durchzuführenden Transports belasten, so könnte er nur wünschen, daß der Verfrachter sich vertragswidrig verhält; dann bestünde im Ergebnis gar kein Transportrisiko. Vergleichbar ist die Situation der §§ 287 Satz 2 und 848 BGB. Der Gläubiger, der nach den Verzugs- und Deliktsvorschriften Schadensersatz dafür verlangen kann, daß ihm die Sache vorenthalten wird, könnte wünschen, daß dies möglichst lange anhält, weil der Schuldner das volle Risiko trägt und den Verzugsschaden zu ersetzen hat. Die genannten Vorschriften erscheinen deshalb durchaus sachgerecht.

Es fragt sich jedoch, wie diese gesetzlichen Regelungen einer Berücksichtigung hypothetischen Geschehens und insbesondere auch ihrer Aus-

---

[22]) Das Problem der überholenden Kausalität im Schadensersatzrecht (1962) S. 18.
[23]) Vgl. auch D. 14, 2, 10, 1; ALR II, 8, 1657/58.

dehnung auf den gesetzlich nicht geregelten Garagenbrandfall und ähnliche Fälle sich mit der bisher erarbeiteten Lösung vertragen. Dazu sind die Fälle zunächst dahin umzudenken, daß der Schuldner nicht wegen Vorenthaltung der Sache oder ihrer Zuweisung in ein vertragswidriges Risiko haftet, sondern etwa wegen eines einfachen Delikts der Sachbeschädigung: während sich der Schuldner in Verzug befindet, wird die Sache fahrlässig durch einen Dritten zerstört. Nach der vorgeschlagenen Lösung kann sich der Dritte nicht darauf berufen, daß die nicht zerstörte Sache alsbald an den Gläubiger gelangt und dort verbrannt wäre. Auch der Schuldner selbst, der die Sache im Verzug fahrlässig zerstört, könnte dies nicht einwenden; dies entspricht zugleich § 287 Abs. 1 BGB. Zerstört ein Dritter eine Sache, die in ein Schiff verladen werden soll, so kommt es auf das hypothetische Schicksal der Sache ebenfalls nicht an. Auch dem Verfrachter stünde ein solcher Einwand nicht zu. Hieraus folgt, daß die §§ 287 Satz 2, 848 BGB, 565 HGB, 44 BinnenschiffahrtsG keine allgemein gültigen Regelungen auch für die Beschädigung und Zerstörung von Sachen oder gar für Personenschäden vorsehen, sondern nur regeln wollen, daß der bestimmungsgemäße Risikobereich zu berücksichtigen ist, wenn der Schuldner allein deshalb haftet, weil er die Sache pflichtwidrig einem anderen Risikobereich zugewiesen hat. Diese Sonderregelung trifft den Grundgedanken der hier vertretenen Auffassung. Dazu ist insbesondere an die Rentenfälle oben VII zu erinnern. Ist ein Rennfahrer verletzt worden und kann er deshalb keine Rennen mehr fahren, so trägt er weiterhin die Risiken seines jetzt noch möglichen Daseins, so wie er es weiterführt. Deshalb sind hypothetische Schädigungen wie Strafhaft auf Grund einer Straftat, die erst nach der Verletzung begangen wurde, Unfälle etc. zu berücksichtigen, sofern sie, wie bemerkt, keinen Ersatzanspruch auslösen. Der verletzte Rennfahrer trägt aber nicht mehr die Risiken seines Rennfahrerdaseins. Deshalb sind von dorther stammende hypothetische Schädigungen unbeachtlich, selbst wenn ihr Eintritt außer allem Zweifel nachweisbar wäre. Der verletzte Rennfahrer soll kein doppeltes Risiko tragen. Die zuletzt erörterten Fälle pflichtwidriger Risikoverschiebung enthalten ein ähnliches Problem. Solange die Sache existiert, soll der Gläubiger jedenfalls die Gefahren eines Risikobereichs tragen, des Bereichs nämlich, in den die Sache gehört.

Daraus folgt ergänzend:

> Wer eine Sache ihrem bestimmungsgemäßen Bereich vorenthält und nur deshalb haftet, kann sich mit dem Nachweis entlasten, daß die Sache auch in ihrem bestimmungsgemäßen Bereich beeinträchtigt worden wäre.

Hierbei bestehen auch keine Bedenken hinsichtlich der Umkehr der Beweislast. Da der Schuldner die Sache ihrem bestimmungsgemäßen Bereich vorenthalten hat, hat er dem Gläubiger regelmäßig die Gelegenheit genommen, die Sache dort gefahrlos zu verwalten, jedenfalls aber die Aufklärung erschwert, welches Schicksal die Sache im bestimmungsgemäßen Bereich erlitten hätte. Es dürfte deshalb ein gut ausgeübtes gesetzgeberisches Ermessen sein, dem Schuldner die Beweislast aufzuerlegen; dies sollte auch für die mit der Analogie erfaßten Fälle gelten. Dagegen kann diese aus §§ 287 Satz 2 und 848 BGB, 565 HGB, 44 BinnenschiffahrtsG abgeleitete Beweisregelung keinen Anlaß zu erneuter Prüfung der Frage geben, ob die Umkehr der Beweislast auch allgemein innerhalb des Problems der überholenden Kausalität den Maßstab für die Risikoabgrenzung bilden soll. In diesem Zusammenhang ist noch einmal auf den eben erwähnten Rennfahrerfall zu verweisen. Vom Standpunkt der hier vorgeschlagenen Lösung aus erscheint es nicht vertretbar, den Verletzten mit dem Risiko einer doppelten Lebensführung zu belasten, selbst wenn die hypothetischen Risiken seines durch die Tat verhinderten zweiten Daseins außer allem Zweifel nachweisbar sind.

Nach dieser Analogie ist der Fall des Garagenbrands zu lösen. Haftet der Garagenhalter für den Brandschaden nur deshalb, weil er den Wagen nicht in einer Einzelgarage untergebracht hat, so sollte er sich darauf berufen dürfen, daß dieser auch in der Einzelgarage sogar durch ein entlegenes Ereignis, wie etwa eine Explosion, vernichtet worden wäre. Es bleibt jedoch dabei, daß der Garagenhalter weiter haftet, wenn er den Wagen in der Sammelgarage, in die er ihn nicht hätte bringen dürfen, fahrlässig zerstört und er deshalb nicht wegen falscher Garagenzuweisung, sondern wegen des Unfalls haftet. Er kann sich dann nicht darauf berufen, daß der Wagen in der Einzelgarage durch Explosion zerstört worden wäre. Nach der vorgeschlagenen Lösung ist vielmehr zunächst festzustellen, daß die Pflicht, den Unfall zu vermeiden, von der hypothetischen Explosion nicht abhängt und daß damit bereits die Zurechnung möglich ist. Das hiervon unabhängige Risiko der Garagenexplosion wäre nur dann zu berücksichtigen, wenn es mit dem durch Unfall zerstörten Wagen untrennbar verbunden gewesen wäre; dies ist zu verneinen.

Die Sonderregelung für die Fälle, daß jemand nur deshalb haftet, weil er eine Sache rechtswidrig ihrem bestimmungsgemäßen Bereich vorenthält, tritt neben die allgemeinen Regeln, wie sie in der Formel oben VII a. E. niedergelegt sind.

IX. Vermeidbarkeit und Gefährdungshaftung

Im bisherigen Verlauf der Arbeit war die Vermeidepflicht zur Grundlage des Vermeidbarkeitsprinzips gemacht worden. Der Schädiger war verantwortlich, weil er den Schaden bei pflichtgemäßem Verhalten vermieden hätte. In den Fällen der Gefährdungshaftung trifft den Schädiger dagegen keine Pflicht, den Erfolg zu vermeiden. Er soll gleichwohl haften. Ist das an die Vermeidepflicht geknüpfte Zurechnungsprinzip auf die Fälle der Gefährdungshaftung zu übertragen?

Prüft man den Charakter der Zivilrechtsnormen, so wird man ihnen keinen so unbedingten Imperativcharakter abgewinnen, wie er dem Strafrecht eigen ist. Überschreitet ein Kraftfahrer die zulässige Geschwindigkeit und resultiert daraus ein Schaden, so haftet er nach den Vorschriften über die unerlaubten Handlungen nicht notwendig deshalb, weil sie Verbote aussprechen, sondern weil sie einen fest umrissenen Haftungstatbestand bilden, der für bestimmte Verhaltensweisen zur Haftung führt. Der daraus in Anspruch genommene Schädiger mag zugleich infolge der ihn belastenden Ersatzleistung sein Verhalten auch als verboten empfinden. Nun enthalten die Gefährdungstatbestände das Verbot oder eine Vermeidepflicht nicht mehr. Dennoch hat der Gesetzgeber ebenso wie bei den unerlaubten Handlungen auch dort bestimmt, daß jemand, der sich in einer als Haftungsgrund beschriebenen Weise verhält, haften soll und zugleich, daß derjenige, der sich nicht so verhält, nicht haften soll. Damit spricht der Gesetzgeber parallel zu den Tatbeständen der unerlaubten Handlungen und der Vertragsverletzungen aus, daß nur derjenige haftet, der den Schadenserfolg auf Grund seines haftungsbegründenden Verhaltens herbeigeführt hat oder ihn bei nicht haftungsbegründendem Verhalten vermieden hätte. In dieser Grundlage stimmen die Vermeidepflicht und die Vermeidbarkeit nach anderen Haftungsgründen überein. Mit den Voraussetzungen sollte auch die Durchführung übereinstimmen. Ein für unerlaubte Handlungen und für Vertragsverletzungen ausschließlich gebildeter Zurechnungsbegriff ist nicht in Erwägung zu ziehen. Entsprechend ist die bisherige Formel allgemeiner zu fassen.

Soweit in den Tatbeständen der Gefährdungshaftung Sonderregelungen getroffen werden, z. B. die Beweislast umgekehrt wird, bleiben diese durch den hier vorgelegten Vorschlag unberührt.

X. Alternative Konkurrenz

Zu erörtern ist noch der Fall, daß zwei Schädiger aktuell gleichzeitig einen Fehler begehen, der schon für sich ausgereicht hätte, um den Schaden herbeizuführen. Wenn zwei Lieferanten jeder mit einem Maschinenteil in Verzug geraten und die Maschine deshalb nicht arbeiten kann, so sollten beide Lieferanten als Gesamtschuldner haften und sich nicht jeder für sich darauf berufen dürfen, daß die Maschine ohnehin infolge des Fehlers des anderen Lieferanten nicht arbeiten konnte.

Die hieraus für die Kausalformel entstehenden Schwierigkeiten treten nach der Vermeidbarkeitsformel nicht ein. Es ist die Pflicht eines jeden Lieferanten, das bei ihm in Auftrag gegebene Maschinenteil zu liefern und, soviel an ihm liegt, dafür zu sorgen, daß die Maschine arbeiten kann. Seine Pflicht entfällt nicht etwa deshalb, weil auch der andere Lieferant nicht pünktlich liefert. Sie hat mit dem Fehlverhalten des anderen nichts zu tun. Will man diese Pflicht nicht leerlaufen lassen, so ist für die Schadenszurechnung zu unterstellen, daß der andere Lieferant sich nicht fehlerhaft verhalten hat. Jedes andere Ergebnis würde die Vermeidepflichten der beiden Lieferanten voneinander abhängig machen. Die Fälle der alternativen Konkurrenz sind deshalb ebenso zu lösen wie ähnliche in diesem

Kapitel bereits erörterte Fälle. Oben III hatte sich ein Unternehmer, der auf seinem Fabrikgelände pflichtwidrig keine Feuerlöscher angebracht hatte, darauf berufen, der Werkmeister hätte die Feuerlöscher ohnehin nicht gewartet, so daß sie unbrauchbar gewesen wären, wären sie aber brauchbar gewesen, so wäre die Feuerwehr damit unzuverlässig umgegangen, so daß deshalb die bei dem Brand ums Leben gekommenen Personen ohnehin nicht gerettet worden wären. Auch hier hatte der Unternehmer nicht die Pflicht, die ums Leben gekommenen Personen allein zu retten, sondern nur die Pflicht, andere auszurüsten, damit diese das ihre tun konnten; das Verhalten dieser Personen berührte seine Pflicht nicht und war deshalb für die Zurechnung auch ohne Bedeutung. Zu erinnern ist auch an den oben III erörterten Fall des hypothetischen gleichzeitigen Mordes. Der hypothetische Mord des Zweitschädigers berührt die Vermeidepflicht des Erstschädigers nicht und bleibt deshalb für die Zurechnung außer Betracht. In allen diesen Fällen entfällt nicht etwa die Vermeidepflicht deshalb, weil ihre Erfüllung infolge Fehlers eines anderen unmöglich geworden wäre und ihre Aufrechterhaltung deshalb sittenwidrig und tyrannisch erscheinen müßte. Im Gegenteil, es erschiene geradezu anstößig, wollte sich ein Schädiger mit dem Fehlverhalten eines anderen entlasten.

Auch der weitere Gesichtspunkt des Vermeidbarkeitsprinzips, daß der Geschädigte keine krisenfeste Position erhalten soll, fügt sich in die Fälle der alternativen Konkurrenz ohne weiteres ein. Ebenso wie im Feuerwehrfall oben III auch nur das pflichtgemäße Verhalten der Feuerwehr und nicht ihr äußerster Einsatz zugrunde gelegt wurde, ebenso auch, wie der Schädiger im Scharfrichterfall entlastet wird, so haftet der eine Lieferant nicht, wenn das andere Maschinenteil infolge höherer Gewalt nicht geliefert wurde und die Maschine infolgedessen ohnehin stillstand.

Die Fälle positiven Tuns sind ebenso zu beurteilen. Geben zwei Zofen unabhängig voneinander fahrlässig ihrer Herrin je eine tödliche Dosis Arsen in den Tee, so haften sie beide auf Schadensersatz. Die Vermeidepflicht der einen Zofe ist nicht davon abhängig, daß die andere Zofe den Tod ihrer Herrin ebenfalls nicht vermeidet. Deshalb ist für die Verantwortlichkeit jeder Zofe zu unterstellen, daß die andere Zofe kein Arsen gegeben hätte. Gibt jede Zofe nur eine für sich nicht ausreichende Dosis Arsen, so besteht schon deshalb kein Problem, weil jede Teildosis nicht hinweggedacht werden kann, ohne daß der Tod der Herrin vermieden worden wäre. Hier sind die Tatbeiträge beider Täterinnen überhaupt nur als wirksam denkbar, wenn sie aufeinander aufbauen. Entsprechend lautet die Pflicht der einen Zofe, sie solle den Beitrag der anderen Zofe nicht komplettieren und so den Tod eines Menschen vermeiden. Die an die andere Zofe gerichtete Vermeidepflicht lautet ebenso, wobei es auf die zeitliche Reihenfolge der Giftgabe nicht ankommen soll. Beide Täterinnen sind verantwortlich, weil sie bei pflichtgemäßem Verhalten den Tod der Herrin vermieden hätten. Gibt nun die eine Zofe eine volle Dosis und die andere eine für sich nicht ausreichende Dosis, so ist die

Pflicht der ersten Zofe von der zweiten Giftgabe der anderen Zofe unabhängig; die erste Zofe ist ersatzpflichtig. Die zweite Zofe ist dagegen nicht ersatzpflichtig, weil ihre Pflicht notwendig auf einem anderen Tatbeitrag aufbauen muß, ein solcher, der zu komplettieren wäre, jedoch nicht vorhanden ist. Gewiß kann die eine Hälfte des vollen Tatbeitrags, der die Zurechnung für die erste Täterin enthält, nicht auch noch als Komplettierung des weiteren halben von der zweiten Täterin gegebenen Beitrags angesehen werden.

Sechstes Kapitel

Insbesondere: Das hypothetische Geschehen nach Eintritt eines Schadenserfolgs

I. Zeitpunkt der Schadensberechnung

Da der nach dem subjektiven Interesse des Geschädigten bestimmte Schaden sich im Vermögen des Geschädigten auffangen oder vertiefen kann, ist für den nach § 249 Satz 1 BGB vorgeschriebenen Vergleich der Güterlagen wesentlich, welcher Zeitpunkt zugrunde gelegt werden soll. Nachdem der Gesetzgeber sich dafür entschieden hat, die Vermögenslage des Geschädigten insgesamt zu berücksichtigen, erschiene es willkürlich, allgemein den Zeitpunkt der Berechnung auf den Eintritt eines ersten abgeschlossenen denkbaren Schadenserfolgs zu fixieren und dem nur aus der gesamten Vermögensentwicklung abzulesenden subjektiven Interesse des Geschädigten nicht mehr zu entsprechen. Mangels näherer Vorschrift ist anzunehmen, daß der Zeitpunkt der Schadensbemessung entweder durch die Schadensregulierung selbst, durch eine Abrede der Parteien oder mit der letzten mündlichen Verhandlung vor dem Tatrichter bestimmt wird[24]).

II. Differenzhypothese und Vermeidbarkeitsprinzip

Die nach dem Vergleich der Güterlagen gemäß § 249 BGB festgestellte Differenz unterscheidet sich von einem realen Schaden, der durch eine bloße Verletzung eines bestimmten einzelnen Gegenstands festgestellt werden kann. Für das Vermeidbarkeitsprinzip sind solche Unterscheidungen ohne wesentliche Bedeutung. Wird der Schaden als Vergleich zweiter Güterlagen zu einem bestimmten Zeitpunkt definiert, so hat das Zurech-

---

[24]) Vgl. Palandt-Danckelmann, BGB Vorbem. 9 vor § 249, RGZ 142, 8 unten 7. Kap. XXXII (Wertverlust eines Bauernhofs), OGHZ 1, 308 unten 7. Kap. XXII (Löschteichfall), BGHZ 10, 6 unten 7. Kap. XXVI (Direktorfall), vgl. aber unten 8. Kap. II und RG DJ 1940, 1014 unten 7. Kap. XXXIII (Wertminderung von Aktien), BGH LM § 249 (Ba) Nr. 15 unten 7. Kap. XL (gesprengte Hausruine) sowie OLG Düsseldorf MDR 1963, 47 unten 7. Kap. XXXVIII (spätere Staupe) entgegen LG Hechingen NJW 1965, 1916 unten 7. Kap. XXXIX (vergifteter Dackel).

nungsprinzip hiervon auszugehen und nur noch zu untersuchen, ob und inwieweit der so definierte Schaden dem Schädiger zugerechnet werden kann.

Freilich fordert das Vermeidbarkeitsprinzip, daß nicht nur eine als Schadenserfolg greifbar entstandene Verletzung, sondern auch der aus dem Vergleich zweier Güterlagen berechnete Schaden nach dem Prinzip vermeidbar gewesen sein muß, wenn die Zurechnung stattfinden soll. Das Vermeidbarkeitsprinzip wird aber entscheidend von der Vermeidepflicht getragen. Dem Schädiger wird also auch ein nach der Differenzmethode des subjektiven Interesses errechneter Schaden nur dann zugerechnet, wenn es seine Pflicht war, auch gerade diesen Schaden zu vermeiden, nicht nur irgendeinen Zwischenerfolg. Für das Vermeidbarkeitsprinzip ist es daher nicht möglich, dem Schädiger einen bestimmten Schadenserfolg zuzurechnen, der dann vom Vermeidbarkeitsprinzip ungedeckt sich weiter fortsetzt und gleichwohl zugerechnet werden soll. Schaden ist die Differenz zweier Güterlagen; verantwortlich ist nur, wer diesen Schaden pflichtwidrig nicht vermieden hat.

III. Vermeidbarkeit und Vermeidepflicht

Ausgangspunkt für die Vermeidepflicht und Anknüpfungspunkt für die Schadenszurechnung ist wiederum die Situation, die der Schädiger jeweils vorfindet und in der er etwas tun oder unterlassen soll. Die Grenze der Vermeidepflicht wird durch das Vermeidenkönnen gezogen; eine unerfüllbare Vermeidepflicht wäre sittenwidrig und nichtig. Das hypothetische bei pflichtgemäßem Verhalten des Schädigers eintretende Geschehen ist hinzuzudenken, weil anders nicht bestimmt werden kann, ob der Schaden infolge pflichtwidrigen Verhaltens des Schädigers unvermeidbar war.

Zu dem Geschehen, das bei pflichtgemäßem Verhalten des Schädigers eingetreten wäre und demgemäß zu berücksichtigen ist, zählt etwa bei Personenverletzungen der hypothetische Tod oder die hypothetische Arbeitsunfähigkeit eines Menschen infolge Alters. So hat die nicht nur auf einen Zwischenerfolg, sondern auch auf einen weit entfernten Differenzschaden bezogene Vermeidepflicht davon auszugehen, daß der Tod eines Menschen oder seine Arbeitsunfähigkeit irgendwann einmal infolge Alters eintritt. Nicht etwa bleibt der Bestand der Vermeidepflicht, die sich etwa in der Pflicht zu ordnungsgemäßem Verhalten im Straßenverkehr ausprägen kann, von dem hypothetischen vielleicht dreißig Jahre später eintretenden Tod des Opfers unberührt mit dem Ergebnis, daß die Berücksichtigung solchen Geschehens nicht zwingend vorzuschreiben wäre. Die Vermeidepflicht ist nicht nur auf den Verkehrsunfall bezogen, sondern auch auf die daraus entstehenden Schäden, die dreißig Jahre später noch eintreten. Nur eine Vermeidepflicht des Inhalts, den Tod eines Menschen überhaupt zu vermeiden mit dem Ziel, dessen Leben unendlich zu verlängern, wäre mangels Erfüllbarkeit nichtig und unbeachtlich; innerhalb dieser Grenze gehört die Berücksichtigung des hypothetischen Todes infolge Alters zur Arbeitsweise des von der Pflicht getragenen Vermeidbarkeitsprinzips.

Führt man diesen Gedanken jedoch weiter, so scheinen Schwierigkeiten aufzutreten. Das Leben eines Menschen ist nicht abstrakt zu bestimmen, sondern nur nach seiner Konstitution und der hieraus zu errechnenden Lebenserwartung. Sie kann mehr oder weniger groß sein. Entsprechend ist auch das Vermeidbarkeitsprinzip anzuwenden. Man wird dem noch folgen und eine Vermeidepflicht für nichtig halten, die von einer längeren als der konkreten Lebenserwartung ausgeht. Berücksichtigt man aber einmal die individuelle Konstition des Menschen, so treten Schwierigkeiten für alle Fälle auf, in denen die Konstitutionsmängel von außen her stammen. Ist ein Mensch ohne jemandes Verschulden unrettbar mit einer Seuche infiziert worden, die in wenigen Tagen zur akuten tödlichen Krankheit führen wird, so scheint derjenige, der den Tod des späteren Kranken vorher auf der Stelle durch einen Verkehrsunfall herbeiführt, zwingend nur bis zu dessen sicherem Tode haften zu können, weil dessen Lebenserwartung nur noch wenige Tage betrug. Das könnte im Ergebnis auch gerecht sein. Sicher wäre aber anders zu entscheiden, wenn die Infektion auf das schuldhafte Verhalten eines Dritten zurückginge, weil der Geschädigte sonst keinen Anspruch hätte, obwohl sein Schaden ganz sicher auf der schuldhaften Handlung eines Menschen beruht. Hier hilft auch nicht der Grundsatz, daß der Schädiger sich nicht auf das unerlaubte Verhalten eines Dritten berufen darf. Dieser Grundsatz läßt sich erst anwenden, wenn das nach der Vermeidepflicht und ihren Grenzen ausgerichtete Prinzip die Verurteilung des Schädigers überhaupt trägt.

Diese Schwierigkeit ist für das Vermeidbarkeitsprinzip jedoch nicht neu. Im Verlaufe der Arbeit ist schon eine Reihe von Situationen beschrieben worden, in denen der Fortbestand der Vermeidepflicht trotz einer nicht zu bestreitenden de-facto-Unerfüllbarkeit nicht sittenwidrig und tyrannisch schien. Ist beispielsweise der Inhaber einer Fensterputzerfirma gesetzlich verpflichtet, seinen Arbeitern Sicherheitsgurte zur Verfügung zu stellen, so wäre es jedenfalls nicht anstößig, ihn für den Tod der abgestürzten Arbeiter verantwortlich zu machen, obwohl mit Sicherheit feststehen mag, daß die Arbeiter die Gurte nie getragen hätten; allenfalls aus überwiegenden rechtspolitischen Gesichtspunkten, daß nämlich der Geschädigte über das Maß seines Risikos keinen Anspruch haben sollte, könnte man gleichwohl auf die Zurechnung verzichten. Ein Fabrikunternehmer kann den Brand und seine Opfer auch durch pflichtgemäße Installierung von Löschanlagen nicht vermeiden, wenn seine Feuerwehr, wären die Anlagen vorhanden gewesen, sich unzuverlässig gezeigt hätte. Dennoch wird man seine Verantwortlichkeit fordern müssen und auch in dem Fall jedenfalls fordern dürfen, daß die Feuerwehr nur eben noch gerade nicht pflichtwidrig gehandelt und den Schaden deshalb ohnehin nicht vermieden hätte. Auch zur letzten Fallvariante ist auf die Schadenszurechnung aus den genannten rechtspolitischen Gründen verzichtet worden; in keinem Fall aber wäre es vertretbar, die Vermeidepflicht des Schädigers deshalb entfallen zu lassen, weil sie infolge unerlaubten Verhaltens eines Dritten unerfüllbar war: anstößig wäre nicht die fortdauernde Belastung des Schädigers, sondern umgekehrt seine Entlastung. Ist aber einmal festgestellt, daß eine nicht zu bestreitende de-facto-Unerfüllbarkeit der Vermeidepflicht nicht immer zu ihrem Verlust führen muß, so gilt dies allgemein und es ist in jedem Einzelfall zu prüfen, wann die Vermeidepflicht sittenwidrig wird. Danach beurteilt sich der oben erörterte Infektionsfall wie folgt: Die Nichtberücksichtigung der hypothetischen Krankheit wäre nicht sittenwidrig. Damit ist die Schadensrechnung ohne Rücksicht auf sie zulässig. Die Krankheit ist jedoch dann wieder zu beachten, wenn die Infektion auf niemandes Verschulden beruhte und der Geschädigte somit keinen Schaden erleiden würde, den er nicht ohnehin schon zu tragen hätte.

Brennt jemand ein Feld ab, das von einem unvermeidlichen Wasserschaden bedroht ist, so wird man wiederum die Nichtberücksichtigung des Wasserschadens für vertretbar halten. Es ist für den Brandstifter von seiner Pflicht her ohne Bedeutung, ob das Feld später überflutet wird. Entsprechend der damit ohne Rücksicht auf den Wasserschaden zu ziehenden Grenze der Vermeidepflicht ist die Zurechnung möglich. Erneut wird man aber wie bisher die Zurechnung nicht eintreten lassen, wenn der Schaden ohnehin zu dulden war, weil er nämlich auf einer Naturkatastrophe beruht hätte. Wäre der Schaden dagegen auf die fehlerhafte Handhabung einer Schleuse zurückzuführen, so bleibt es endgültig bei der bereits möglichen Zurechnung. Ist das Feld gegen Wasserschäden versichert, so verbleibt es ebenfalls bei der bereits möglichen Schadenszurechnung. Wird ein Mörder vor seiner Verurteilung zu lebenslangem Zuchthaus tödlich verletzt, so erscheint es nach der Pflichtenkonstellation nicht anstößig, die hypothetische Verurteilung unbeachtet zu lassen. Man wird sie dennoch berücksichtigen, weil die Angehörigen keinen über den von ihnen ohnedies zu duldenden Schaden hinausgehenden Anspruch haben sollten. den hinausgehenden Anspruch haben sollten.

Für wesentliche Fallgruppen der überholenden Kausalität gelten daher die gleichen Gesichtspunkte, wie sie für das mit dem Tatgeschehen gleichzeitig eintreffende hypothetische Geschehen aufgezeigt und in der bisher vorgeschlagenen Zurechnungsformel niedergelegt sind.

IV. Unmittelbarer Ersatz des Tatgeschehens durch das hypothetische Geschehen

Für die jetzt geprüften Fälle der überholenden Kausalität muß jedoch der bereits skizzierte und in die Formel aufgenommene Komplex im Vordergrund stehen, der die Problematik des durch das Tatgeschehen selbst beseitigten Risikos betrifft. Da das subjektive Interesse des Geschädigten den Schaden bestimmt, könnte der Schädiger jedenfalls bei genügender

Information oft in weite Zukunft hinein auf eine Reihe schadensgeneigter Unternehmungen hinweisen, die der Geschädigte, wäre er nicht verletzt worden, als Gesunder unternommen hätte. Auch der Schädiger, der eine bewegliche Sache zerstört hat, hätte zahlreiche Möglichkeiten, auf die Risiken bei der Verwendung der Sache zu verweisen: welches fahrlässig getötete Haustier hätte nicht mannigfach infiziert und von Krankheiten befallen werden können, wäre es am Leben geblieben, welches zerstörte Kraftfahrzeug hätte nicht bis zur letzten Tatsachenverhandlung im Prozeß erneut Totalschaden haben können? Soweit die hypothetischen Schäden vom Betroffenen nicht zu dulden wären, sei es, daß sie auf das unerlaubte Verhalten eines Dritten zurückzuführen wären oder daß für sie Versicherungsschutz bestanden hätte, besteht allerdings kein Problem, weil solches Geschehen unberücksichtigt bleibt. Problematisch sind jedoch die zahlreichen anderen Fälle hypothetischen Geschehens, die ohne eine gegebenenfalls vorzunehmende weitere Einschränkung in breitem Fächer zu berücksichtigen wären. Würden sie berücksichtigt, so würde im Bereich der überholenden Kausalität in erheblich höherem Umfang, als bisher aufgezeigt wurde, die Gefahr entstehen, daß der Schädiger dem Geschädigten und dem Gericht weitläufige negative Rechnungen aufmacht, über die, selten mit Erfolg, Beweis erhoben werden müßte, und die selbst bei gelungenem Beweis am gerechten Ergebnis Zweifel lassen.

Wie oben im 5. Kapitel VII a. E. bereits für die Fälle hypothetischen gleichzeitigen Geschehens ausgeführt wurde, läßt sich dieser Gefahr nur zum Teil dadurch begegnen, daß man die Beweislast umkehrt und dem Schädiger auferlegt. Für den Bereich der überholenden Kausalität wird fast einhellig die Auffassung vertreten, daß nur der sichere hypothetische Schadenseintritt berücksichtigt werden darf[25]). Im 5. Kapitel VII a. E. wurde jedoch bereits darauf hingewiesen, daß die Umkehr der Beweislast nicht genügend hypothetische Sachverhalte abfängt: Wer einen Flugpassagier verletzt, sollte sich auch auf dessen sicheren Tod durch Flugzeugabsturz nicht berufen dürfen, wenn der Verletzte doch infolge der Verletzung im Krankenhaus liegt und die Reise infolge der Verletzung gar nicht mehr unternehmen konnte; sonst hätte der Verletzte die Gefahren nicht nur seines jetzigen Daseins als Kranker, sondern auch die Gefahren seines nicht mehr möglichen Daseins als Gesunder zu tragen. Gleiches gilt für die Verletzung des Fahrgastes, der auf dem Bahnsteig verletzt wird und deshalb nicht den Zug besteigt, der wenige Minuten später mit tödlichem Ausgang für alle Fahrgäste entgleist, oder für den pünktlichen Angestellten, der verletzt wird, deshalb zu Hause bleibt und nicht wie schon seit dreißig Jahren den Zug nimmt, der in die Katastrophe hinein-

[25]) Von Caemmerer, Das Problem der überholenden Kausalität im Schadensersatzrecht (1962) S. 20; Knappe, Das Problem der überholenden Kausalität (1954) S. 50; Esser, Schuldrecht § 62, 11; Niederländer JZ 1961, 774; BGH JR 1952, 70 unten 7. Kap. XXXIV (Beschlagnahme eines Personenkraftwagens); BAG AP TVG Nr. 2 zu § 1 (Friedenspflicht) unten 7. Kap. XLVII (schleswigholsteinischer Metallarbeiterstreik).

fährt. Ob man die Fälle nun so denkt, daß ein Schadenserfolg erst eintrat, nachdem der hypothetische Schadenserfolg eingetreten wäre (der Flugpassagier stirbt im Krankenhaus, nachdem das von ihm infolge der Verletzung nicht benutzte Flugzeug abgestürzt ist) oder umgekehrt (der Flugpassagier stirbt sofort an der erlittenen Verletzung, das Flugzeug stürzt erst später ab) sollte jedenfalls nicht mit Hilfe des Beweisrechts unterschiedlich gelöst werden. Die Umkehr der Beweislast ist deshalb für die Berücksichtigung hypothetischen Geschehens auch im Bereich der überholenden Kausalität kein taugliches Hilfsmittel.

Materiellrechtlich lassen sich die im 5. Kapitel aufgezeigten Gedanken zunächst ohne Schwierigkeiten auf die Fälle der überholenden Kausalität übertragen, in denen das Rechtsgut nur verletzt oder beschädigt, aber nicht zerstört wird, weiter existiert und dann zerstört wird. Da der Geschädigte die Risiken des nach der Beschädigung weiter existierenden Rechtsguts, sofern sie nicht auf die schädigende Handlung selbst zurückzuführen sind, weiter trägt, ist auch zu berücksichtigen, daß die einmal eingetretene Wertlosigkeit der Sache durch ein Ereignis noch einmal eingetreten wäre, welches das fortgesetzte Dasein der Sache aktuell betroffen hat. Gleiches gilt für Personenschäden. Dem ist oben im 5. Kapitel VII a.E. durch die Formulierung Rechnung getragen worden, auch ein vom Geschädigten zu duldendes Geschehen bleibe unberücksichtigt, wenn der Schädiger den Sachverhalt so sehr verändert habe, daß eine zunächst auf Grund solchen Geschehens drohende Gefahr des Schadenseintritts damit insgesamt nicht mehr bestand. Damit wurde auch ausgedrückt, daß der Geschädigte die Gefahren des neuen Risikobereichs weiter tragen sollte.

Unter dem Risikogedanken neu zu prüfen sind jedoch die Fälle der überholenden Kausalität, in denen ein Rechtsgut zerstört worden ist und deshalb kein weitergeführtes Dasein haben konnte. Will man die hypothetische Schädigung wie in den genannten Fällen des Flugpassagiers etc. außer acht lassen, so fehlt dafür jedenfalls die Begründung, daß der Geschädigte nicht das Risiko sowohl des weitergeführten Daseins des Rechtsguts als auch des durch die Verletzung unmöglich gewordenen hypothetischen Daseins tragen sollte. Nimmt man jedoch die bisher dazu erörterten Fälle in der Variante zusammen, daß ein Rechtsgut zerstört worden war und erinnert man sich daran, daß die Berücksichtigung hypothetischen Geschehens außerhalb der Vermeidepflicht ohnehin nur aus überwiegenden rechtspolitischen Gründen und aus dem Gedanken heraus erfolgt, daß der Geschädigte keine krisenfeste Position erhalten soll, so wird man es gleichwohl für richtig halten, daß der Geschädigte das Risiko des nur hypothetischen Fortbestands des Rechtsguts in aller Regel nicht mehr tragen soll. Ein zerstörtes Rechtsgut nimmt am Rechtsleben nicht mehr teil und kann niemandem mehr dienen; es sollte deshalb auch nicht mit einem hypothetischen Schicksal belastet sein. Wird ein Flugpassagier getötet, der einen Tag später ohnehin mit dem sonst bestiegenen Flugzeug abgestürzt wäre, und gewährt man dem Angehörigen einen Unterhaltsanspruch, so könnte zwar immer noch gemeint werden, die Angehörigen hätten jedenfalls insoweit eine „krisenfeste Position" erlangt, als sie nun vor den Folgen des Flugunfalls geschützt seien. Diese mehr formelhafte Wendung hätte sich jedoch vom Risikogedanken bereits zu weit entfernt. Die Situation des Flugpassagiers ist eine andere als die des Patienten, der ohne seine Einwilligung gegeben zu haben von einem Arzt an einer Krankheit operiert wird. Hierzu wurde im 5. Kapitel II dargelegt, die hypothetische Einwilligung sei außerhalb des vom Vermeidbarkeitsprinzip Geforderten zu berücksichtigen, weil er sonst eine krisenfeste Position erhielte, nämlich so gestellt würde, als sei er der Gefahr einer Operation nicht ausgesetzt gewesen. Die Flugpassagierfälle unterscheiden sich hiervon dadurch, daß mit der Vernichtung des Rechtsguts der Sachverhalt so sehr geändert wird, daß die Voraussetzungen der drohenden Gefahr entfallen, weil sie von der Weiterexistenz des Rechtsguts abhängig waren. Mit dem Tatgeschehen wird die Gefahr unwirklich, sie hat ex post niemals existiert. Solche Risikobereiche sollten unbeachtlich sein. Das gilt auch für Sachen. Der getötete Hund kann dem Eigentümer zu gar nichts mehr dienen. Der Eigentümer sollte deshalb auch nicht mehr mit der Gefahr belastet werden, daß sich der Hund in seinem nicht mehr vorhandenen Dasein an der Staupe infiziert und daran ohnehin eingegangen wäre. Man wird deshalb nicht nur für die Fälle der bloßen Verletzung oder Beschädigung, sondern auch für die Fälle der Zerstörung eines Rechtsguts zu dem Ergebnis kommen, daß der Geschädigte die Risiken des mit dem Tatgeschehen ganz entfallenen Risikobereichs nicht mehr zu tragen hat. Insoweit bedarf die im 5. Kapitel VII a. E. dargestellte Formel keiner Änderung.

Im 5. Kapitel VII a. E. wurde jedoch zugleich auch gegenüber dem zuletzt genannten Grundsatz die Einschränkung vorgenommen, daß ein mit dem Rechtsgut bereits untrennbar verbundenes Risiko zu berücksichtigen ist. So wurde die hypothetische Hinrichtung zum alten Zeitpunkt des durch das Tatgeschehen verletzten und mit Hinrichtungsaufschub ins Krankenhaus gebrachten Mörders berücksichtigt. Im Bereich der überholenden Kausalität sind in diesem Zusammenhang besonders die Anlagefälle zu prüfen. Seit langem berücksichtigt die Rechtsprechung Schadensanlagen, die im betroffenen Rechtsgut zur Zeit der Tat bereits „im Keim" vorhanden waren. Ist diese Rechtsprechung mit dem „untrennbar mit dem Rechtsgut verbundenen Risiko" der hier vorgeschlagenen Lösung vereinbar?

In einem wesentlichen Urteil zu dem Problem der Anlagefälle macht das Reichsgericht eine beachtliche Unterscheidung. Im Fall RGZ 169, 117 unten 7. Kapitel XLI hatte der Schädiger durch die Verletzung eine Arthritis ausgelöst. Zu der Frage, ob die Arthritis ohnehin hätte eintreten können und wie dies zu beurteilen gewesen wäre, führt das Reichsgericht aus: Der ursächliche Zusammenhang der Handlung des Schädigers mit dem Schaden werde nicht dadurch ausgeschlossen, daß der nämliche Erfolg, der durch die Handlung eingetreten sei, auch durch ein anderes Ereignis eingetreten wäre, das später bestimmt stattgefunden hätte. Denn jenes andere Ereignis, dessen Eintritt ohne die schädigende Handlung des Beklagten das Oberlandesgericht im Anschluß an das Sachverständigengutachten als sicher unterstelle (Eintreten einer Erkältung und dergleichen) würde nicht der Handlung des Beklagten die Ursächlichkeit für den Schaden entzogen haben, vielmehr habe die schädigende Handlung des Beklagten jenes zweite Ereignis gehindert, seinerseits ursächlich für den Schaden zu werden. Der Unfall des Klägers, der seine Erkrankung hergeführt habe, sei demnach für den eingetretenen Schaden selbst dann in vollem Umfang als ursächlich anzusehen, wenn die Folgen auch ohne den Unfall wegen der Veranlagung des Klägers durch eine Erkältung oder dergleichen hätten herbeigeführt werden können, mit deren Eintritt das Oberlandesgericht ohne weiteres rechne. Die Veranlagung des Klägers sei nur insofern von Bedeutung, als sie in ähnlicher Weise wie das fortschreitende Lebensalter im Laufe der Zeit ohne das Eintreten eines die Krankheit besonders fördernden Ereignisses seine Erwerbsfähigkeit herabsetze und dadurch die Höhe des Schadens beeinflusse. — Wenn das Reichsgericht meint, ein Krankheitsverlauf wie das fortschreitende Lebensalter sei zu berücksichtigen, so dürfte der Gesichtspunkt des mit dem Rechtsgut untrennbar verbundenen Risikos genau getroffen sein. Wesentlicher ist es aber, daß die vom Oberlandesgericht als sicher angenommene hypothetische Auslösung der Schadensanlage durch Erkältung etc. unbeachtet bleibt. Folgt man dem, so ergibt sich Gleiches wiederum aus dem Gesichtspunkt des mit dem Rechtsgut untrennbar verbundenen Risikos: eine Erkältung ist mit dem Dasein des Betroffenen nicht untrennbar verbunden, sondern sie beruht auf unvorsichtigen Verhaltensweisen, die sämtlich vermieden werden können, wenn dies praktisch auch nicht geschehen wird. Wesentlich ist vor allem auch, daß der hypothetische sichere Schadenseintritt außer acht bleiben soll, wie er auch kein mit dem Rechtsgut untrennbar verbundenes Risiko begründen muß. Mit dieser Entscheidung des Reichsgerichts ist bereits auf die Rechtsprechung vorgegriffen worden, die im 7. Kapitel dargestellt werden wird. Im Vorgriff auf das Schrifttum ist wegen der entscheidenden Bedeutung dieser Stellungnahme ferner auch Esser[26]) zu zitieren, der in diesem Zusammenhang ausführt: Umstritten sei, ob man nicht doch auch externe hypothetische Ursachen als entlastend berücksichtigen müsse, wenn ihre unabwendbare Einwirkung zur Zeit des realen Eingriffs schon sicher gewesen sei. Man könne aber keinen Unterschied machen, ob ein Tier schon vergiftet gewesen sei und also eine interne Schadensbereitschaft aufgewiesen habe, als es getötet worden sei, oder ob es sich in einer äußerlich ausweglosen Gefahrenlage befunden habe, etwa im Eise eines Gewässers eingebrochen gewesen sei. Esser fährt dann fort: Andererseits bedürfe es irgendwo der Rückkehr zum Prinzip, solle nicht jede Gefahrenlage (Beschlagnahme-, Lawinen-, Kriegsschädengefahr) den Täter entlasten, der mit seinem Eingriff diese Risiken ausgeschlossen habe. — Gerade hierin besteht das Problem, das, wie dargelegt, rechtspolitischer Natur ist und deshalb auch rechtspolitisch gelöst werden kann.

---

[26]) Schuldrecht § 62, 8 c

Subsumiert man zunächst die von Esser offenbar trotz Sicherheit des hypothetischen Schadenseintritts oder jedenfalls ohne Rücksicht auf einen sicheren hypothetischen Schadenseintritt beiseitegeschobenen Risiken der Beschlagnahme oder der Kriegsschäden, so erweist sich der Begriff des mit dem Rechtsgut untrennbar verbundenen Risikos als recht treffsicher und praktisch: Wird ein Kraftfahrzeug zerstört, das am nächsten Tage sicher beschlagnahmt worden wäre, so ist dieses Risiko mit dem Kraftfahrzeug nicht untrennbar verbunden; es besteht immer die wenn auch vielleicht nur theoretische Möglichkeit, daß die Beschlagnahme unterblieben wäre. Wird ein Soldat auf dem Transport ins Feld durch einen Unfall getötet, so bleibt die Gefahr seines Kriegstodes außer Betracht, weil sie mit ihm nicht schon untrennbar verbunden ist, mag er auch einer Eliteeinheit angehören, die später besonders eingesetzt und ganz vernichtet wurde. Gleiches gilt für den Lawinenfall jedenfalls dann, wenn jemand durch einen Unfall getötet wurde, deshalb an einer Gipfelbesteigung nicht teilnehmen konnte und deshalb auch nicht wie alle anderen in der Lawine umkam. Zweifeln wird man allerdings, wenn die Lawine bereits in breiter Front herunterkam und der Betroffene durch einen Unfall getötet wird. Hier nähert sich der Fall dem von Esser gebildeten Beispiel des im Eise gefangenen Tieres. Zum Lawinen- und zum Eisfall ist deshalb zu prüfen, was das Merkmal des „mit dem Rechtsgut untrennbar verbundenen Risikos" dazu aussagt. Dazu ist auf den Gedanken zurückzugehen, weshalb die Berücksichtigung des hypothetischen Geschehens überhaupt ausgeschlossen wird und der Geschädigte also insoweit eine „krisenfeste Position" erhalten soll. Das geschieht deshalb, weil der Geschädigte, dem ein Lebensbereich gesperrt wird und der aus diesem durch die Tat verschütteten Lebensbereich keinerlei Vorteile ziehen kann, auch nicht mit den Nachteilen dieses Lebensbereichs belastet werden sollte. Davon konnte man einmal nicht sprechen, wenn ein bestimmtes Risiko mit dem betroffenen Rechtsgut bereits intern, im Keim, untrennbar verbunden war, es also einen ohne dieses Risiko vorstellbaren neuen Lebensbereich gar nicht geben konnte. Von einem neuen durch die Tat vernichteten Lebensbereich mit Vorteilen und Risiken kann man aber auch nicht sprechen, wenn sich die Tat bereits vor dem Hintergrund einer drohenden Katastrophe abspielt, die erst überwunden werden müßte, bevor dem Betroffenen wieder ein wirklicher Lebensbereich mit Risiken und Vorteilen offenstünde, der als durch die Tathandlung vernichtet gedacht werden könnte. Mit dem Begriff des „mit dem Rechtsgut untrennbar verbundenen Risikos" sollten deshalb nicht nur interne Schadensanlagen, sondern auch unmittelbar drohende Gefahren umfaßt werden; sprachlich dürfte die Formulierung dazu ausreichen. Es ist jedoch auch an dieser Stelle noch einmal darauf hinzuweisen, daß diese Abgrenzung insbesondere zu den ferner liegenden aber sicheren Gefahren aus dem Vermeidbarkeitsprinzip nicht zwingend folgt. Da der Inhalt der Vermeidepflicht von der hypothetischen Gefahrensituation nicht abhängt, ist die Zurechnung für die normale Lebensdauer des zerstörten Rechtsguts möglich, aus rechtspolitischen und deshalb disponiblen Gründen wird nur das Risiko begrenzt. Es wäre deshalb auch möglich, nur interne Schadensanlagen zu berücksichtigen; es braucht nur formuliert zu werden, daß das Risiko mit dem Rechtsgut nach „dessen Eigenart untrennbar verbunden" gewesen sein muß. Vom Risikogedanken her wird man sich aus den dargelegten Gründen jedoch nicht für eine solche enge Auffassung entscheiden.

Wer danach auf See im Orkan einen Schiffer verletzt und ihn auf der Stelle tötet, haftet nicht, wenn der Schiffer im Orkan ohnehin ums Leben gekommen wäre. Wer den Schiffer auf See verletzt und ihn auf der Stelle tötet, haftet jedoch, wenn der Schiffer vor dem Orkan noch umkehren konnte oder auch die Rückreise noch erlebt hätte und erst mit allen anderen Schiffern auf der tags darauf begonnenen Reise ums Leben gekommen wäre. In beiden Fällen war die Gefahr mit seinem Leben noch nicht untrennbar verbunden. Zu beachten ist jedoch, daß die hypothetische Gefahr selbst dann außer Betracht bleibt, wenn durch sie der Schaden mit Sicherheit eingetreten wäre.

Genügt aber der sichere oder der mit einer an Sicherheit grenzenden Wahrscheinlichkeit festgestellte hypothetische Schadenseintritt noch nicht, um die damit verbundene Gefahr zugleich als ein mit dem Rechtsgut untrennbar verbundenes Risiko zu kennzeichnen, so bedeutet umgekehrt ein mit dem Rechtsgut untrennbar verbundenes Risiko noch nicht, daß der Schadenseintritt auf Grund dieser Gefahr sicher erwartet werden muß. Erschießt jemand einen Mörder, der den Mord bereits begangen hatte, so ist das Risiko von dessen hypothetischer Hinrichtung in jedem Fall zu berücksichtigen, weil es sich zusammen mit der Tat bereits untrennbar mit dem Leben des Mörders verbunden hatte. Steht die hypothetische Hinrichtung aber nicht fest, weil der Mörder etwa die Chance der Begnadigung hatte, so ist nach den Ausführungen im 4. Kapitel dieser Arbeit ein Anspruch nach dem Umfang der vernichteten Chance zu gewähren. Stirbt jemand aber durch einen Unfall, der einen Mord sicher plante, ohne daß er sich bereits strafbar gemacht hatte, so hatte sich das Risiko seiner Bestrafung mit seinem Leben noch nicht untrennbar verbunden und es ist bedeutungslos, ob er die Tat sicher ausgeführt und ob er mit Gewißheit nicht begnadigt worden wäre.

Danach bilden die Fälle der überholenden Kausalität nur einen Teilaspekt der Schadenszurechnung. Zu ihrer Lösung sind keine anderen Gesichtspunkte nötig als bei der Schadenszurechnung allgemein. Diese Gesichtspunkte sind einmal die streng nach der Vermeidepflicht ausgerichtete Vermeidbarkeit, von der die Zurechnung getragen sein muß, wenn der Schädiger verantwortlich sein soll, und die rechtspolitische disponible Einschränkung andererseits, daß der Geschädigte gleichwohl keine krisenfeste Position erhalten soll. Die Problematik der überholenden Kausalität läßt zwar die Fälle besonders hervortreten, in denen das vom Geschädigten zu tragende Risiko abgemessen werden muß, inhaltlich fügt sich jedoch die überholende Kausalität ohne Besonderheit in die allgemeinen Fragen der Zurechnung ein. Auch das im 5. Kapitel VII a. E. formulierte Zurechnungsprinzip bleibt unverändert. Auf die dort vorgeschlagene Formel wird verwiesen.

Da die überholende Kausalität innerhalb der Zurechnungsproblematik keine Sonderstellung erhält, erübrigt sich ihre Definition. Niederländer[27]) und Cassens[28]) haben bereits darauf hingewiesen, daß das hypothetische Schadensereignis schon vor dem wirklichen Schadensereignis liegen kann: Ein Kraftwagen wird unbefugt aus der Garage weggenommen und durch einen Unfall demoliert. Noch vor dem Unfall brennt die Garage bis auf die Grundmauern ab. Rother[29]) und von Caemmerer[30]) verweisen auf die Verwandtschaft der überholenden Kausalität zu den Fällen der Ursachenkonkurrenz: Die Tatbestände unterschieden sich nur dadurch, daß die Zeitpunkte auseinandergerückt seien und nicht wie z. B. im bekanntesten Fall der alternativen Kausalität, dem der Wasserverseuchung durch die zwei Fabriken, zusammenliegen; sobald die zweite Fabrik ihre Abwässer einen Tag später einlasse als die erste, entstehe der Fall der hypothetischen Kausalität. Für die hier vorgeschlagene Lösung sind die dabei verwendeten Elemente von der condicio-sine-qua-non-Formel über die alternative Konkurrenz bis zu Extremfällen der überholenden Kausalität einheitlich.

V. Gesetzlicher Ausschluß späteren hypothetischen Geschehens; Enteignungsfälle; Lizenzgebühr; Sachversicherung

Der Gesetzgeber hat die Lösung des Problems der überholenden Kausalität der Rechtsprechung und dem Schrifttum vorbehalten[31]). Gleichwohl trifft das Gesetz Teilregelungen, hinsichtlich derer nunmehr zu prüfen ist, wie weit sie mit der vorgeschlagenen allgemein gültigen Lösung übereinstimmen.

Mit einer Reihe von Vorschriften schließt das Gesetz die Berücksichtigung hypothetischen Geschehens aus. Im Transport- und Lagerrecht ist die Haftung bei Fahrlässigkeit gemäß § 430 HGB, § 85 EVO, § 35 Abs. 1 KVO, §§ 658, 659 HGB, § 26 BinnenschiffahrtsG, § 19 Abs. 5 OrderlagerscheinVO auf den gemeinen Wert zur Zeit der schädigenden Handlung beschränkt. Damit wird nach dem objektiven Schadensbegriff Ersatz geleistet und das spätere hypothetische Schicksal der Sache ex definitione bedeutungslos. Gleiches gilt für die Fälle, in denen die Ersatzpflicht wie

---

27) AcP 153, 43.
28) Die Bedeutung des gegliederten Schadensbegriffs für die Berücksichtigung hypothetischer Schadensereignisse, Kieler Dissertation 1961 S. 4.
S. 21, 22.
29) Haftungsbeschränkung im Schadensrecht (1965) S. 212.
30) Das Problem der überholenden Kausalität im Schadensersatzrecht (1962)
31) Motive II, 769; vgl. zum folgenden von Caemmerer, Das Problem der überholenden Kausalität im Schadensersatzrecht S. 8 ff.

in §§ 376 Abs. 2 und 400 Abs. 2 HGB auf einen Börsen- und Marktpreis zu einem bestimmten Zeitpunkt festgelegt ist.

Das hypothetische Schicksal einer enteigneten Sache ist ebenfalls nicht zu berücksichtigen. Solange nur der Eingriff in die Substanz vergütet wird[32]), nicht aber auch der entgangene Gewinn und weitere Folgeschäden, und Wertprognosen nur beachtet werden, soweit sie bereits zur Zeit der Enteignung den Wert des Grundstücks bestimmt haben, ist damit praktisch im Enteignungsrecht der objektive Schadensbegriff eingeführt. Dann ist dieser auch nach allen Seiten hin einzuhalten[33]).

Der objektive Schaden ist weiter auch bei Eingriffen in Ausschließlichkeitsrechte zu ersetzen. Es wird dem Rechtsinhaber zwar gestattet, auch sein subjektives Interesse geltend zu machen; er unterliegt dann den hier vorgeschlagenen allgemein gültigen Grundsätzen. Er kann aber auch eine Lizenzgebühr verlangen. Da es bei der Begründung dieses Anspruchs nicht darauf ankommt, ob er sein Recht selbst nutzen konnte, kommt es auch nicht darauf an, daß ein späteres Geschehen ihn an der Ausübung seiner Rechte behindert hätte[34]).

Entgegen dem Schadensbegriff des subjektiven Interesses wird weiter auch bei der Sachversicherung auf den objektiven Schaden zur Zeit der schädigenden Handlung abgestellt. Der entgangene Gewinn wird nicht ersetzt und auch das spätere hypothetische Schicksal der Sache ist bedeutungslos. Der im § 844 HGB für die Seeversicherung festgelegte Grundsatz gilt im Versicherungsrecht allgemein[35]).

Diese Sonderregelungen treten in keinen substantiellen Gegensatz zur hier vorgeschlagenen Lösung. Wo mit dem objektiven Schadensbegriff gesetzlich oder ex definitione die Berücksichtigung des späteren hypothetischen Schicksals der Sache ausgeschlossen wird, entfällt diese Problematik, ohne daß noch Zurechnungsgesichtspunkte zu prüfen sind.

VI. Leitsätze

Nachdem das Problem der überholenden Kausalität die bereits im 5. Kapitel geprüften Probleme des hypothetischen Geschehens nur deutlicher hervortreten läßt, ohne neue Lösungen erforderlich zu machen, ist die im 5. Kapitel VII a. E. vorgeschlagene und im 5. Kapitel VIII und IX

---

[32]) BGHZ 30, 338; BGH WM 1962, 1170; Larenz Schuldrecht I § 14 II b Anm. 2.

[33]) Vgl. von Caemmerer, Das Problem der überholenden Kausalität im Schadensersatzrecht S. 10; Esser Schuldrecht § 62, 11 a; §§ 93 Abs. 2 Nr. 1, 95 Abs. 1 BBauG, 17 Abs. 1 Nr. 1, 18 Abs. 1 LandbeschaffungsG, Art. V Nr. 1 Bay ZwangsabtretungsG, § 8 Abs. 1 PrEnteignungsG.

[34]) Vgl. von Caemmerer, Das Problem der überholenden Kausalität im Schadensersatzrecht S. 9.

[35]) Vgl. von Caemmerer, Das Problem der überholenden Kausalität im Schadensersatzrecht S. 10; Möller MDR 1950, 393 ff.; Lindenmaier ZHR 113 (1950) 207, 266; Rudolf Schmidt AcP 152 (1952/53), 130.

ergänzte Formel zu übernehmen und in die folgenden Leitsätze zu unterteilen:

Leitsatz I:

Dem Schädiger wird ein Schaden zugerechnet, wenn er dessen Eintritt bei nicht haftungsbegründendem Verhalten vermieden hätte.

Leitsatz II:

Neben dem Geschehen, auf dem das Verhalten des Schädigers als haftungsbegründend aufbaut, wird weiter auch ein Geschehen berücksichtigt, dessen Risiko der Geschädigte ohnedies hätte tragen müssen; hat das Tatgeschehen den Sachverhalt jedoch so sehr verändert, daß ein dem betroffenen Rechtsgut zunächst drohendes Risiko damit insgesamt nicht mehr bestand, so wird insoweit nur noch solches Geschehen berücksichtigt, dessen Risiko mit dem Rechtsgut untrennbar verbunden war. Haftet der Schädiger nur deshalb, weil er eine Sache ihrem bestimmungsgemäßen Bereich vorenthält, so kann er sich mit dem Nachweis entlasten, daß die Sache auch in ihrem bestimmungsgemäßen Bereich beeinträchtigt worden wäre.

Leitsatz III:

Dem Schädiger wird der Schaden schon dann zugerechnet, wenn er durch sein haftungsbegründendes Verhalten auch nur geringe objektive Möglichkeiten vernichtet hat, die bei glücklichem menschlichen Verhalten dazu geführt hätten, daß der Schaden vermieden worden wäre; der Schaden wird nach dem Umfang der vernichteten Möglichkeit geteilt.

Siebentes Kapitel

Rechtsprechung

I.

Die Rechtsprechung berücksichtigt das hypothetische fehlerfreie Verhalten nach dem Schutzzweck der Norm. Ein Beispiel hierfür ist das Urteil des Bundesgerichtshofs vom 22. Dezember 1959 zur Kausalität der Geschwindigkeitsüberschreitung[36]).

Der Beklagte befuhr nachts mit seinem Personenkraftwagen eine Bundesstraße. Die Fahrgeschwindigkeit betrug ca. 50—55 km/h. Ihm kam ein Lastkraftwagen entgegen. Beide Fahrzeuge hatten vor ihrer Begegnung abgeblendet. Als die Fahrzeuge aneinander vorbeifuhren, erfaßte der Wagen des Beklagten mit der linken Seite den Arbeiter F., der sich auf der Fahrbahn befand. F. erlitt einen Schädelbasisbruch, der zum Tode führte. Die Klägerin hat Versicherungsleistungen erbracht und verlangte Ersatz.

Die Klage blieb ohne Erfolg. Das Oberlandesgericht hat ausgeführt, der Unfall sei auch bei fehlerfreier Geschwindigkeit von 40 km/h unvermeidbar gewesen. Der Bundesgerichtshof ist dem gefolgt: Die Revision verkenne, daß ein haftungsbegründender Ursachenzusammenhang zwischen der nach § 9 StVO zulässigen Geschwindigkeit und dem Unfall nicht schon dann vorliege, wenn der Kraftwagen bei zulässiger Geschwindigkeit noch nicht an dem Ort gewesen wäre, an dem sich der Zusammenstoß ereignet habe. Erforderlich sei vielmehr, daß sich gerade eine der Gefahren ausgewirkt habe, um deretwillen die Einhaltung einer gewissen Höchstgeschwindigkeit gefordert werde. Sonst hänge die Haftung von dem im Sinne einer Gefährdung durchaus zufälligen Umstand ab, daß ein Verkehrsteilnehmer in einem bestimmten Zeitpunkt an einem bestimmten Ort anwesend sei. Wer mit erhöhter Geschwindigkeit fahre, sei nicht schon ohne weiteres mit dem Haftungsrisiko für alle Verkehrsunfälle belastet, in die er auf seiner weiteren Fahrt verstrickt werde.

Der Auffassung des Bundesgerichtshofs ist gemäß Leitsatz I der vorgeschlagenen Lösung zuzustimmen. Das Kausalprinzip befindet sich dagegen in der unlösbaren Schwierigkeit, zu erklären, weshalb die Kausalformel nach dem Sinn und Zweck einer Rechtspflicht ausgerichtet werden kann.

---

36) VI ZR 215/58 DAR 1960, 115 = VersR 1960, 183, Kläger trägt die Beweislast; ebenso für das Fahren ohne Fahrerlaubnis BGH NJW 1963, 489; der Kläger trägt auch hier die Beweislast, BGH VersR 1959, 277, 278 = LM § 823 BGB Nr. 11 (J). Ebenso bei Trunkenheit am Steuer BGHZ 18, 311, 318.

II.

Im Vordergrund der weiteren Erörterung stehen zunächst die Fälle, in denen sich das Vermeidbarkeitsprinzip am deutlichsten vom Kausalprinzip unterscheidet. Dies sind die Fälle, in denen nach dem Kausalprinzip nur eine Alles-oder-Nichts-Entscheidung in Frage kommt, das Vermeidbarkeitsprinzip jedoch zur Schadensteilung führt.

Dem Urteil des Bundesgerichtshofs vom 16. März 1959[37]) im Schiffsmaklerfall lag der folgende Sachverhalt zugrunde:

Die Klägerinnen vermittelten Schiffsraum für Mais- und Weizentransporte. Die Einfuhrstelle der Beklagten, der Bundesrepublik Deutschland, erließ Ausschreibungsbestimmungen, nach denen die bisherigen Kunden der Klägerinnen gehalten waren, mit der Vermittlung von Mais- und Weizenverschiffungen die Frachtentreuhand GmbH Hamburg zu beauftragen, der die Klägerinnen nicht angehörten. Diese hielten die Ausschreibungsbestimmungen für rechtswidrig und verlangten von der Beklagten Ersatz des ihnen entstandenen Schadens.

Das Oberlandesgericht hat die Klage abgewiesen: Nach der gemäß § 287 ZPO gebildeten Überzeugung des Gerichts sei der ursächliche Zusammenhang zwischen dem gesetzlichen Haftungsgrund und dem behaupteten Schaden nicht bewiesen. Zwar würden die Kunden Nr. 7 und 8 der Klägerin zu 2) sich nach den Aussagen ihrer Angestellten den Schiffsraum für die Transporte über eine der ursprünglich drei Klägerinnen beschafft haben, jedoch habe nur eine der drei Firmen mit der Beschaffung des Schiffsraums betraut werden können. Unter diesen Umständen lasse sich nicht feststellen, daß der von der Klägerin zu 2) behauptete Schaden eingetreten sei.

Der Bundesgerichtshof hat zurückverwiesen: Das Oberlandesgericht beurteile zutreffend die Frage, ob der Klägerin ein Schaden entstanden sei, nach § 287 ZPO. Zwar sei der Ablauf des Geschehens, das den konkreten Haftungsgrund bilde, nach § 286 ZPO zu beweisen, jedoch werde das Vorhandensein des konkreten Haftungsgrundes im vorliegenden Fall vom Oberlandesgericht gerade unterstellt. Hier sei zweifelhaft nur der Kausalzusammenhang zwischen dem konkreten Haftungsgrund und dem Schaden; über diesen sei nach § 287 ZPO zu entscheiden. Das Oberlandesgericht habe aber die Beweiserleichterung des § 252 BGB übersehen oder nicht voll erkannt. Nach dieser Vorschrift, die als eine Ausgestaltung des § 287 ZPO anzusehen sei, gebe es hinsichtlich des entgangenen Gewinns zwei Möglichkeiten der Schadensberechnung; die abstrakte Methode, die von dem regelmäßigen Verlauf im Handelsverkehr ausgehe, daß der Kaufmann im Rahmen seines Gewerbes gewisse Geschäfte tätige und daraus Gewinn erziele, und die konkrete Methode, bei der der Geschädigte nachweise, daß er durch die unerlaubte Handlung an der Durchführung bestimmter Geschäfte gehindert worden und daß ihm wegen der Nichtdurchführbarkeit der Geschäfte Gewinn entgangen sei. Das Oberlandesgericht habe den angeblichen Gewinnentgang nur nach der konkreten Methode, nach der abstrakten Methode dagegen möglicherweise nicht hinreichend geprüft. Bei dieser Prüfung wäre es nicht so sehr darauf angekommen, ob die Klägerin zu 2) gerade den Auftrag ihrer Kunden Nr. 7 und 8 erhalten haben würde, es habe vielmehr allgemein geprüft werden müssen, ob nach dem allgemeinen Lauf der Dinge — Beteiligung von Kunden der Klägerin an Getreideimporten, aber nicht nur der Kunden Nr. 7 und 8 — die Klägerin, die sich des Vertrauens ihrer Kunden erfreut habe, von einigen dieser Kunden, die auch an-

---

[37]) III ZR 20/58 BGHZ 29, 393 = LM § 252 BGB Nr. 4 mit Anm. Pagendarm = NJW 1959, 1079 = MDR 1959, 557 = BB 1959, 506 = VersR 1959, 473.

dere Vermittler einzuschalten pflegte, nämlich die andere Klägerin und die früher ausgeschiedene Klägerin, mit Wahrscheinlichkeit zur Vermittlung von Verschiffungsmöglichkeiten herangezogen worden wäre. Daß nur eine solche Prüfung unter dem Gesichtspunkt der abstrakten Schadensberechnung zu einem befriedigenden Ergebnis führen könne, ergebe sich aus der folgenden Erwägung: Würden die Klägerin zu 1) und die ausgeschiedene Klägerin ihre etwaigen Schadensersatzansprüche der Klägerin zu 2) abgetreten haben, so könnte ein Gewinnentgang nicht mit der Begründung des Oberlandesgerichts abgelehnt werden, die Wahrscheinlichkeit, mit der Vermittlung des Schiffsraums beauftragt zu werden, sei für alle drei in Frage kommenden Firmen gleich groß gewesen, bei keiner von ihnen hätte deshalb mit Wahrscheinlichkeit ein Gewinn erwartet werden können.

Mit der letzteren Billigkeitserwägung umreißt der Bundesgerichtshof treffend das Problem des Falles: Die Aufträge wären einer der drei Klägerinnen mit Sicherheit erteilt worden; es erscheint dann ungerecht, sie alle abzuweisen. Der Bundesgerichtshof zeigt auch mit dem Hinweis auf die mögliche Abtretung — und spätere Teilung — der Ansprüche den gerechten Weg, den Schaden zu dritteln.

Auf dem Wege dorthin ergeben sich mehrere Schwierigkeiten. Da jede der Klägerinnen beweisen muß, die diskriminierenden Ausschreibungsbestimmungen könnten nicht hinweggedacht werden, ohne daß der Schaden entfiele, alle Klägerinnen aber gleiche Chancen hatten, der Schaden andererseits aber doch einmal entstanden sein muß, liegt es nahe, den schwierigen nach § 286 ZPO unmöglichen Beweis zu erleichtern und verbreiteter Praxis entsprechend § 287 ZPO anzuwenden[38]). Selbst wenn aber, wie das Oberlandesgericht richtig gesehen hat, § 287 ZPO angewendet wird, so ist hier nichts gewonnen, weil damit immer nur der Kausalzusammenhang festgestellt oder nicht festgestellt würde: bei gleichen Chancen der Klägerinnen würde dies entweder die Klagabweisung aller oder die mehrfache volle Verurteilung der Beklagten auf den Gewinnentgang für bestimmte Aufträge, die nur an eine der Klägerinnen gegangen wären, bedeuten. Beide Ergebnisse erscheinen nicht gerecht.

Der Bundesgerichtshof weist dann auf die Möglichkeiten der abstrakten Schadensberechnung hin. Man wird aber zweifeln, ob dieser Weg zum Erfolg führt. Offenbar hatten die Klägerinnen die konkrete Berechnungsmethode gewählt. Läßt man die abstrakte Methode gleichwohl zu, so fragt sich, ob der Gewinn nach dem gewöhnlichen Laufe der Dinge mit Wahrscheinlichkeit erwartet werden konnte. Würde nun festgestellt, daß die Klägerinnen in dem Zeitraum, für den sie Schadensersatz geltend machen, nur die bestimmten Chancen hatten, weil nur diese einzelnen Mais- und Weizentransporte durchgeführt wurden, so scheitert auch diese Methode und das Problem bleibt unverändert.

Nach Leitsatz III ist festzustellen, wie groß die Chancen der Klägerin-

---

[38]) Vgl. Jürgen Prölss, Beweiserleichterungen im Schadensersatzprozeß (1966) S. 53 ff. mit Rechtsprechung und Schrifttum; eingehend auch Hainmüller, Der Anscheinsbeweis und die Fahrlässigkeitstat im heutigen deutschen Schadensersatzprozeß (1966) S. 145 ff.

nen gewesen wären, die Aufträge zu erhalten. Hierüber kann der Richter sich gemäß § 286 ZPO eine Überzeugung bilden. Er sollte dies auch ohne die Möglichkeit etwa eines Verzichts auf die Beweisaufnahme tun müssen. Für die problematische Anwendung von § 287 ZPO besteht insoweit kein Bedürfnis. Bei gleichen Chancen für die Klägerinnen ist der Schaden gemäß Leitsatz III Halbsatz 2 zu dritteln.

III.

Eine entgangene Vermögensaussicht steht auch im Mittelpunkt des Testamentsfalls, den der Bundesgerichtshof durch Urteil vom 28. März 1957 entschieden hat[39]).

Der Kläger stammte aus der zweiten Ehe seines Vaters. Aus dessen erster Ehe stammten die Halbgeschwister des Klägers, Heinrich und Wilhelmine F., verehelichte A. Heinrich F., Eigentümer eines Bauernhofes, war Junggeselle geblieben und etwa im Jahre 1945 zum Kläger gezogen, der mit seiner Ehefrau deren Hof bewirtschaftete. Am 12. Oktober 1949 kam Heinrich F., der an Wundstarrkrampf erkrankt war, in ein Krankenhaus und starb dort vier Tage später. Nachdem Heinrich F. in das Krankenhaus gebracht worden war, begaben sich der Kläger und seine Ehefrau zu dem beklagten Notar und baten ihn, Heinrich F. im Krankenhaus aufzusuchen und dort sein Testament aufzunehmen, weil er, der Kläger, nach dem Willen seines Halbbruders dessen Hoferbe werden solle. Der Beklagte erklärte jedoch, der Kläger sei ohnehin gesetzlicher Hoferbe; die Aufnahme eines Testaments sei nicht nötig. Daraufhin betrieb der Kläger die Errichtung des Testaments nicht weiter und Heinrich F. starb, ohne ein Testament hinterlassen zu haben. Das Amtsgericht stellte ein Hoffolgezeugnis für den Sohn Fritz der verstorbenen Frau A. aus. Der Kläger verlangte vom Beklagten, so gestellt zu werden, als wenn Heinrich F. ihn im Testament zum Hoferben bestimmt hätte.

Das Oberlandesgericht hat die Klage abgewiesen. Eine eindeutige Feststellung dahin, daß es dem Kläger gelungen wäre, den Erblasser zur Äußerung des Wunsches auf Errichtung eines Testaments zu veranlassen, sei nicht möglich. Insbesondere sei auch nicht bewiesen, daß der Leiter des Krankenhauses den Besuch des Beklagten bei dem Erblasser zugelassen hätte. Auch ein Anscheinsbeweis sei nicht zu führen.

Der Bundesgerichtshof hat zurückverwiesen: Die Frage des ursächlichen Zusammenhangs zwischen der Erteilung der unrichtigen Auskunft und der Nichterrichtung des Testaments sei nach Maßgabe des § 287 ZPO zu beantworten. Über den konkreten Haftungsgrund, d. h. über die Frage, ob den Ersatzbegehrenden ein bestimmtes Schadensereignis betroffen habe, sei nach § 286 ZPO zu entscheiden. Hingegen sei über die Frage, ob dieses Ereignis einen Schaden verursacht habe, nach § 287 ZPO zu befinden. Den konkreten Haftungsgrund bilde hier die Erteilung der unrichtigen Rechtsauskunft. Bei der Frage, ob die falsche Auskunft die Nichterrichtung eines Testaments zur Folge gehabt und damit auch verursacht habe, daß der Kläger nicht Hoferbe geworden sei, gehe es um die Kausalbeziehung zwischen dem konkreten Haftungsgrund und dem dem Kläger entstandenen Schaden.

Das nicht errichtete Testament setzt den hypothetisch Begünstigten der fast unmöglichen Beweispflicht aus, daß der Verstorbene ihn im Testa-

---

[39]) III ZR 207/55 VersR 1957, 373, Sp. 2.

ment bedacht hätte. Weil das Oberlandesgericht betont hatte, daß ein Anscheinsbeweis nicht zu führen war, enthält die Auffassung des Bundesgerichtshofs ganz deutlich den Hinweis, die Beweisanforderungen erheblich zu lockern. Das könnte, um eine Zahl zu nennen, bedeuten, daß der Beklagte dem Kläger den gesamten Wert des Hofes ersetzen muß, wenn nur zu 75 v. H., also mit überwiegender Wahrscheinlichkeit, feststeht, daß der Kläger Hoferbe geworden wäre. Ein Kläger, der nur solche überwiegenden Aussichten hat, Erbe zu werden, erreicht durch den Fehler des Beklagten eine krisenfeste Position; er vermeidet den alles entscheidenden, bisher nicht fixierten und vielleicht nachteiligen Entschluß des Erblassers. Das ist nicht unbedenklich, zugleich erscheint aber auch die Klagabweisung nicht gerecht, weil dem Kläger doch eine erhebliche Vermögenschance verlorengegangen ist.

Nach Leitsatz II Satz 1 Halbsatz 1 ist zunächst die Möglichkeit auszuschalten, daß der Leiter des Krankenhauses den Besuch des Notars verboten hätte, obwohl dies unerlaubt gewesen wäre. Im übrigen sind nach Leitsatz III unter Berücksichtigung der Möglichkeiten zulässigen Ermessens des Leiters und der Motivation des Erblassers die Chancen zu bestimmen, die der Kläger bei erlaubtem Verhalten des Beklagten gehabt hätte; danach ist der Schaden zu bemessen. Der Kläger trägt danach die volle Beweislast gemäß § 286 ZPO. Soweit sich das Gericht keine Überzeugung bilden kann, daß der Kläger eine Vermögensaussicht gehabt hätte, ist die Klage abzuweisen. § 287 wäre erst dann anzuwenden, wenn der Wert des Hofs bestimmt werden soll.

IV.

Eine Schadensteilung erscheint auch in dem folgenden durch Urteil des Bundesgerichtshofs vom 10. Juni 1958 entschiedenen Selbstmordfall[40]) angemessen.

Am 1. September 1950 wurde ein 43-jähriger Bauunternehmer beim Zusammenstoß seines Kraftrades mit einem vom Beklagten gesteuerten Lastkraftwagen verletzt. Die Verpflichtung des Beklagten zum Schadensersatz wurde rechtskräftig dem Grunde nach festgestellt. Am 25. September 1953 verübte der Bauunternehmer Selbstmord. Seine Witwe verlangte vom Beklagten Ersatz ihres Unterhaltsschadens mit der Begründung, der Selbstmord ihres Ehemannes sei auf eine bei dem Unfall eingetretene Kopfverletzung zurückzuführen.

Das Landgericht hat die Klage dem Grunde nach für gerechtfertigt erklärt, das Oberlandesgericht hat sie abgewiesen. Es hat ausgeführt, zwar könne der Selbstmord eines durch die Hirnverletzung in seiner seelischen Widerstandskraft geschwächten Menschen die adäquate Folge der Hirnverletzung sein, die Klägerin habe aber nicht bewiesen, daß der Selbstmord ihres Ehemanns auf der Verletzung

---

[40]) VI ZR 120/57 LM § 287 ZPO Nr. 10 = NJW 1958, 1579 = MDR 1958, 762 = VersR 1958, 547.

beruhe. Nach Ansicht der Gutachter sei der Selbstmord aus einer reaktiven depressiven Stimmung zu erklären, die in der Hauptsache auf die kritische wirtschaftliche Lage des Bauunternehmens zurückzuführen sei. Nach den Gutachten sei allerdings nicht auszuschließen, daß auch die unfallbedingten Gesundheitsstörungen und die dadurch noch bestehende Beeinträchtigung der körperlichen und geistigen Arbeitsfähigkeit mit zu dem Selbstmordentschluß beigetragen hätten, insofern könne aber nur ein mittelbarer, zwar nicht teilursächlicher, aber doch teilmotivistischer Zusammenhang mit dem Unfall angenommen werden. Die durch den Unfall bedingte Verringerung der Widerstandskraft sei auf etwa 30 v. H. zu veranschlagen.

Der Bundesgerichtshof hat zurückverwiesen: Da die Kausalbeziehung im Ablauf des Geschehens, das den konkreten Haftungsgrund bilde, unstreitig sei und es sich bei der Entscheidung nur darum handle, welcher Schaden durch den Unfall entstanden sei, greife § 287 ZPO ein, der den Tatrichter berechtige, unabhängig von einer Beweislast zu entscheiden und dabei auch zu einer Schätzung zu greifen.

Bei Anwendung der condicio-sine-qua-non-Formel kann die Verurteilung nur erfolgen, wenn der Unfall nicht hinweggedacht werden kann, ohne daß der Selbstmord entfiele. Da die Verletzung aber nur ein Teilmotiv war bzw. die Gehirnschädigung die seelischen Widerstandskräfte zu einem solchen Teil der Motivation schwächte, ist zwar ein „teilmotivistischer", nicht aber nach der Formel ein „teilkausaler" Zusammenhang feststellbar. Nun lockert der Bundesgerichtshof über § 287 ZPO die Beweisanforderungen und ermächtigt den Tatrichter, zu einer Schätzung zu greifen. Da die Schätzung sich jedoch nur auf das Vorliegen oder Nichtvorliegen eines condicio-sine-qua-non-Zusammenhangs beziehen kann, führt auch die Schätzung notwendig zur Alles-oder-Nichts-Entscheidung. Weil das Unternehmen in Schwierigkeiten war und dies die überwiegende Motivation bildete, wird die Klage auch nach diesem Maßstab abzuweisen sein. Das erscheint nicht gerecht; umgekehrt wäre aber auch eine volle Verurteilung nicht angemessen.

Nach Leitsatz III ist der Schaden im Verhältnis 30:70 zu teilen. Auf Grund des Gutachtens kann sich das Gericht sogar gemäß § 286 ZPO die Überzeugung bilden, daß der Bauunternehmer ohne den Unfall die um 30 v. H. größere Chance gehabt hätte, sich glücklich zu entscheiden.

V.

Mit einer unterlassenen Warnung hatte der Bundesgerichtshof sich im Urteil vom 16. Februar 1959 zu befassen[41]).

Der im September 1938 geborene Kläger nahm 1954 an dem Walberla-Fest teil, das alljährlich von der beklagten Gemeinde auf einem in ihrer Gemarkung liegenden Tafelberg veranstaltet und jeweils von Tausenden besucht wird; am 1. und 2. Mai 1954 wurde es nach Zeitungsberichten von etwa 40 000 Personen be-

[41]) III ZR 188/57 LM § 823 BGB (Ea) Nr. 18 = MDR 1959, 466 = VersR 1959, 432.

sucht. An der Nordseite des Plateaus fällt eine Felswand steil ab. Gegen sie war der Berg mit einem Eisengeländer gesichert; über diesem war während des Festes eine Tafel mit einer Anordnung des Landratsamts angebracht, wonach unter anderem „das Einsteigen in die Berghänge, das Klettern in den Felsen und das Betreten der Schonungen verboten war". Unterhalb der Felswand befindet sich eine Höhle, die anläßlich des Festes viele Personen besuchen und die auch der Kläger damals hat besuchen wollen. Als er dazu einen vom Festplatz den Berg abwärts führenden Fußpfad zu dem Eingang der Höhle hinabgestiegen war, traf ihn ein vom Fels herabfallender Felsbrocken und verletzte ihn schwer. Der Kläger machte die beklagte Gemeinde für den Schaden verantwortlich. Er machte geltend, sie habe ihrer Verkehrssicherungspflicht nicht genügt, namentlich nicht durch Anbringung von Verbotstafeln oder Absperrungen das Begehen der Fußpfade zur Höhle hinab verhindert.

Das Landgericht hat der Klage stattgegeben. Das Oberlandesgericht hat im Hinblick auf ein Mitverschulden des Klägers die Ersatzpflicht der Beklagten auf die Hälfte des dem Kläger entstandenen Schadens beschränkt. Es hat ausgeführt: Die beklagte Gemeinde habe unter den besonderen Umständen während des Walberla-Festes, bei denen der einzelne Besucher nicht wie sonst Überlegungen über die Gefährlichkeit seines Tuns anstelle und ihm durch schlechtes Beispiel zur Höhle hinabsteigender Festbesucher in weitgehendem Maße das Gefühl für die Gefährlichkeit genommen werde, als Veranstalterin die Festplatzbesucher vor der Begehung der gefährlichen Fußpfade zur Höhle hinunter durch entsprechende Warnungstafeln oder durch Sperrung der Pfade schützen müssen. Sie habe es jedoch hieran fehlen lassen und dadurch in adäquat ursächlicher Weise den Unfall des Klägers herbeigeführt. Nach der Erfahrung des täglichen Lebens lasse sich zwar nicht abstreiten, daß Sicherungsmaßnahmen wie das Aufstellen von Sperrplanken die Festbesucher und auch den Kläger nicht an dem Einstieg in den Berg gehindert hätten, gleichwohl fehle es nicht an einem ursächlichen Zusammenhang zwischen der Unterlassung von Sicherungsmaßnahmen und dem Unfall: denn bei der Anbringung von Schildern, die in entsprechender Weise auf die Gefahren beim Betreten des Berghanges hingewiesen hätten, oder bei der Anbringung von Sicherungsplanken wäre dem jugendlichen Kläger die Gefährlichkeit seines Tuns klar vor Augen geführt und er möglicherweise auch davon abgehalten worden, sich in die Gefahr zu begeben, deren Opfer er dann geworden sei.

Der Bundesgerichtshof hat zurückverwiesen. Eine Unterlassung sei für einen Erfolg nur dann kausal, wenn pflichtgemäßes Handeln den Eintritt des schädigenden Erfolges verhindert hätte. Das sei nicht festgestellt. Die bloße Möglichkeit der Verhinderung genüge nicht; anders, wenn sich diese in einem Ausmaß verdichte, daß sie an Sicherheit grenze. Hierüber habe der Tatrichter nach § 287 ZPO zu befinden, wobei er sich bewußt zu sein habe, daß der Kausalverlauf, wie er bei Einführung der unterlassenen Handlung in das Geschehen anzunehmen wäre, nicht mit der Genauigkeit festzustellen sei wie ein Geschehensablauf, der sich tatsächlich zugetragen habe. Immer aber bedürfe es einer klaren Feststellung darüber, ob der schädigende Erfolg nicht eingetreten wäre, wenn die gebotene Handlung nicht unterlassen, sondern vorgenommen worden wäre.

Abgesehen von der vorschnellen Adäquanzprüfung hat das Oberlandesgericht den Kern des Problems getroffen, wenn es darauf hinweist, die Warnung hätte den jugendlichen Kläger zwar nicht sicher, möglicherweise aber doch davon abgehalten, sich in die Gefahr zu begeben, und wenn es hierin den Grund für die Verantwortlichkeit der Beklagten sehen will. Läßt man mit der condicio-sine-qua-non-Formel die Verteidigung zu, der Kläger hätte die Warnung auch unbeachtet lassen können, so bleiben viele pflichtwidrig unterlassene Warnungen und viele andere nicht sicher wirkende Schutzmaßnahmen ohne Sanktion. Andererseits schafft dem Kläger die nur an die Pflichtwidrigkeit selbst geknüpfte Haftung eine krisenfeste

Position; denn der Kläger hätte sich doch wohl mit erheblicher Wahrscheinlichkeit durch die Warnungen nicht beeindrucken lassen.

Nach Leitsatz III ist zu prüfen, um wieviel sich die Chancen des Klägers für eine glückliche Entscheidung bei pflichtgemäßem Verhalten der Beklagten erhöht hätten. Der Schaden ist entsprechend zu teilen. Er wird bei Mitverschulden des Klägers gemäß § 254 BGB erneut quotiert.

VI.

Aus den bisher wiedergegebenen Entscheidungen wird deutlich, daß die Rechtsprechung versucht hat, dem Kläger, dem nur eine Vermögenschance verlorengegangen war, mit verschiedenen Erwägungen zu helfen, obwohl die condicio-sine-qua-non-Formel dies an sich unmöglich macht. Insbesondere hat die Rechtsprechung auch die Schwierigkeiten nicht gescheut, die schwierigsten hypothetischen Willensentscheidungen nach Möglichkeit nachzuvollziehen. Diese Schwierigkeiten müssen noch größer werden, wenn hypothetische unsichere Entscheidungen von mehreren Personen zusammentreffen. Das Reichsgericht hatte durch Urteil vom 9. Juni 1937 einen Fall des verhinderten Gebots bei einer Versteigerung einer Wiese zu entscheiden[42]).

Der Beklagte hatte als Notar gemäß Art. 31 PrFGG eine Wiese zu versteigern. Sowohl der Kläger als auch der mitbietende D. boten 2460,— RM. Der Beklagte überhörte dabei das Gebot des Klägers. Er unterließ es entgegen den Vorschriften der §§ 181, 177 FGG, Art. 74 PrFGG, den sich auf die abgegebenen Gebote beziehenden Teil des Versteigerungsprotokolls zu verlesen und eine deutliche, den Namen des bisherigen Meistbietenden kundgebende Schlußaufforderung zur Abgabe weiterer Gebote auszusprechen, so daß sein Irrtum bestehen blieb. Der Kläger, der seinerseits das Gebot des mitbietenden D. überhört hatte und glaubte, er selbst sei als Meistbietender vermerkt worden, sah von weiteren Geboten ab. Die Wiese wurde dem D. zugeschlagen. Mit der Klage verlangte der Kläger Ersatz für den Schaden, der ihm dadurch entstanden sei, daß er nicht weiter geboten habe und daher nicht Eigentümer der Wiese geworden sei.

Das Oberlandesgericht hat der Klage stattgegeben. Es hat ausgeführt, bei Fortsetzung der Versteigerung würde der Kläger schließlich Meistbietender geworden sein, und zwar — nach freiem Ermessen des Gerichts gemäß § 287 ZPO — bei einem Gebot von 3500,— RM. Dann wäre ihm der Zuschlag erteilt worden. Der Beklagte habe den Kläger so zu stellen, als wenn er die Wiese zum Preise von 3500,— RM erhalten hätte.

Das Reichsgericht hat die Klage abgewiesen. Es sei nicht festzustellen, ob der Kläger bei Fortsetzung der Versteigerung schließlich Meistbietender geworden wäre. Sowohl er als auch D. hätten mit etwa 50 % gleiche Chancen gehabt. Unter solchen Umständen könne es nicht das Ergebnis eines im Rahmen des § 287 ZPO vorzunehmenden pflichtgemäßen Abwägens und vorsichtiger Ermessensausübung, sondern nur willkürlich sein, wenn man annehmen wollte, der Kläger würde im Falle der Fortsetzung der Versteigerung Meistbietender geworden sein. Die Unaufklärbarkeit falle dem für die tatsächlichen Voraussetzungen seines Ersatzanspruchs beweispflichtigen Kläger zur Last.

---

[42]) V 17/37 JW 1937, 2466 Nr. 25.

Reichsgericht und Oberlandesgericht legen die condicio-sine-qua-non-Formel zugrunde. Wenn das Oberlandesgericht aber feststellt, bei einem Gebot von 3500,— RM wäre der Kläger Meistbietender geworden, und das Reichsgericht dies nicht für festgestellt hält, so treffen beide Gerichte jedenfalls in der Formulierung nicht den Kern des Sachverhalts. Käme es darauf an, wann der Kläger Meistbietender geworden wäre, so wäre der Anspruch selten begründet, weil selten ausgeschlossen werden kann, daß so hoch wie der Kläger auch jemand anders geboten hätte; zugleich blieben Fehler des Versteigerers, die einen Bieter an der Abgabe eines Gebots hindern, weitgehend ohne Sanktion. Für den Kläger ist es oft aber nicht interessant zu erfahren, wann er sicher Meistbietender geworden wäre, weil er damit oft dem wirklichen Wert der Sache schon nahekommt und damit gar keinen oder nur einen geringen Schaden aufzeigen kann. Viel interessanter können für ihn die Chancen sein, die er verloren hat, als die Gebote noch niedriger lagen und als durch die Versteigerung noch etwas zu verdienen war. Dieser Bereich wird durch die condicio-sine-qua-non-Formel versperrt.

Nach Leitsatz III ist dem Beklagten der Schaden bereits dann zuzurechnen, wenn und soweit er durch sein unerlaubtes Verhalten Vermögenschancen vernichtet hat, die bei einer glücklichen Entscheidung bestanden hätten. Das Gericht wird dabei aus dem Grundstückswert, dem Verlauf ähnlicher Versteigerungen, dem Verlauf dieser Versteigerung und nach den Persönlichkeiten der bisher Meistbietenden und des Klägers sowie ihren Interessen und ihrem Vermögen den Betrag ermitteln, bei dem Zweifel einsetzten. Dann sind die Chancen gegeneinander abzuwägen. Bestehen gleiche Chancen, so ist die Klage nicht abzuweisen, wie das Reichsgericht urteilt, sondern es ist die Differenz zum wirklichen Wert im Verhältnis 1:1 zu teilen. Bestehen keine gleichen Chancen, so ist dies zu berücksichtigen. Es sei angenommen, daß die Wiese 3750,— RM wert war; der immer und sicher zu erwartende Versteigerungserlös beträgt 3000,— RM. Die Chancen, jetzt 750,— RM zu gewinnen, sind für beide gleich. Dann hat der Notar für den Kläger eine fünfzigprozentige Chance vernichtet, 750,— RM zu gewinnen. Der Kläger hat Anspruch auf 750,— RM : 2 = 375,— RM. Wird dagegen die condicio-sine-qua-non-Formel zugrunde gelegt, so erhält der Kläger nur 3750,— RM — 3500,— RM (für ihn sicheres Gebot) = 250,— RM. Selbst diesen Betrag würde das Reichsgericht nach seinen Ausführungen noch nicht für genügend sicher berechnet halten.

VII.

Die Anfänge zu der Rechtsprechung, die bei Anwendung der condicio-sine-qua-non-Formel auftretenden Beweisprobleme mit Hilfe des § 287 ZPO zu lösen, finden sich bereits in der Rechtsprechung des Reichsgericht zu der gleichlautenden Vorschrift des § 260 CPO.

Das Reichsgericht hatte in seinem Urteil vom 8. Januar 1883 den Fall der unterlassenen Mitteilung eines Versteigerungstermins zu behandeln[43]):

In ein Grundstück wurde die Zwangsversteigerung betrieben. Die Klägerin, Gläubigerin einer an dem Grundstück bestehenden Hypothek im Betrage von 3600,— M, bat die Beklagte schriftlich um Mitteilung des Versteigerungstermins. Diese Mitteilung unterließen die Beklagten; das Grundstück wurde in Abwesenheit der Klägerin versteigert. Dabei fiel die Klägerin mit ihrer Hypothek fast ganz aus. Der Ersteher war auch selbst Gläubiger einer an dem Grundstück bestehenden Hypothek im Betrage von 2000,— M. Diese stand der der Klägerin und einer weiteren auf 2400,— M valutierenden Hypothek im Range nach. Der Versteigerungserlös betrug 26 300,— M, der einer Feuerversicherung des Grundstücks zugrundegelegte Wert 37 500,— M. Die Klägerin verlangte von den Beklagten Schadensersatz, soweit sie mit ihrer Hypothek ausgefallen war.

Das Oberlandesgericht hat die Klage abgewiesen: Der Klägerin sei es zwar infolge des schuldhaften Verhaltens der Beklagten unmöglich geworden, ihren Hypothekenposten zu verteidigen, sei es, daß sie entweder selbst das Grundstück erworben und so die Möglichkeit erhalten hätte, ihren Verlust durch den höheren Wert des Grundstücks zu decken, sei es, daß sie durch ihr Gebot dritte Personen veranlaßt hätte, höher zu bieten, der Kausalzusammenhang zwischen dem schuldhaften Verhalten der Beklagten und dem der Klägerin entstandenen Schaden sei aber nicht bewiesen. Das könne nur dann der Fall sein, wenn anzunehmen wäre, daß die Klägerin im Falle rechtzeitiger Benachrichtigung ihren Posten auch wirklich hätte retten können. Das sei aber weder präzise behauptet noch unter Beweis gestellt. Im übrigen könne die Möglichkeit, den Posten zu retten, nicht ohne weiteres angenommen werden, weil die Belastung eines Grundstücks nicht selten dessen Wert übersteige.

Das Reichsgericht hat zurückverwiesen: Die Ausführungen des Oberlandesgerichts seien zwar grundsätzlich richtig, sie verletzten jedoch den § 260 CPO. Diese Vorschrift sei auch auf die Frage des Kausalzusammenhangs zwischen schuldhaftem Verhalten und eingetretenem Schaden anzuwenden. Im vorliegenden Falle fehle es keineswegs an Anhaltspunkten dafür, daß der Klägerin durch das Pflichtversäumnis der Beklagten auch wirklich ein Schaden entstanden sei. Der fragliche Posten habe sich gerade an der Grenze des Grundstückswertes befunden, so daß die Verteidigung des Postens als eine vernünftige Maßregel erachtet werden müsse. Bei der Beteiligung der Klägerin an der Verteidigung liege auch die Möglichkeit nahe, daß der Ersteher, der auch selbst um den Ausfall seiner nachrangigen Hypothek habe fürchten müssen, höher geboten hätte.

Leitsatz III führt zur Verurteilung der Beklagten. Die Klägerin dürfte beweisen können, daß bei glücklichem Verhalten der Beteiligten eine Chance bestanden hätte, den Posten zu verteidigen. Der Schaden ist gemäß Leitsatz III Halbsatz 2 nach dem Umfang der vernichteten Chance zu teilen[44]).

---

[43]) Rep. I 468/82 RGZ 9, 416.

[44]) Vgl. den ähnlichen Fall der pflichtwidrig gelöschten Hypothek RGZ 144, 80 = JW 1934, 1564 m. Anm. Veith.

VIII.

Die strikte Anwendung der condicio-sine-qua-non-Formel auch im Rahmen des § 287 ZPO fordert der Bundesgerichtshof in seinem Urteil vom 11. Mai 1951, das den Fall einer Schiffskollision auf einem Fluß betraf[45]).

Die Klägerin war Eignerin des Motorschiffs „R. M. 5", die Beklagte Eignerin des Motorschiffs „Drossel". Beide Schiffe begegneten sich auf einem Fluß. Die „Drossel" fuhr mit ablaufendem Wasser und hatte deshalb Wegerecht. Sie gab Backbordsignal. Da „R. M. 5" jedoch erst auch seinerseits nach Backbord hinüberdrehte, als sich die Schiffe schon bis auf 50—100 m genähert hatten, wurde auf der „Drossel" das Manöver „voll rückwärts" gegeben. Dabei scherte die „Drossel" infolge ihrer linksdrehenden Schraube nach Steuerbord aus. Beide Schiffe kollidierten. Die Parteien machten mit Klage und Widerklage den Ersatz des ihnen entstandenen Schadens geltend.

Das Oberlandesgericht hat Klage und Widerklage dem Grunde nach je zur Hälfte für berechtigt erklärt und dazu ausgeführt: Der Beklagte habe „voll rückwärts" befohlen, als die Schiffe nur noch etwa 50—100 m voneinander entfernt gewesen seien; hätte er diesen Befehl unterlassen, so wäre der Zusammenstoß möglicherweise[46]) trotz des späten Hinüberdrehens der Klägerin nach Backbord vermieden worden. Hätte er das Backbordmanöver der Klägerin auch seinerseits durch Backbordruder unterstützt, so wären die Schiffe vielleicht[46]) auch ohne wesentliche Beschädigung aneinander entlanggeglitten.

Der Bundesgerichtshof hat zurückverwiesen: Die Worte „möglicherweise" und „vielleicht" in den Urteilsgründen des Oberlandesgerichts deuteten darauf hin, daß der Rechtsbegriff der Kausalität verkannt worden sei. Das Oberlandesgericht habe gemäß § 287 ZPO unter Würdigung aller Umstände nach freier Überzeugung zu entscheiden gehabt, ob zwischen dem von ihm angenommenen Verschulden des Beklagten und dem entstandenen Schaden ein ursächlicher Zusammenhang im Rechtssinne bestanden habe. Nur wenn es einen solchen Zusammenhang hätte feststellen können, hätte es auch zu einer Verurteilung auf die Klage hin gelangen können. Als Ursachen seien im bürgerlichen Recht nur diejenigen Bedingungen anzusehen, die mit einem Erfolge, wie er tatsächlich eingetreten sei, im adäquaten Zusammenhang stünden. Für die Frage, ob ein adäquater Zusammenhang bestehe, sei zunächst zu untersuchen, ob das in Rede stehende Ereignis in der Reihe der unzähligen Bedingungen im naturwissenschaftlich-philosophischen Sinne zu den condiciones sine quibus non gehöre. Als condiciones sine quibus non seien nur diejenigen Ereignisse anzusprechen, die nicht hinweggedacht werden könnten, ohne daß der sich dann ergebende Zustand überhaupt nicht mehr in die für die rechtliche Wertung in Betracht kommende Erfolgskategorie falle oder ohne daß zum mindesten der konkrete Erfolg innerhalb dieser Kategorie in einer Weise verändert werde, die für die rechtliche Würdigung erheblich sei. Erst wenn feststehe, daß es sich um eine condicio sine qua non handle, sei der Frage nachzugehen, ob die Bedingung adäquat und damit haftungsauslösend sei. Das Oberlandesgericht habe daher zu einer klaren Feststellung darüber gelangen müssen, ob ohne das von ihm angenommene Verschulden des Beklagten der Eintritt des Schadens unterblieben oder ob der Schaden zumindest geringer gewesen wäre.

---

[45]) I ZR 106/50 BGHZ 2, 138 = LM § 249 (Ba) Nr. 1 m. Anm. Lindenmaier = NJW 1951, 711 = MDR 1951, 476 = JZ 1951, 592.

[46]) Sperrung im Urteil.

Das Urteil des Bundesgerichtshofs läßt keinen Zweifel daran, daß die condicio-sine-qua-non-Beziehung voll nachgewiesen sein muß, selbst wenn der erneut angewendete § 287 ZPO Erleichterungen bietet. Nach dem Vermeidbarkeitsprinzip ist in gleicher Weise zu verfahren. Feststellungen derart, es hätte „möglicherweise" oder „vielleicht" dieses oder jenes Geschehen eintreten können, decken die Zurechnung nicht. Nach Leitsatz III ist die Feststellung nötig, daß der Beklagte „in glücklichem menschlichen Verhalten" liegende Chancen vernichtet hat. Bei kausal determinierten Geschehensabläufen, wie sie im vorliegenden Fall vorherrschen, läßt sich ein solcher Nachweis nicht führen. Dies fällt dem beweispflichtigen Kläger zur Last.

IX.

Anhand einiger der zuletzt erörterten Gerichtsentscheidungen wurde dargelegt, daß die Rechtsprechung § 287 ZPO auch auf den Zusammenhang zwischen Verhalten und Schaden anwendet. Es wurde ferner dargelegt, daß in manchen Fällen die hierin liegende Problematik sich dadurch erledigt, daß der oft unmögliche Nachweis, wie sich ein Mensch verhalten hätte, nach der materiellrechtlichen Lockerung gemäß dem vorgeschlagenen Leitsatz III nicht mehr gefordert wird. Es erscheint in diesen Fällen bei Anwendung der vorgeschlagenen materiellrechtlichen Lockerung sogar richtig, die gelockerten Anforderungen dem vollen Beweis gemäß § 286 ZPO zu unterwerfen. Hieraus läßt sich jedoch nicht folgern, daß sich die Problematik der Anwendung des § 287 ZPO auf andere als nur quantitative Fragen mit der hier vorgeschlagenen Lösung erledigt. Die Anwendung des § 287 ZPO auf die Feststellung des Zusammenhangs zwischen Verhalten und Schaden geht wesentlich weiter.

Dies zeigt sich etwa im Urteil des Bundesgerichtshofs vom 13. November 1962, das den Zusammenhang zwischen einem Allergieanfall und späterem Tod durch Blut- und Knochenmarkerkrankungen betrifft[47]).

Der beklagte Arzt verursachte einen schweren Allergieanfall. Es war streitig, ob auch die späteren zum Tode führenden Bluterkrankungen auf den Allergieanfall zurückzuführen waren.

Der Bundesgerichtshof führt dazu aus: Der Beklagte habe sich mit der schuldhaften Verursachung des Allergieanfalls wegen fahrlässiger Körperverletzung schadensersatzpflichtig gemacht. Nun entspreche es feststehender Rechtsprechung, daß über den Ursachenzusammenhang zwischen dem konkreten Haftungsgrund und dessen weiterer schädigender Auswirkung nicht nach § 286 ZPO, sondern nach § 287 ZPO zu entscheiden sei. Demgemäß sei eine Betrachtung, die es nur darauf abstelle, ob die Klägerin den von ihr zu erbringenden Beweis so vollstän-

---

[47]) VI ZR 214/61 LM § 823 BGB (Aa) Nr. 21 = MDR 1963, 122 = VersR 1963, 67, 69.

dig geführt habe, daß mit der Behebung letzter Zweifel die Beweiskette geschlossen sei, von vornherein fehl am Platze. Im Rahmen des § 287 ZPO sei der Tatrichter nicht nur in der Auswahl der Beweise, sondern auch in der Würdigung des Verhandlungsergebnisses erheblich freier gestellt als im Rahmen des § 286 ZPO. Insbesondere könne er schon auf Grund einer von ihm bejahten erheblichen Wahrscheinlichkeit einen ursächlichen Zusammenhang feststellen, wenn sie ihm zur freien Überzeugungsbildung ausreiche. Für diese Schätzung sei gerade dann Raum, wenn über den Ablauf und den Zusammenhang komplizierter physiologischer Vorgänge im menschlichen Organismus zu befinden sei, da hier trotz aller Fortschritte der medizinischen Wissenschaft eine nachträgliche Aufhellung mit naturwissenschaftlicher Sicherheit meist nicht gelinge. Das Oberlandesgericht werde daher in tatrichterlicher Verantwortung zu entscheiden haben, ob ihm unter Berücksichtigung der ihm durch § 287 ZPO eingeräumten Freiheit das Ergebnis des Gutachterbeweises und die übrigen Umstände eine ausreichende Grundlage seien, um die Feststellung zu treffen, daß die Bluterkrankungen eine Folge der Allergie gewesen seien.

Nach dem vorgeschlagenen Leitsatz I ist festzustellen, ob die Herbeiführung der Allergie nicht hinweggedacht werden kann, ohne daß die Bluterkrankungen entfielen. Diesen Beweis hat das Oberlandesgericht nicht als geführt angesehen. Der vorgeschlagene Leitsatz III hilft nicht weiter, weil das Geschehen zwischen Allergie und Bluterkrankungen determiniert verlief und deshalb kein Nachweis geführt werden könnte, daß der Beklagte in glücklichem menschlichen Verhalten bestehende Rettungschancen vergeben hat. Zu dieser Problematik kann das Vermeidbarkeitsprinzip daher keine Erleichterung bringen. Vielmehr handelt es sich um eine weit darüber hinausgehende Frage. Wenn der Bundesgerichtshof auch auf die nach durch den Anscheinsbeweis gelockerte Feststellung zwischen Allergieanfall und Schaden verzichtet und eine erhebliche „frei zu schätzende Wahrscheinlichkeit" genügen läßt, so ist hiergegen nicht mehr Kritik zu üben, als es vom Kausalprinzip her geboten sein könnte.

X.

Der nach § 287 ZPO zu schätzende Zusammenhang zwischen Verhalten und Schaden wird in einigen Fällen jedoch nicht nur durch Leitsatz III, sondern auch durch Leitsatz II Satz 1 Halbsatz 1 berührt. Ein Beispiel dafür ist der vom Bundesgerichtshof durch Urteil vom 6. Oktober 1952 entschiedene Fall der Amtspflichtverletzung eines Vollstreckungsrichters und eines Gerichtsvollziehers[48]).

Der Kläger betrieb gegen seinen Schuldner die Zwangsvollstreckung. Im Offenbarungseidstermin erschien der Schuldner nicht. Es erging Haftbefehl. Der Anwalt des Klägers beauftragte einen Gerichtsvollzieher mit der Vollstreckung des Haftbefehls und bat um Mitteilung, zu welchem Termin mit der Vorführung des

[48]) III ZR 115/51 BGHZ 7, 287 = LM § 807 ZPO Nr. 1 = NJW 1953, 261 mit Anm. Cebulka NJW 1953, 624.

Schuldners zu rechnen sei. Ohne den Anwalt des Klägers zu benachrichtigen, bestellte der Gerichtsvollzieher den Schuldner in das Gerichtsgebäude, verhaftete ihn dort und führte ihn dem Vollstreckungsrichter vor. Zu diesem Termin brachte der Schuldner ein vorbereitetes Vermögensverzeichnis mit, in dem ein auch noch nicht teilweise bezahlter Kraftwagen und ein Barbetrag von 465,— DM aufgeführt worden waren. Auf Befragen erklärte der Schuldner, er habe das Geld zu Hause versteckt, weil ihm schon früher einmal Geld aus der Wohnung abhanden gekommen sei. Der Richter nahm ihm darauf den Offenbarungseid ab und entließ ihn aus der Haft. Der Gerichtsvollzieher versuchte noch im Gerichtsgebäude eine Taschenpfändung. Danach fuhr der Schuldner mit einem Kraftwagen, den er bereits auf der Hinfahrt benutzt und vor dem Gerichtsgebäude abgestellt hatte, zu seiner Wohnung, nahm den Geldbetrag an sich und schaffte ihn beiseite. Der Kläger klagte gegen das Land auf Schadensersatz. Er stützte seinen Anspruch auf Amtspflichtverletzungen des Vollstreckungsrichters und des Gerichtsvollziehers.

Das Landgericht hat die Klage abgewiesen. Das Oberlandesgericht hat nach Klagantrag verurteilt. Es hat ausgeführt, der Vollstreckungsrichter und der Gerichtsvollzieher hätten insoweit eine Amtspflichtverletzung begangen, als sie es unterlassen hätten, den Anwalt des Klägers von der bevorstehenden Eidesabnahme zu benachrichtigen. Eine weitere Amtspflichtverletzung des Vollstreckungsrichters liege auch darin, daß er den Schuldner nicht nach dem Ort befragt habe, wo dieser sein Geld versteckt hatte. Die Amtspflichtverletzungen seien auch ursächlich für den Schaden. Bei der unterlassenen Befragung nach dem Geldversteck seien zwei Möglichkeiten zu unterscheiden: Hätte der Schuldner die Angabe des Verstecks verweigert, so wäre er weiter in Haft genommen worden. Dann hätte reichlich Zeit zur Verfügung gestanden, den in der Wohnung versteckten Geldbetrag zu finden. Im anderen Falle könne davon ausgegangen werden, daß der Schuldner das Versteck richtig bezeichnet hätte. Weiter sei anzunehmen, daß der Anwalt, sobald er von dem Vorhandensein eines Kraftwagens erfahren hätte, auch erkannt haben würde, daß es nun darauf angekommen sei, dem Gerichtsvollzieher einen Vorsprung vor dem in kurzem zu entlassenden Schuldner zu verschaffen. Dann würde der Anwalt den Gerichtsvollzieher unverzüglich beauftragt haben, schnellstens zur Wohnung des Schuldners zu fahren und dort in dem angegebenen Versteck nach dem Geld zu suchen, während der Anwalt selbst durch weitere Fragen an den Schuldner die Eidesleistung hinausgezögert haben würde und dabei von dem den Sinn dieses Verhaltens erkennenden Richter in seinem Bemühen, dem Gerichtsvollzieher einen Vorsprung zu verschaffen, unterstützt worden wäre. Damit würden zwar nicht ganz geringe Anforderungen an die Tüchtigkeit des Anwalts und des Vollstreckungsrichters gestellt, die besondere Lage des Falles habe ein solches Verhalten aber erfordert, wenn der Sinn des Vollstreckungsverfahrens habe erfüllt werden sollen. Daß der Anwalt seine Aufgabe in der geschilderten Weise erfüllt haben würde, müsse angenommen werden.

Die Revision hat insbesondere die Verletzung des § 286 ZPO gerügt. Der Kausalzusammenhang zwischen den Amtspflichtverletzungen und dem Schaden sei nicht bewiesen. Das Oberlandesgericht ersetze die Feststellung eines solchen Zusammenhangs durch eine Kette von Vermutungen und die Erörterung von bloßen Möglichkeiten. Eine generelle Wahrscheinlichkeit des Schadens als Folge der unterlassenen Benachrichtigung bestehe nicht. Nur ein außergewöhnliches Zusammentreffen ungewöhnlicher Umstände hätte einen Erfolg der Zwangsvollstreckung ermöglicht.

Der Bundesgerichtshof hat die Revision zurückgewiesen: Die Frage des ursächlichen Zusammenhangs zwischen dem konkreten Haftungsgrund und dem Schaden unterliege der richterlichen Würdigung nach § 287 ZPO. Danach habe das Oberlandesgericht jedenfalls in einer vom Revisionsgericht nicht nachprüfbaren Weise die Ursächlichkeit der Amtspflichtverletzung für den eingetretenen Schaden festgestellt.

Mit der Anwendung des § 287 ZPO deckt der Bundesgerichtshof ein Ergebnis, das ohne weitere materiellrechtliche Durchdringung nach allgemeinen Beweisregeln nicht zu erreichen war. Wenn nämlich der Anwalt des Klägers benachrichtigt worden wäre, so hätte noch keine auf einen Erfahrungssatz gegründete hohe Wahrscheinlichkeit dafür bestanden, daß er sich in der vom Oberlandesgericht beschriebenen Weise geschickt verhalten hätte; nicht zu Unrecht geht das Oberlandesgericht davon aus, daß die Situation nicht ganz geringe Anforderungen an die Tüchtigkeit des Anwalts stellte. Geht man jedoch von einem so tüchtigen Verhalten des Anwalts aus, so wird man nicht mit der genügenden Sicherheit annehmen können, daß der Vollstreckungsrichter und der Gerichtsvollzieher, die in dieser Situation beide schon Amtspflichtverletzungen begangen haben, geschickt mitgearbeitet hätten; nicht zu Unrecht betont das Oberlandesgericht, daß die Situation auch an die Tüchtigkeit des Vollstreckungsrichters nicht geringe Anforderungen gestellt hätte.

Nach Leitsatz II Satz 1 Halbsatz 1 ist zu unterstellen, daß alle Beteiligten sich fehlerfrei verhalten hätten. War das vom Oberlandesgericht angenommene Verhalten „erforderlich, damit der Sinn des Vollstreckungsverfahrens erfüllt werden konnte", so ist jedes davon abweichende Verhalten des Anwalts, des Vollstreckungsrichters und des Gerichtsvollziehers fehlerhaft. Der Beklagte kann nicht rügen, „die Ausführungen des Gerichts enthielten eine Kette von Vermutungen", weil das „vermutete" Verhalten materiellrechtlich gefordert und kraft materiellen Rechts zugrunde gelegt wird. Danach dürfte auch nach den Maßstäben des § 286 ZPO kein Beweisproblem bestehen.

XI.

Mit der Erörterung der folgenden Gerichtsentscheidungen wendet sich die Untersuchung den Fällen zu, die herkömmlich dem Problem der überholenden Kausalität zugeordnet werden. Dabei werden die Anwendungsmöglichkeiten auch des Leitsatzes III weiter geprüft.

Mit dem Urteil vom 8. März 1935 lehnte es das Reichsgericht im Fall eines verletzten Stillhalteabkommens ab, hypothetisches Geschehen zu berücksichtigen[49]):

Die Kläger waren Gesellschafter einer in Konkurs geratenen offenen Handelsgesellschaft. Diese Firma war seit langem Bezirksvertreterin der Beklagten. Die Kläger erhoben Ansprüche aus Vertragsverletzung und unerlaubter Handlung, weil die Beklagte ein im Jahre 1928 zwischen der offenen Handelsgesellschaft und ihr geschlossenes Sanierungsabkommen vorsätzlich und auch in sittenwidriger Weise gebrochen habe; dadurch, daß sie der offenen Handelsgesellschaft vertrags- und sittenwidrig die Vertretung entzogen und einen anderen Vertreter bestellt habe, sei diese zusammengebrochen.

---

[49]) VII 347/34 HRR 1935 Nr. 1008; vgl. dazu auch Bötticher AcP 115 (1959/60) 385, 392.

Das Landgericht hat der Klage stattgegeben. Das Oberlandesgericht hat sie abgewiesen: Die Beklagte habe ein bis zum 30. September 1928 befristetes Stillhalteabkommen verletzt. Daraus sei den Klägern aber kein Schaden entstanden. Die Beklagte sei nur bis zum 1. Oktober 1928 gebunden gewesen; nach diesem Zeitpunkt habe sie ihre Maßnahmen frei treffen können. Sie wäre aber für die Zeit nach dem ersten Oktober weitere Verpflichtungen nicht eingegangen. Dann wären die gleichen Folgen eingetreten, wie sie tatsächlich eingetreten seien.

Das Reichsgericht hat das Urteil aufgehoben: Der ursächliche Zusammenhang werde nicht dadurch ausgeschlossen, daß der Erfolg, der durch die schädigende Handlung eingetreten sei, auch durch ein anderes Ereignis eingetreten wäre, selbst wenn dieses mit Bestimmtheit stattgefunden hätte. Der Gedankengang des Oberlandesgerichts sei aber auch um deswillen rechtsirrig, weil zwar feststehe, daß der Zusammenbruch durch die Handlungsweise der Beklagten früher eingetreten sei, es könne aber nicht ohne weiteres davon ausgegangen werden, daß es völlig gleichgültig für die OHG und für die Kläger gewesen sei, ob der Zusammenbruch früher oder später eingetreten sei.

Das Reichsgericht macht die Beklagte für den Zusammenbruch der OHG mit allen Folgen verantwortlich. Deshalb sollte gefragt werden, inwieweit die Beklagte noch in der Lage war, hieran etwas zu ändern, ob sie also diesen Schaden vermeiden konnte. Hierüber herrscht Unklarheit, wie sich aus dem Hinweis des Reichsgerichts ergibt, es sei nicht ohne weiteres davon auszugehen, daß das Verhalten der Beklagten, das den Zusammenbruch jedenfalls beschleunigt habe, für die OHG und die Kläger gleichgültig gewesen sei. Vielleicht hätten die OHG und die Kläger in der Zwischenzeit noch die eine oder andere Chance gehabt, die durch die Verletzung des Stillhalteabkommens vernichtet worden ist. Die vorgeschlagene Lösung erfaßt diesen Bereich mit Leitsatz III.

Für das Oberlandesgericht wie für das Reichsgericht gibt es dagegen nur die Möglichkeit, diesen unsicheren Bereich ganz zu Lasten der Kläger oder der Beklagten gehen zu lassen mit der Folge, daß im einen Fall die Klage abzuweisen wäre und damit die Kläger so stünden, als hätten sie keine Chance mehr gehabt, oder im anderen Fall, daß der Klage stattgegeben und die drohende Gefahr des Zusammenbruchs unbeachtet bleiben würde. Nur kurz ist auch in diesem Fall darauf hinzuweisen, daß das Reichsgericht, das die zweite Möglichkeit wählt, einerseits die Berücksichtigung des hypothetischen Geschehens ganz ablehnt, auch wenn es mit Sicherheit eingetreten wäre, andererseits aber auch erwägt, es wäre nicht mit Sicherheit eingetreten und die Verletzung des Stillhalteabkommens deshalb im Ergebnis auch nicht gleichgültig.

XII.

Eine hypothetische Gerichtsentscheidung steht im Mittelpunkt des durch Urteil des Bundesgerichtshofs vom 23. Februar 1959 entschiedenen Falles[50]).

---

[50]) III ZR 77/58 LM § 839 BGB (D) Nr. 8 = NJW 1959, 1125 = MDR 1959, 467 (L) = BB 1959, 463 = VersR 1959, 453.

Der Kläger beantragte durch den beklagten Notar die Genehmigung für einen Kaufvertrag über ein landwirtschaftlich genutztes Grundstück. Die Verwaltungsbehörde lehnte den Antrag ab. Der Beklagte riet darauf dem Kläger, sich an einen Bekannten beim Kreis in H. zu wenden, versäumte es dabei aber, den Kläger auf die Möglichkeit einer gerichtlichen Entscheidung aufmerksam zu machen und ihn über die kurze Rechtsmittelfrist zu belehren. Die Versagung der Genehmigung wurde rechtskräftig und der bis dahin schwebend unwirksame Kaufvertrag endgültig unwirksam. Der Kläger machte gegen den Beklagten Ansprüche auf Schadensersatz geltend mit der Behauptung, die Genehmigung wäre erteilt worden. Das Oberlandesgericht hat der Klage stattgegeben. Der Bundesgerichtshof hat die Revision des Beklagten zurückgewiesen und dazu ausgeführt: Zu Recht stelle das Oberlandesgericht nicht darauf ab, wie das Landwirtschaftsgericht, dessen Entscheidung der Notar herbeizuführen gehabt habe, über den Antrag auf Erteilung der Genehmigung entschieden hätte, sondern wie es nach Auffassung des jetzt erkennenden Gerichts richtig hätte entscheiden müssen. Dieser Grundsatz gelte für alle derartigen Fälle im Regelfall, weil sich bei dem möglichen Wechsel der mitwirkenden Richter oder der zur Entscheidung berufenen Beamten und bei dem unberechenbaren Einfluß der verschiedensten Erwägungsgründe nie mit Sicherheit in dem späteren Schadensersatzprozeß feststellen lasse, wie ein Gericht in einem früheren Verfahren wirklich entschieden hätte. Dasselbe gelte für Entscheidungen der Verwaltungsbehörden, bei denen die Behörde an zwingende Vorschriften gebunden sei oder etwa als Aufsichtsbehörde reine Rechtsfragen zu entscheiden habe. Anders sei es jedoch bei Ermessensentscheidungen: Habe die Verwaltungsbehörde, deren Entscheidung versäumt worden sei, nach ihrem Ermessen entscheiden dürfen, dann komme es bei der Frage, was die Behörde veranlaßt hätte, darauf an, wie die Verwaltungsbehörde nach ihrer allgemeinen oder besonderen Übung den Rahmen ihres Ermessens in gleichen oder ähnlichen Fällen auszuüben pflege; in solchen Fällen müsse also das über den Schadensersatzanspruch erkennende Gericht nach § 287 ZPO feststellen, wie jene Behörde entschieden hätte. Das Oberlandesgericht habe diese in fester Rechtsprechung entwickelten Grundsätze[51]) richtig angewandt. Zwar sei hier das Landwirtschaftsgericht nach Versagung der Genehmigung an die Stelle der Verwaltungsbehörde getreten und hätte bei Einlegung des versäumten Rechtsbehelfs über die Genehmigung nach denselben Grundsätzen zu entscheiden gehabt wie die Landwirtschaftsbehörde, nach dem KRG 45 habe die beantragte Genehmigung aber erteilt werden müssen, weil kein Versagungsgrund nach Art. IV des Gesetzes vorgelegen habe. Das Landwirtschaftsgericht habe also keine Ermessensentscheidung zu treffen gehabt. Hinsichtlich des vom Landwirtschaftsgericht zu würdigenden Sachverhalts habe das Oberlandesgericht ebenfalls richtig geprüft, was die Beteiligten vorgetragen hätten und nicht etwa, was sie hätten vortragen müssen oder sollen.

Leitsatz II Satz 1 Halbsatz 1 bestätigt, daß alle Möglichkeiten hypothetischer fehlerhafter Gerichts- und Verwaltungsentscheidungen unberücksichtigt bleiben. Dies beruht auf materiellem Recht und nicht auf dem beweisrechtlichen Gesichtspunkt, „daß sich bei dem möglichen Wechsel der Richter oder der zur Entscheidung berufenen Beamten und bei dem unberechenbaren Einfluß der verschiedensten Erwägungsgründe nie mit Sicherheit feststellen lasse, wie ein Gericht in einem früheren Verfahren wirklich entschieden hätte". Der beweisrechtliche Gesichtspunkt führt so-

[51]) RG JW 1912, 51; RG JW 1936, 813; RGZ 91, 164; RGZ 117, 287, 293; RGZ 142, 321, 333; RGZ 169, 353, 358; BGH LM § 21 RNotO Nr. 5; BGHZ 22, 258 = LM § 839 BGB (C) Nr. 27.

fort in Schwierigkeiten, wenn das erkennende Gericht einer festen, von ihm aber für unrichtig gehaltenen Praxis gegenübersteht. Auch in diesem Falle sollte nicht die sicher zu erwartende vom Gericht abgelehnte, sondern die nach Auffassung des Gerichts richtige Praxis zugrunde gelegt werden. Leitsatz II Satz 1 Halbsatz 1 bestätigt weiter auch, daß es innerhalb zulässigen Ermessens der Verwaltungsbehörde auf die wirkliche Praxis der Behörde ankommt; denn eine danach ergangene Entscheidung hätte der Kläger zu dulden. Ferner ist nach Leitsatz II Satz 1 Halbsatz 1 zu bestätigen, daß es darauf angekommen wäre, wie der Kläger tatsächlich vor dem Landwirtschaftsgericht vorgetragen hätte; Fehler hierbei wären von ihm selbst zu dulden gewesen.

XIII.

Bereits im zuletzt erörterten Urteil hat der Bundesgerichtshof die Frage angesprochen, wie die hypothetische Ermessensentscheidung einer Behörde in die condicio-sine-qua-non-Prüfung einzufügen sei. Umfassender wird diese Frage in dem Urteil des Bundesgerichtshofs vom 30. April 1959 geprüft[52]).

Im September 1953 spielte der damals zehn Jahre alte Kläger mit anderen Kindern in einem felsigen, von Büschen bewachsenen Gelände „Jagen". Durch das Gelände führte ein etwa 2 m breiter Weg. Beim Spiel rutschte der Kläger von einem Felsen, prallte gegen das Trittbrett eines Personenkraftwagens, der diesen Weg befuhr, und erlitt Verletzungen. Bis zum Herbst 1952 war der Weg durch ein Sperrschild und drei Granitpfähle für Fahrzeuge aller Art gesperrt gewesen. Als dann aber in der Nähe Neubauten errichtet wurden, hatte ein beim Tiefbauamt der beklagten Stadt beschäftigter Beamter den Weg „entsperren" lassen, ohne dem zuständigen Ordnungsamt der Beklagten davon Kenntnis zu geben. Der Kläger verlangte Ersatz des ihm durch die Verletzungen entstandenen Schadens.

Das Oberlandesgericht hat dem Klaganspruch zu drei Vierteln stattgegeben: Der für die Entsperrung unzuständige Beamte habe eine Amtspflichtverletzung begangen. Die Amtspflichtverletzung sei für den Unfall des Klägers auch kausal geworden. Allerdings sei zu erwägen, daß es an dem ursächlichen Zusammenhang zwischen der Entfernung des Sperrschildes und dem Unfall des Klägers fehlen würde, wenn das Ordnungsamt als die allein zuständige Behörde den Weg ebenfalls, und zwar genau so, wie der unzuständige Beamte es getan habe, also in seiner ganzen Länge und auf genau so lange Zeit entsperrt hätte. Da es sich insoweit um einen Fall der hypothetischen Kausalität handle, müsse die Beklagte diesen Beweis führen. Das Ordnungsamt hätte, darum angegangen, zwar im Herbst 1952 den Weg in dem Umfang und in der Weise für den Kraftwagenverkehr freigegeben, eine solche Maßnahme sei — auch vom Standpunkt der zuständigen Straßenverkehrsbehörde aus gesehen — nicht pflichtwidrig, sondern vernünftig und zweckmäßig gewesen. Jedoch habe die Beklagte nicht beweisen können, daß das Ordnungsamt den Weg auch so lange Zeit, nämlich bis zum Unfallzeitpunkt, entsperrt gelassen hätte. Denn die Bauarbeiten, deretwegen der Weg

---

[52]) III ZR 4/58 LM § 839 BGB (C) Nr. 47 = NJW 1959, 1316 = MDR 1959, 642 = VersR 1959, 618.

für den Kraftfahrzeugverkehr im Herbst 1952 freigegeben worden sei, hätten eine Entsperrung des Weges bis zum 1. September 1953 nicht erforderlich gemacht, vielmehr hätte der Weg im Hinblick auf diese offensichtlich vorher beendeten Bauarbeiten schon vor dem 1. September 1953 wieder gesperrt werden können. Infolgedessen bleibe die Amtspflichtverletzung des unzuständigen Beamten für den dem Kläger entstandenen Schaden kausal.

Der Bundesgerichtshof hat die Revision zurückgewiesen: Das Ergebnis des Oberlandesgerichts sei hinsichtlich der Kausalität schon aus den folgenden Gründen aufrechtzuerhalten: Die Frage, ob, in welchem Umfang, für welche Zeit und unter welchen Vorsichtsmaßregeln der Unfallweg etwa zu entsperren gewesen sei; stelle, wenn die Entsperrung dabei so vor sich gegangen sei, daß eine Gefährdung von in der Nähe des Weges spielenden Kindern in dem Ausmaß vermieden wurde, eine Ermessensentscheidung des zuständigen Ordnungsamts der Beklagten dar. Wie eine solche Ermessensentscheidung von der zuständigen Behörde getroffen worden wäre, sei im Schadensersatzprozeß vom Richter danach zu entscheiden, wie jene Behörde nach ihrer sonstigen Übung entschieden hätte. Häufig könne eine solche Übung nicht festgestellt werden. Dann werde sich in vielen Fällen nicht feststellen lassen, wie die zuständige Behörde sich verhalten hätte, weil deren Verhalten von Erwägungen und Abwägungen abhänge, die vorzunehmen ein Außenstehender im allgemeinen nicht in der Lage sei, weil er sie nicht kenne. Daraus folge für solche Fälle, daß nur dann, wenn die zuständige Stelle ebenso wie der unzuständige Beamte hätte handeln müssen, die Kausalität entfalle, weil insoweit eine Entscheidung mit einem anderen Inhalt gar nicht in Frage kommen könne und deshalb eine Ermessensentscheidung nicht vorliege, nicht aber schon dann, wenn die zuständige Behörde ebenso hätte handeln dürfen oder können, wovon das Oberlandesgericht hier ausgehe. Denn in dem letzteren Falle bleibe immer, daß die Entscheidung des zuständigen Beamten auch in anderer Richtung möglich gewesen sei. Da hier jedenfalls nicht festgestellt worden sei, auch kein Anhaltspunkt dafür bestehe, daß das Ordnungsamt ebenso wie der unzuständige Beamte handeln mußte, könne also der Ursachenzusammenhang zwischen dem Verhalten dieses Beamten und dem Schaden des Klägers nicht verneint werden.

Die Ausführungen beider Gerichte lassen eine condicio-sine-qua-non-Prüfung vermissen. Hätte der unzuständige Beamte die Entsperrung unterlassen, so wäre sie doch für einen Zeitraum nötig gewesen und würde möglicherweise noch im Unfallzeitpunkt bestehen. Beide Gerichte halten dies jedoch für ein Problem der „hypothetischen Kausalität" und legen dem Beklagten die Beweislast auf. Der Bundesgerichtshof betont überdies, daß ein solcher Gegenbeweis aus der Natur der Sache heraus kaum zu führen sei und die Kausalität zwischen dem Verhalten des Beamten nicht verneint werden könne.

Nach Leitsatz II Satz 1 Halbsatz 1 ist zunächst zu prüfen, ob das Fortbestehen der Entsperrung, nachdem der Anlaß dafür weggefallen war, als pflichtwidrig anzusehen wäre. Wäre dies so, so ist die pflichtgemäße hypothetische erneute Sperrung zugrunde zu legen und die Beklagte ist zu verurteilen. Besteht aber wirklich ein Ermessensspielraum, so wird regelmäßig der als Zeuge vernommene zuständige Beamte, der sein Dezernat und die Handhabung der Verkehrssicherungspflicht in der ganzen Stadt kennt, zu genügender Überzeugung des Gerichts ausführen, welche Entscheidung gefällt worden wäre. Ist die Entscheidung jedoch ausnahmsweise nur fast zufällig denkbar, so ist der Schaden gemäß Leitsatz III nach dem Umfang der vernichteten Chancen zu teilen. Ist dabei die Entscheidung ganz offen, so wird im Verhältnis 1:1 geteilt. Ein solcher Fall wäre vorstellbar, wenn eine Baubehörde, die eine Straßentrasse ziehen will, sich nicht darüber schlüssig werden kann, welches von zwei gleichwertigen Grundstücken hierfür enteignet werden soll, der Anwalt des Eigentümers bei einem entscheidenden Termin hierüber schlecht vorbereitet ist, zum Nachteil seines Mandanten fehlerhafte Angaben macht und die Behörde sich auf Grund dessen entschließt, das Enteignungsverfahren gegen diesen Eigentümer durchzuführen; bei der Klage gegen den Anwalt erscheint hier die Schadensteilung gerecht, weil er eine fünfzigprozentige im Ermessen der Verwaltung liegende Chance vernichtet hat, eine Klagabweisung dies übersehen würde, die volle Verurteilung den Kläger aber so stellen müßte, als wäre sein Grundstück nie bedroht gewesen. Dann ist die vom Oberlandesgericht und vom Bundesgerichtshof vorgenommene Umkehr der Beweislast, die ohnehin nicht zu gerechten Ergebnissen führt, unnötig. Sie wird jedoch Verständnis finden, solange die condicio-sine-qua-non-Formel allein gilt und die Vernichtung von Rettungschancen materiellrechtlich nicht gedeckt ist.

XIV.

Keine Chance für eine günstigere Ermessensentscheidung einer Behörde hatte der Kläger dagegen in dem folgenden durch Urteil des Bundesgerichtshofs vom 15. November 1951 entschiedenen Fall[53]).

Der Kläger war Beamter. Er stellte am 25. Juni 1945 bei einer Behörde des beklagten Landes den Antrag auf Weiterverwendung. Diese erkannte schuldhaft nicht, daß der Antrag des Klägers als ein Antrag auf Weiterverwendung anzusehen war und verwies den Kläger an eine unzuständige Stelle. Hierdurch trat eine Verzögerung in der Bearbeitung des Antrags ein. Später wurde der Kläger als Beamter weiter verwendet. Er verlangte vom beklagten Land Schadensersatz in Höhe des Gehalts, das ihm für die Zwischenzeit zugestanden hätte.

Das Oberlandesgericht hat die Klage abgewiesen: Dem Kläger sei durch die Amtspflichtverletzung kein Schaden entstanden. Wäre der Antrag sofort bearbeitet worden, so wäre der Kläger nach der damaligen Praxis der Militärregierung mit Sicherheit aus dem Amte entlassen worden, erst im Mai 1946, also gerade von der Zeit an, zu der der Antrag des Klägers in Bearbeitung genommen worden sei, sei eine mildere Praxis eingetreten. Infolgedessen sei der Antrag in dem Zeitpunkt bearbeitet worden, in dem er erstmals Aussicht auf Erfolg geboten habe.

Die Revision hat die Verletzung des § 249 BGB gerügt. Sie meint, der Begriff des ursächlichen Zusammenhangs sei verkannt. Nach der zuständigen Rechtsprechung des Reichsgerichts sei die nur hypothetische Annahme, ohne das schädigende Ereignis würde ein anderes Ereignis den gleichen Schaden herbeigeführt haben, gegenüber dem nun einmal eingetretenen tatsächlichen Schadensverlauf unerheblich und rechtlich nicht geeignet, den an sich gegebenen ursächlichen Zusammenhang wieder zu beseitigen. Der Schaden sei im vorliegenden Falle durch die schuldhafte Verweisung des Klägers an die unzuständige Stelle herbeigeführt worden.

---

[53]) III ZR 164/50 LM § 839 BGB (D) Nr. 1.

Ob der Schaden ohne die Verweisung durch eine Maßnahme der Militärregierung ohnehin eingetreten wäre, sei unbeachtlich.

Der Bundesgerichtshof hat die Revision des Klägers zurückgewiesen. Er hat ausgeführt, die von der Revision aufgeworfene Frage habe im vorliegenden Fall keiner Beantwortung bedurft. Hier handle es sich nur darum, ob bei fehlerfreier Handhabung seitens der Behörde die jetzt als Schaden geltend gemachten Nachteile eingetreten wären oder nicht. Das Oberlandesgericht stelle aber gerade fest, das sofort als Wiedereinstellungsantrag aufgefaßte Gesuch des Klägers würde zum erwünschten Erfolg, nämlich zur Einstellung des Klägers, nicht geführt haben. An die tatsächlichen Feststellungen des Oberlandesgerichts über die Praxis der Militärregierung sei das Revisionsgericht gebunden. Das Oberlandesgericht folgere mit Recht daraus, es habe sich damals um ein aussichtsloses Gesuch gehandelt. Hier würde also bereits durch das schadenstiftende Ereignis kein günstigerer, sondern ein ungünstigerer Zustand für den Kläger eingetreten sein. Hätte aber bei richtiger Behandlung des Gesuchs der vom Kläger erstrebte Erfolg nicht erzielt werden können, so sei die unrichtige Behandlung dieses Gesuchs für das Ausbleiben des mit dem Gesuch erstrebten Erfolges nicht ursächlich.

Oberlandesgericht und Bundesgerichtshof gehen zutreffend davon aus, daß das erlaubte Verhalten des Schädigers berücksichtigt werden muß, wenn ihm die Folgen zugerechnet werden sollen. Insofern sind die Ausführungen der Revision unrichtig. Wohl aber wird man den Einwand der Revision nicht von vornherein abweisen, was denn die hypothetische schädigende Handlung eines Dritten mit der Verantwortlichkeit der Beklagten zu tun haben könne? Dieser Einwand hat auch dann seine Berechtigung, wenn die Militärregierung den Kläger nicht wieder entlassen hätte, sondern seiner Einstellung hätte zustimmen müssen. Er behält seine Berechtigung sogar dann, wenn die zuständige Behörde von Anfang an in den Besitz des Antrags gekommen wäre, ihn pflichtwidrig jedoch nicht bearbeitet hätte, so daß geprüft werden müßte, ob das pflichtmäßige Verhalten der Behörde hinzugedacht werden kann, ohne daß der Schaden entfällt.

Nach Leitsatz II Satz 1 Halbsatz 1 ist die hypothetische schädigende Handlung der Militärregierung jedoch zu berücksichtigen, weil der Kläger sie ohnedies zu dulden hatte. Er kann seinen Anspruch auch nicht auf Leitsatz III stützen, weil sein Gesuch aussichtslos war und ihm deshalb durch den Fehler der Behörde keine Chancen verlorengegangen sind[54]).

XV.

Im Dreschsatzfall billigt das Reichsgericht im Urteil vom 5. Februar 1935 einem beklagten Notar die Verteidigung zu, daß der Schaden auch eingetreten wäre, wenn er den Mandanten richtig beraten hätte[55]).

---

[54]) Vgl. auch den Dortmunder Postangestelltenfall LG Dortmund NJW 1950, 508 m. Anm. Rühl.

[55]) III 263/34 RGZ 147, 129.

Dem Landwirt S. war von seiner Mutter ein Bauernhof gegen Bestellung eines Altenteils überlassen worden. Dabei hatte er sich verpflichtet, die zu dem Hof gehörenden Maschinen nicht zu verkaufen. Entgegen dieser Vereinbarung verkaufte er dann dem Kläger einen kompletten Dreschsatz. In dem Vertrag wurde angegeben, die Übergabe habe am Tage des Vertragsschlusses stattgefunden, der Kläger habe dem Verkäufer aber gestattet, den Dreschsatz, solange er auf dem Hofe stehe, noch unentgeltlich zu benutzen. Der Beklagte beurkundete den Vertrag. Der Hof des S. ist später zur Zwangsversteigerung gelangt. Die Mutter des S. erhielt den Zuschlag. In diesem Verfahren widersprach der Kläger der Zwangsvollstreckung in den Dreschsatz, seine Widerspruchsklage wurde jedoch rechtskräftig abgewiesen, weil sich die Beschlagnahme des Hofes auf den Dreschsatz miterstreckt habe. Der Kläger verlangte vom Beklagten Schadensersatz, weil er es unterlassen habe, ihn darüber zu belehren, daß der Dreschsatz von der Haftung für die Hypothekenschulden nur dann frei werden könne, wenn er von dem Grundstück entfernt werde. Er behauptete, daß er im Falle einer ordnungsgemäßen Belehrung den Dreschsatz rechtzeitig in seinen Gewahrsam genommen hätte.

Das Landgericht hat der Klage stattgegeben. Das Oberlandesgericht hat sie abgewiesen: Die Unterlassung des Beklagten sei nicht ursächlich für den Schaden. Dieser wäre auch bei richtiger Belehrung eingetreten. Es stehe fest, daß der Kläger und S. den Kaufvertrag auch bei richtiger Belehrung abgeschlossen hätten. Dann aber habe der Kläger ebenfalls nicht haftungsfreies Eigentum erwerben können, weil die Entfernung des Dreschsatzes entweder von der Mutter des S. durch einstweilige Verfügung verhindert worden wäre oder doch ein ihr gegenüber wirksamer Erwerb des Eigentums wegen sittenwidriger Schädigung ihres Gläubigerrechts durch den Kläger nicht habe stattfinden können.

Die Revision hat geltend gemacht, der ursächliche Zusammenhang zwischen der Unterlassung des Beklagten und dem Schaden werde nicht dadurch ausgeschlossen, daß die Mutter des S. die Entfernung des Dreschsatzes vom Hofe habe hindern können.

Das Reichsgericht hat zurückverwiesen: Richtig sei zunächst die Auffassung des Oberlandesgerichts, daß das schuldhafte Verhalten des Beklagten in einer Unterlassung bestehe. Richtig sei auch die daraus vom Oberlandesgericht gezogene Folgerung, daß die Unterlassung nicht ursächlich sei, wenn der Erfolg auch im Falle der Vornahme des unterbliebenen Tuns eingetreten wäre. Denn dann könne die Unterlassung hinweggedacht werden, ohne daß der Erfolg entfalle. Gegenüber einem Unterlassen gebe es, anders als bei einem positiven Tun, denkgesetzlich nur eine andere Möglichkeit, das unterbliebene Tun. Wenn die Revision geltend mache, daß durch die Eingriffsmöglichkeit der Mutter des S. der ursächliche Zusammenhang zwischen der Unterlassung und dem Eintritt des Schadens nicht ausgeschlossen sei, so sei das jedoch irrig. Zwar habe das Reichsgericht in mehreren Entscheidungen den Grundsatz ausgesprochen, daß der ursächliche Zusammenhang zwischen der schädigenden Handlung und dem Eintritt des Schadens nicht dadurch ausgeschlossen werde, daß ohne die schädigende Handlung später durch ein anderes Ereignis derselbe Schaden verursacht worden wäre. Die Revision übersehe aber, daß der Fall hier besonders liege. Unterstelle man, daß es der Mutter des S. wirklich gelungen wäre, auf Grund des Vertrages mit ihrem Sohn so rechtzeitig eine einstweilige Verfügung zu erwirken, daß sie die beabsichtigte Entfernung des Dreschsatzes verhindert hätte, so wäre gerade durch den Abschluß des Vertrages die Grundlage für den Erlaß der einstweiligen Verfügung geschaffen worden, mit anderen Worten: wenn der Kläger und S. bei gehöriger Belehrung durch den Beklagten den Vertrag ordnungsgemäß geschlossen hätten, so wäre die Sachlage für den Kläger keine andere geworden als die, welche durch den infolge der mangelhaften Belehrung seitens des Beklagten fehlerhaften Vertragsschlusses entstanden sei. Denn in jedem Falle wäre die Entfernung des Dreschsatzes vom Hofe nicht erfolgt. Daraus ergebe sich aber, daß die Schadensursache nicht in dem Verhalten des Beklagten, sondern in der unabhängig von diesem Verhalten und bei ordnungsgemäßem Vertragsschluß bestehenden und gerade durch diesen eingetretenen Sachlage zu suchen wäre. Es handle sich also hier gar nicht darum, daß der

Schaden „durch ein später eingetretenes anderes Ereignis" verursacht worden wäre, sondern darum, daß die von vornherein auch ohne das schädigende Verhalten des Beklagten bestehende oder sich notwendig ergebende Unmöglichkeit der Verwirklichung des Vertragszwecks nachträglich sichtbar geworden sei. Zu dem gleichen Ergebnis führe übrigens auch § 249 BGB. Danach habe derjenige, der zum Schadensersatz verpflichtet sei, den Zustand herzustellen, der bestehen würde, wenn der zum Ersatz verpflichtende Umstand nicht eingetreten wäre. Dieser Zustand könne hier nur der sein, wie er im Fall eines ordnungsgemäßen Vertragsschlusses bestanden hätte. Da aber der Kläger auch in diesem Fall, wie unterstellt sei, an den gekauften Gegenständen kein haftungsfreies Eigentum erworben hätte, so würden seine wirtschaftliche Lage in Ansehung dieser Gegenstände und — wenigstens nach den bisherigen Feststellungen — seine Vermögenslage überhaupt bei pflichtmäßigem Verhalten des Beklagten nicht anders geworden sein als sie sich so gestaltet hätten. Der Revision sei aber zuzugeben, daß das Oberlandesgericht bisher nicht schlüssig begründet habe, daß die Mutter des S. durch die Erwirkung einer einstweiligen Verfügung die Entfernung des Dreschsatzes von dem Grundstück hätte verhindern können. Es sei vielmehr vorerst davon auszugehen, daß diese Entfernung, wenn der Beklagte den Kläger über ihre Notwendigkeit richtig belehrt hätte, im Anschluß an den Vertragsschluß vorgenommen und die einstweilige Verfügung, auch wenn sie binnen kürzester Frist erlassen worden wäre, zu spät gekommen sein würde. Nach den Feststellungen des angegriffenen Urteils sei das Oberlandesgericht jedoch zu der Überzeugung gelangt, daß dem Kläger die Verhältnisse zwischen dem Verkäufer S. und seiner Mutter genau bekannt gewesen seien. Von diesem Gesichtspunkt aus entstehe nun die vom Oberlandesgericht nicht abschließend beantwortete Frage, ob nicht die Mutter des S., wenn sie schon mit einer einstweiligen Verfügung zu spät gekommen wäre, von dem Kläger auf Grund unerlaubter Handlung wegen widerrechtlicher Verletzung des Gläubigerrechts die Zurückschaffung des Dreschsatzes auf das Grundstück hätte fordern können und gefordert hätte. Treffe das zu, so müsse die Ursächlichkeit des schuldhaften Verhaltens des Beklagten in gleicher Weise verneint werden, wie das für den Erlaß einer einstweiligen Verfügung gelte.

Nach Leitsatz I der vorgeschlagenen Lösung kann der Beklagte für den Schaden verantwortlich gemacht werden. Er hatte die Pflicht, unwirksame Vertragsschlüsse zu verhindern und daraus entstehenden Schaden zu vermeiden. Er hat fehlerhaft gehandelt, indem er entweder die Belehrung unterließ oder positiv bestätigte, es sei alles in Ordnung. Diese seine Pflicht ist nicht davon abhängig, ob sein Mandant sich auch danach gerichtet und den Vertrag nicht abgeschlossen hätte. Entsprechend ist für die Anwendung des Leitsatzes I zu unterstellen, daß das fehlerfreie Verhalten des Beklagten zur Vermeidung des Schadens geführt hätte. Nach Leitsatz II Satz 1 Halbsatz 1 ist jedoch zu berücksichtigen, ob der Kläger den Schaden nicht ohnehin hätte dulden müssen. Es ist also beachtlich, wenn er fest entschlossen war, die Belehrung unbeachtet zu lassen. Hätte die Belehrung in ihm Zweifel geweckt, so hätte er gemäß Leitsatz III nachweisen können, daß das Verhalten des Beklagten Rettungschancen vernichtet hat. Da er aber offenbar keine Zweifel gehabt hätte und die Mutter des S. mit S. zusammen schädigen wollte, dürfte er den notwendigen Beweis nicht erbringen können. Gemäß Leitsatz III könnte er weiter nachweisen, daß die Mutter des S. möglicherweise nicht eingeschritten wäre; auch dann hätten Rettungschancen vorgelegen, die durch das Belassen des Dreschsatzes auf dem Hof vergeben worden sind. Bei den gegebenen Verhältnissen dürften solche Rettungschancen aber nicht bestanden haben, so daß die Klage abgewiesen werden muß.

Das Reichsgericht stellt darauf ab, daß der Beklagte eine Unterlassung begangen habe und deshalb das hypothetische Geschehen nicht vernachlässigt werden dürfe. Dieser Gesichtspunkt ist bedenklich, weil dies auch für das positive Handeln gilt. Das Problem des Falles wäre das gleiche, hätte der Beklagte bekundet, nun sei alles in Ordnung. Weiter zieht das Reichsgericht § 249 BGB zur Lösung heran; seit langem wird jedoch erwogen, ob nicht differenziertere Lösungen bei Beachtung des § 249 BGB notwendig sind. Das Reichsgericht spricht wiederum auch davon, daß die Kausalität „zu verneinen" sei, wenn die Mutter des S. den Dreschsatz auf dem Hof gehalten hätte; zu prüfen war jedoch zunächst, ob die Kausalität bejaht werden konnte — auch hier scheint das Reichsgericht eine Umkehr der Beweislast vornehmen zu wollen.

XVI.

Das Urteil des Reichsgerichts vom 8. März 1940 betrifft den Fall einer Operation ohne Einwilligung des Patienten; es läßt die hypothetische Einwilligung ganz unberücksichtigt[56]).

Die Klägerin suchte im Januar 1936 wegen einer Geschwulst an der rechten Brust den Beklagten auf. Dieser riet ihr, wiederzukommen und die Entwicklung der Geschwulst in der Zwischenzeit zu beobachten. Als die Klägerin den Beklagten am 13. Februar 1936 aufs neue aufsuchte, schlug er ihr die Entfernung der harten Stelle durch einen Einschnitt vor. Die Klägerin erklärte sich damit einverstanden. Bei dem Eingriff, der am 15. Februar 1936 unter Betäubung stattfand, entfernte der Beklagte die ganze rechte Brust. Die Klägerin erkannte das erst später bei der Abnahme des Verbandes. Einen bei dem Eingriff entnommenen Teil der Geschwulst schickte der Beklagte an ein Universitätsinstitut. Die Untersuchung ergab, daß es sich um ein intrakanalikuläres Adenofibrom ohne bösartig zerstörendes Wachstum handelte. Die Klägerin verlangte Schadensersatz und Schmerzensgeld. Sie hat vorgetragen, der Beklagte habe den schwerwiegenden Eingriff ohne ihr Wissen und gegen ihren Willen vorgenommen, obwohl dies nach den Umständen nicht erforderlich gewesen sei.

Das Landgericht hat den Beklagten verurteilt, Berufung und Revision blieben erfolglos. Das Reichsgericht führt zunächst aus, daß die Einwilligung der Patientin zur Operation notwendig gewesen sei und fährt dann fort: Da der Beklagte hiernach schuldhaft davon abgesehen habe, die Einwilligung der Klägerin einzuholen, obwohl ihm dies möglich gewesen sei, könne er sich auf ihre vermutete Zustimmung nicht berufen. Daher müsse auch die Einwendung der Revision erfolglos bleiben, bei dem Vertrauensverhältnis, in dem die Klägerin zu dem Beklagten gestanden habe, sei gar kein Zweifel gewesen, daß sie dem Eingriff zugestimmt haben würde, wenn der Arzt ihr gesagt hätte, daß bei ihr Krebsverdacht vorliege. Wenn der Beklagte diese Auffassung gehabt hätte, so würde das sein Verschulden an der schadenstiftenden Handlung, nämlich die Vornahme des Eingriffs ohne die Zustimmung der Klägerin, nicht ausschließen. Erwägungen dieser Art

[56]) III ZR 117/39 RGZ 163, 129.

seien auch nicht etwa gegen die Annahme des ursächlichen Zusammenhanges zwischen dem Schaden und dem Verhalten des Beklagten zu verwerten. Dieser Zusammenhang sei allerdings nicht gegeben, falls der Schaden auch eingetreten wäre, wenn das schadenstiftende Ereignis unterblieben wäre. Aber diese Voraussetzung liege nicht vor: Da die schadenstiftende Handlung eben die Vornahme des Eingriffs selbst sei, so würde es, wenn der Beklagte sie unterlassen hätte, nicht zu dem geltend gemachten Schaden gekommen sein. Es sei nicht so, daß der Beklagte die Zustimmung der Klägerin zur Abnahme der ganzen Brust gehabt hätte und es sich nur darum handelte, daß diese Zustimmung auf Grund einer unzureichenden Belehrung des Beklagten erteilt worden sei. Nur dann könne die Frage aufgeworfen werden, ob die Klägerin die Einwilligung nicht auch bei sachgemäßer Beratung gegeben hätte, so daß es unter allen Umständen zu dem Eingriff und damit zu den durch diesen herbeigeführten Nachteilen gekommen wäre. In dieser Weise sei die wirkliche Entwicklung jedoch nicht verlaufen, sondern der Beklagte habe die Einwilligung der Klägerin zu dem Eingriff überhaupt nicht gehabt. Diesen habe er demnach nicht vornehmen dürfen. Indem er dies dennoch getan habe, so habe er damit die Grenzen des rechtlich und vertraglich Zulässigen überschritten und damit die Folgen auf sich genommen, die sich daraus ergeben konnten, daß der Eingriff überhaupt vorgenommen wurde.

Nicht zu erörtern ist hier die Fallgestaltung, daß eine Operation ohne mögliche und erforderliche Prüfung des Gewebes überhaupt unzulässig war. Stellt man jedoch allein auf die Einwilligung ab, so ist zunächst die vom Reichsgericht vorgenommene Unterscheidung nicht überzeugend, ob die Einwilligung überhaupt nicht eingeholt war oder ob sie auf Grund ungenügender Aufklärung erteilt wurde. In beiden Fällen hat der Arzt pflichtwidrig dem Patienten die Möglichkeiten eigener sicherer Willensbildung nicht eingeräumt. Für den vorliegenden Fall lehnt das Reichsgericht jedenfalls die Verteidigung des Beklagten ab, daß die Patientin die Einwilligung erteilt hätte. Dieses Ergebnis erscheint vertretbar[57]) und wird nach dem Inhalt der Vermeidepflicht auch vom Vermeidbarkeitsprinzip gedeckt. Es versteht sich in der Tat nicht von selbst, daß der Arzt sich auf die hypothetische verantwortliche Willensbildung der Patientin, der er vorgegriffen hat, soll berufen können. Gleichwohl ist mit der herrschenden Rechtsprechung davon auszugehen, daß hypothetisches eigenschädigendes Verhalten des Opfers berücksichtigt werden muß. Für die nach Leitsatz II Satz 1 Halbsatz 1 vorgeschlagene Lösung folgt dies daraus, daß die Klägerin die hypothetische Eigenschädigung ohnehin hätte dulden müssen und keine krisenfeste Position erhalten soll. Die Beweislast dafür, daß sie die Einwilligung nicht erteilt hätte, trägt die Klägerin. Sie kann ihren Anspruch jedoch auf Leitsatz III stützen und braucht dann nur noch zu beweisen, daß sie durch das unerlaubte Verhalten des Beklagten sonst bestehende Rettungschancen verloren hat. Der Schaden wird nach dem Umfang der vernichteten Rettungschancen geteilt; Zweifel gehen zu Lasten der Klägerin.

---

[57]) Dafür: von Caemmerer, Das Problem der überholenden Kausalität im Schadensersatzrecht S. 35.

XVII.

Von einer hypothetischen unerlaubten Schädigung durch den Beklagten selbst handelt der folgende durch Urteil des Bundesgerichtshofs vom 20. März 1954 entschiedene Journalistenfall[58]).

Der Kläger war einer von zwei Schlachtermeistern, die in einem kleinen Ort je ein Geschäft mit offenem Verkaufsladen betrieben. Während der eine Schlachtermeister kinderlos war, hatte der Kläger einen Sohn, der im Sommer 1951, als er etwa dreieinhalb Jahre alt war, infolge Genusses von Obst an einer Schleimhautentzündung erkrankte. Zu dieser Zeit herrschte in der Umgebung des Ortes sehr stark die Maul- und Klauenseuche. Da die Krankheit zunächst nicht richtig erkannt werden konnte und die Möglichkeit einer Erkrankung an der Maul- und Klauenseuche nicht ausgeschlossen erschien, wurde das Kind zur Untersuchung in ein Krankenhaus gebracht. Der Verdacht auf Maul- und Klauenseuche erwies sich dort nach kurzer Zeit als unbegründet. Der Beklagte, ein Journalist, erfuhr von der Einlieferung des Kindes in das Krankenhaus und veröffentlichte in mehreren Zeitungen, daß das Kind eines Schlachters in dem betreffenden kleinen Ort von der Seuche befallen sei. Der Kläger erlitt darauf erhebliche geschäftliche Einbußen.

Das Oberlandesgericht hat der Schadensersatzklage stattgegeben, weil der Beklagte der Wahrheit zuwider eine Tatsache verbreitet habe, die geeignet gewesen sei, den Kredit eines anderen zu gefährden. Die Meldung sei auch falsch gewesen; denn es habe nur der Verdacht einer Seuche vorgelegen.

Mit der Revision hat der Beklagte geltend gemacht, daß er doch auf jeden Fall die ihm zugegangene Information in Form einer Verdachtsmeldung hätte bringen dürfen. Eine Verdachtsmeldung hätte aber nach seiner Ansicht den gleichen Schaden herbeigeführt. Für einen Schaden, der sich aus der zutreffenden Verdachtsmeldung ergeben hätte, sei er nicht verantwortlich. Wenn aber ein hypothetischer Tatsachenverlauf den gleichen Schaden herbeigeführt hätte wie der wirkliche Geschehensablauf, so sei damit auch für den tatsächlichen Verlauf eine Haftung ausgeschlossen.

Der Bundesgerichtshof hat die Revision zurückgewiesen und ausgeführt: Auch eine Verdachtsmeldung habe nicht in der Form erfolgen dürfen, daß sie die Identität des Klägers offenkundig gemacht hätte. Es widerspreche dem Anstandsgefühl aller billig und gerecht Denkenden, wenn Tatsachen aus dem privaten Lebensbereich ohne zwingenden Grund bekanntgegeben würden, deren Verbreitung eine Schädigung mit sich bringen könne. Wenn der Beklagte der Ansicht sei, daß er gleichsam zwischen zwei Möglichkeiten mit gleichem Schadenserfolg für den Kläger hätte wählen können und daß, da er für die eine Möglichkeit mangels des Nachweises eines Vorsatzes nicht zu haften brauche, er auch für das schuldhafte Setzen der anderen Möglichkeit nicht hafte, so sei das rechtsirrig. Eine Schadensersatzpflicht des Beklagten könne nicht deshalb entfallen, weil er statt der verbotenen schadensersatzbegründenden Handlung auch eine andere gleichfalls objektiv rechtswidrige Handlung hätte begehen können.

Nach Leitsatz I ist der Beklagte für den Schaden verantwortlich, wenn dieser bei erlaubtem Verhalten nicht eingetreten wäre. Erlaubtes Verhalten ist nach den Ausführungen des Bundesgerichtshofs nur solches

---

[58]) VI ZR 6/53 LM § 826 BGB (Gb) Nr. 3 = VersR 1954, 236 Sp. 2 = BB 1954, 360.

Verhalten, das den Kläger nicht offenbart hätte. Es fragt sich aber weiter, ob das hypothetische gemäß § 826 BGB mangels Vorsatzes nicht zum Ersatz verpflichtende gleichwohl aber objektiv rechtswidrige Verhalten berücksichtigt werden muß. Nach dem Vermeidbarkeitsprinzip wird aus überwiegenden rechtspolitischen Gründen auf die Schadenszurechnung verzichtet, wenn dem Kläger kein größerer Schaden entstanden ist als er ihn ohnehin hätte dulden müssen; dies ist im Leitsatz II Satz 1 Halbsatz 1 niedergelegt. Zu duldendes Geschehen ist jedoch nicht alles Geschehen, das dem Kläger ohnehin einen Schaden gebracht hätte — sonst wäre auch die hypothetische fehlerhafte Handlung eines Dritten zu berücksichtigen, wenn dieser zahlungsunfähig war. Den nach dem Vermeidbarkeitsprinzip auszusprechenden Verzicht auf die bereits nach dem Prinzip mögliche Schadenszurechnung sollte vielmehr nur das auch nicht objektiv rechtswidrige Verhalten des Schädigers oder eines Dritten begründen können, gegen das beispielsweise auch die Unterlassungsklage nicht zulässig wäre. Dem Urteil des Bundesgerichtshofs ist daher zu folgen.

XVIII.

Hypothetisches fehlerhaftes Verhalten eines Dritten steht im Mittelpunkt des Falls vergifteter Schweine, den der Bundesgerichtshof durch Urteil vom 13. Februar 1958 entschieden hat[59]).

Der Kläger beauftragte den Beklagten, in einem Schweinestall fußwarme Stallitplatten zu verlegen. Diese Arbeit sollte während seines Urlaubs ausgeführt werden. Da die vom Kläger bei der Firma A. bestellte Masse zum Vergießen der Fugen bei seiner Abreise noch nicht eingetroffen war, verwendete der Beklagte eine Vergußmasse der Firma L. Ein Teil der später in dem Stall untergebrachten Zuchtsauen verendete. Der Kläger verlangte vom Beklagten Schadensersatz mit der Begründung, die Vergußmasse der Firma L. habe Giftstoffe enthalten. Der Beklagte erwiderte, die vom Kläger bestellte Vergußmasse der Firma A. habe ebenfalls Giftstoffe enthalten; hätte er, der Beklagte, auftragsgemäß die Vergußmasse der Firma A. verwendet, so wäre der gleiche Schaden eingetreten.

Das Oberlandesgericht hat die Klage abgewiesen, weil der Beklagte nicht schuldhaft gehandelt habe. Der Bundesgerichtshof hat der Klage dem Grunde nach stattgegeben: Das Verschulden des Beklagten sei zu bejahen. Er könne dem Schadensersatzanspruch des Klägers auch nicht deshalb entgehen, weil nach seiner Behauptung die von der Firma A. hergestellte Vergußmasse ebenfalls Giftstoffe enthalten habe und ihre Verwendung zu dem gleichen Schaden geführt hätte. Wenn die Haftung des Beklagten schon deshalb begründet sei, weil er eine ungeeignete Masse verwendet habe, so beanspruche er mit seiner Behauptung, der Schaden wäre auch bei dem Gebrauch der Masse der Firma A. entstanden, die Berücksichtigung einer nur gedachten (hypothetischen) Schadensursache, die in die Wirklichkeit nicht eingetreten sei. Eine solche Ursache könne, wenn überhaupt,

---

[59]) VII ZR 108/57 LM § 249 BGB (Ba) Nr. 12 = VersR 1958, 266 = NJW 1958, 705 = JR 1958, 258 m. Anm. Blomeyer = MDR 1958, 333 = JZ 1958, 311 = BB 1958, 319.

so nur dann berücksichtigt werden, wenn sicher feststehe, daß das hypothetische Ereignis, d. h. hier die Verwendung der Vergußmasse der Firma A., den gleichen Schaden verursacht hätte. Diese Voraussetzung habe schon das Landgericht geprüft und verneint. Der Beklagte habe das im zweiten Rechtszuge angegriffen. Er habe für die Schädlichkeit der von der Firma A. gelieferten Masse Beweis angeboten. Auf die Erhebung des Beweises komme es jedoch nicht an. Selbst wenn eine Beweisaufnahme insoweit zugunsten des Beklagten ausfiele, stehe der Berücksichtigung der zweite vom Landgericht hervorgehobene Gesichtspunkt im Wege, daß der Kläger auch gegen die Firma A. einen Schadensersatzanspruch geltend machen könnte, wenn die Verwendung der von dieser gelieferten Masse zum Verenden der Schweine geführt hätte. Dieser Erwägung des Landgerichts trete der Senat bei. Wenn der Schädiger behaupte, ein anderes in Wirklichkeit gar nicht eingetretenes Ereignis hätte den Schaden ebenso verursacht, und wenn dieses andere Ereignis in der schädigenden Handlung eines Dritten bestehe, so könne der Schädiger jedenfalls dann nicht frei werden, wenn der Geschädigte gegen den Dritten ebenso wie gegen den wirklichen Schädiger einen Anspruch auf Schadensersatz haben würde. Der vorliegende Fall erfordere nicht, allgemein die Frage zu entscheiden, unter welchen Voraussetzungen ein nur gedachter Ursachenverlauf berücksichtigt werden könne. Soviel lasse sich aber sagen, daß, wenn der gedachte Ursachenverlauf überhaupt berücksichtigt werden dürfe, dies nur mit allen seinen zu erwartenden Folgen zu geschehen habe und nicht nur mit den dem Schädiger, sondern auch mit den dem Geschädigten günstigen. Zu den letztgenannten Folgen gehöre aber auch der Schadensersatzanspruch, den der Geschädigte bei Wirksamwerden der hypothetischen Ursache anderweit erworben hätte. Eine andere Auffassung würde dazu führen, daß derjenige, der schuldhaft Rechte eines anderen verletze, sich auf eine sonst eingetretene schuldhafte Handlung mit der Wirkung berufen könnte, daß der Geschädigte leer ausginge. Es sei aber sicher, daß dieser einen Schadensersatzanspruch haben müsse, gleichgültig, ob der eine oder der andere ihm Unrecht getan hätte.

Hätte der Bundesgerichtshof auch so entschieden, wenn die Firma A. zahlungsunfähig, der hypothetische Anspruch des Klägers wertlos gewesen und eine „dem Geschädigten günstige Folge" somit gar nicht eingetreten wäre? Das wäre nach seinen Ausführungen wohl kaum möglich gewesen. Soll es aber auf die Zahlungsfähigkeit der Firma A. ankommen? Man wird das bezweifeln. Nach Leitsatz II Satz 1 Halbsatz 1 der vorgeschlagenen Lösung ist nur solches hypothetisches Geschehen zu berücksichtigen, das der Kläger ohnedies dulden muß. Dazu zählen nicht die rechtswidrigen Schädigungen, ob sie einen durchsetzbaren Anspruch gewährleisten oder nicht.

XIX.

Auch im Urteil des Bundesgerichtshofs vom 13. Oktober 1966, das einen Schleusenunfall betraf, spielt ein hypothetisches haftungsbegründendes Geschehen eine Rolle; zugleich macht dieses Urteil deutlich, daß die Problematik der überholenden Kausalität von der condicio-sine-qua-non-Feststellung nicht getrennt werden kann[60]).

[60]) II ZR 173/64 NJW 1967, 551; vgl. das Berufungsurteil des OLG Köln VersR 1964, 1191 m. Anm. Rother VersR 1965, 178.

Der leere Kahn „A" der Klägerin wurde auf erster Länge und der 838 t große, mit 810 t Erz beladene Kahn „B" der Beklagten zu 1) und 2) auf zweiter Länge zu Berg in die Schleuse I des Rhein-Herne-Kanals bei Duisburg eingeschleppt. Der Kahn „A" machte dicht hinter dem Schleppboot an der Steuerbordseite fest. Der Kahn „B", der auf langem Strang hängend ihm folgte, wurde mehr nach Backbord gesteuert, um dort festgemacht zu werden. In Höhe der 49-Meter-Marke wurde ein Stoppdraht um den Poller des dort in der Schleusenwand befindlichen Haltekreuzes gelegt, um den Kahn wie üblich abzustoppen. Nachdem dieser Draht teilweise gerissen war, brach das Haltekreuz ab, das bereits vorher angebrochen gewesen war, und fiel auf das Deck des Kahns „B". Ein Versuch, den Kahn noch an dem nächsten Haltekreuz in Höhe der 64-Meter-Marke mit einem anderen Draht zum Halten zu bringen, schlug ebenfalls fehl, weil dieser Draht völlig riß, Der Kahn „B" geriet infolgedessen gegen das Ruderwerk des Kahns „A" und beschädigte dieses. Die Klägerin nahm Eigner und Schiffsführer des Kahns „B" als Beklagte zu 1) und 2) sowie die Wasser- und Schiffahrtsverwaltung der Bundesrepublik und den Schleusenwärter als Beklagte zu 3) und 4) auf Ersatz in Anspruch.

Das Schiffahrtsgericht verurteilte die Beklagte zu 3). Ihre Berufung war erfolglos. Das Oberlandesgericht führte dazu aus: Die Beklagte bestreite zu Unrecht die Ursächlichkeit des Abbrechens des Haltekreuzes für die Beschädigung des kleinen Kahns, indem sie behauptete, daß die letzten zwei Seelen des aus insgesamt sechs Seelen bestehenden Stoppdrahtes mit Sicherheit auch noch gerissen wären, wenn das Haltekreuz nicht nachgegeben hätte. Als hypothetische Ursache im Sinne der Lehre von der überholenden Kausalität könnte allerdings die von den Parteien erörterte Möglichkeit in Betracht gezogen werden, daß das teilweise Reißen des zunächst benutzten Stoppdrahtes auf mangelhafte Beschaffenheit dieses Drahtes zurückzuführen war und daß dieser Mangel ohnehin zum Reißen des Drahtes und zum Auflaufen des Kahns „B" auf den kleinen Kahn hätte führen müssen, und zwar selbst dann, wenn das Haltekreuz in Ordnung gewesen wäre. Indessen wäre eine solche hypothetische Reserveursache schon grundsätzlich nicht geeignet, die Beklagte zu entlasten. Würde nämlich das Haltekreuz intakt geblieben und der Kahn „B" infolge der Mangelhaftigkeit des Stoppdrahtes dem kleinen Kahn in das Ruder gelaufen sein, so würde die Klägerin dann einen klaren Ersatzanspruch gegen Eigner und Schiffsführer haben. Nur infolge des von der Beklagten zu vertretenden Abbrechens des Haltekreuzes wäre es aber tatsächlich dazu nicht gekommen. Die Beklagte könne sich aber gegenüber einem Dritten, der sicher keine Ursache für den Unfall gesetzt habe, nicht zu ihrer Entlastung auf einen weiteren Fehler eines anderen berufen, wenn sie gerade durch ihre Unterlassung verhindert habe, daß dieser Fehler zum Zuge gekommen sei und die Klägerin damit wenigstens gegen diesen Dritten einen Schadensersatzanspruch erworben hätte. Die Beklagte berufe sich weiter darauf, daß der Kahn „B" mit überhöhter Geschwindigkeit in die Schleuse hineingefahren sei, daß er bereits schon an der 36-Meter-Marke hätte gebremst werden müssen und daß die Drähte sowohl an der 49-Meter-Marke wie später auch an der 64-Meter-Marke fehlerhaft ruckartig eingesetzt worden seien, während sie langsam hätten weggefiert werden müssen. Dazu sei festzustellen, daß es für ein Fieren an der 64-Meter-Marke zu spät gewesen sei; im übrigen aber liege die Frage nahe, ob zwischen der Schadhaftigkeit des Haltekreuzes und dem Schaden überhaupt noch ein condicio-sine-qua-non-Zusammenhang gegeben sei, denn bei überhöhter Geschwindigkeit des schwer beladenen Kahns und ruckartigem Einsatz der Drähte hätte vielleicht auch ein intaktes Haltekreuz den Zug nicht ausgehalten. Nach den Aussagen des Zeugen sei jedoch weder die Geschwindigkeit des Kahns überhöht gewesen, noch hätten sich Fehler beim Fieren des ersten Stoppdrahtes feststellen lassen. Soweit der Sachverhalt ungeklärt bleibe, gehe dies zu Lasten der Beklagten und mit Recht würden an den Beweis eines Sachverhalts, der einen Schädiger und trotz rechtswidriger und im physikalischen Sinne ursächlicher Handlungsweise zu entlasten geeignet wäre, strenge Anforderungen gestellt.

Der Bundesgerichtshof hat die Revision zurückgewiesen. Es stehe fest, daß die

Standhaftigkeit des Haltekreuzes geringer gewesen sei als die Festigkeit des darum gelegten Drahtes. Denn sonst wäre der ganze Draht gerissen, ohne daß das Haltekreuz gebrochen wäre; zum mindesten wären das Reißen des ganzen Drahtes und der Bruch des Kreuzes gleichzeitig erfolgt. Damit stehe aber auch fest, daß der Bruch des Kreuzes im logisch-naturwissenschaftlichen Sinn die Beschädigung des Ruderwerkes herbeigeführt habe. Insoweit komme es auf die Beweislast nicht an. Es bleibe aber denkbar, daß der Draht schadhaft gewesen sei und, wenn das Haltekreuz intakt gewesen wäre, dem Druck nicht standgehalten und die Fahrt von „B" nicht so stark abgebremst hätte, daß der Schadensfall nicht eingetreten wäre. Zu Unrecht halte dies die Revision für erheblich, indem sie meine, die Haftung der Beklagten setze einen Ursachenzusammenhang (condicio sine qua non) voraus, hieran fehle es, und weiter erkläre, das Berufungsgericht habe die Beweislast verkannt, wenn es diese der Beklagten dafür aufbürde, daß sich der eingeklagte Schaden auch dann ereignet haben würde, wenn das Haltekreuz an der 49-Meter-Marke intakt gewesen wäre. Dem könne nicht gefolgt werden. Der Grundsatz, der Geschädigte habe als zum Klagegrund gehörig ein Ereignis zu beweisen, das nicht hinweggedacht werden könne, ohne daß der eingetretene Erfolg entfalle, könne da keine Geltung beanspruchen, wo ein lediglich gedachter, nicht Wirklichkeit gewordener, hypothetischer Geschehensablauf den gleichen Schaden herbeigeführt haben würde wie der reale Geschehensablauf. Denn der Wirklichkeit gewordene Geschehensablauf habe den Schaden tatsächlich herbeigeführt und damit zugleich verhindert, daß der Schaden noch auf eine andere Weise habe entstehen können. Werde jemand, der eine Flugreise unternehmen wolle, auf der Fahrt zum Flugplatz durch Verkehrsunfall so verletzt, daß er später an den Verletzungen sterbe, so sei die Bedingung (condicio sine qua non) für seinen Tod der Verkehrsunfall, auch wenn feststehe, daß das Flugzeug vor seinem Tode oder gleichzeitig mit seinem Tode abgestürzt und auf dem Boden zerschellt sei, also mit Sicherheit anzunehmen sei, daß er bei dem Flugzeugabsturz schon früher oder gleichzeitig ums Leben gekommen wäre. Sein Tod sei durch Verkehrsunfall, nicht durch Flugzeugabsturz eingetreten. Zwar würde, wenn der Verkehrsunfall weggedacht würde, der gleiche Erfolg, nämlich der Tod, eingetreten sein. Die nur gedachte, nicht aber verwirklichte Tatsache des Todes durch Flugzeugabsturz müsse aber bei der Frage nach dem natürlichen Ursachenzusammenhang außer Betracht bleiben. Der natürliche Ursachenzusammenhang werde durch den gedachten, hypothetischen Kausalverlauf nicht in Frage gestellt. Nicht anders verhalte es sich, wenn jemand eine Sache beschädige, die alsbald danach durch ein anderes Ereignis ebenso beschädigt oder gar vernichtet worden wäre. Ganz entsprechend liege es hier. Das schadhafte Haltekreuz habe verhindert, daß die angebliche Mangelhaftigkeit des Drahtes, die angeblich zu hohe Fahrtstufe beim Einfahren in die Schleuse und (oder) die angeblichen Versehen beim Abstoppen von „B" hätten wirksam werden können, mögen auch alle diese Umstände den gleichen Schaden wie den eingetretenen haben herbeiführen können. In allen diesen Fällen könne das bloß gedachte, nicht verwirklichte Ereignis keine Grundlage für einen Schadensersatzanspruch angeben, weil es für einen schon anderweit eingetretenen Schaden nicht mehr ursächlich werden könne. Das müsse bei der Beweislast in den Fällen beachtet werden, in denen der hypothetische Verlauf rechtlich von Bedeutung sei: Der Geschädigte könne nicht die Beweislast dafür haben, daß der Schaden, für den jemand verantwortlich sei, ohne den schadenstiftenden Umstand und unabhängig von ihm nicht infolge eines anderen Umstandes ebenfalls eingetreten wäre. Die Revision übersehe zudem, daß es bei einem Fall der vorliegenden Art gar nicht um ein Kausalproblem, sondern um die Schadensberechnung gehe. Die Kausalfeststellung sei für die haftungsbegründende Kausalität erheblich, der einmal verwirklichte Kausalverlauf könne durch ein bloß gedachtes, nicht Wirklichkeit gewordenes Ereignis nicht wieder aus der Welt geschafft werden. Die Entwicklung, die die Dinge ohne das haftbarmachende Ereignis genommen hätten, könne dagegen für die Zurechnung der Schadensfolgen von Bedeutung sein, denn nach § 249 BGB sei der Zustand herzustellen, der bestehen würde, wenn der zum Schadensersatz verpflichtende Umstand nicht eingetreten wäre. Dabei sei auf den Zeitpunkt der letzten mündlichen Tatsachenverhandlung abzustellen. Aber das könne bei einer effektiv herbeigeführten Sachbeschädigung, für die jemand verantwortlich sei, nicht dazu führen, daß der Geschädigte bloß deshalb keinen Ersatzanspruch habe, weil am Schadensobjekt der gleiche Schaden eingetreten wäre, und ein anderer hierfür haften würde, falls die Sache nicht bereits durch den realen Schädiger beschädigt worden wäre oder durch ein Ereignis, das den gleichen Schaden verursacht hätte, durch das Ereignis, das den Schaden herbeigeführt habe, am Eintritt verhindert worden sei. Ein lediglich gedachter Geschehensablauf gebe keinen Schadensersatzanspruch. Ihn berücksichtigen hieße, den real Geschädigten leer ausgehen lassen. Ganz entsprechend verhalte es sich im vorliegenden Fall: Hätte das Haltekreuz dem Zug standgehalten und wäre „B" wegen Reißens des Drahtes an den „A"-Kahn geraten, so hätte die Klägerin ihren Schadensersatzanspruch gegen den Eigner und gegen den Führer des „B"-Kahnes gehabt, der in einem Rechtsstreit erfolgreich hätte geltend gemacht werden können. Denn der Beweis des ersten Anscheins hätte dafür gesprochen, daß entweder „B" zu schnell in die Schleuse eingefahren sei oder daß der Draht nicht ordnungsgemäß gefiert worden oder schadhaft gewesen sei. In allen diesen Fällen hätte der Anscheinsbeweis für ein unfallursächliches Verschulden des Kahnführers Platz geschaffen. Weil aber das Haltekreuz gebrochen und der Draht nicht völlig gerissen sei, sei ein solcher Anscheinsbeweis nicht gegeben. Die Klage gegen Eigner und Führer von „B" sei tatsächlich auch rechtskräftig abgewiesen worden. Der Schaden der Klägerin bestehe also auch darin, daß sie wegen des Bruches des Haltekreuzes einen Schadensersatzanspruch gegen Eigner oder Besatzung von „B" nicht mit Erfolg habe durchführen können. Dieser Schaden sei eine Folge des Bruches des Haltekreuzes.

Dem Urteil des Berufungsgerichts ist darin zuzustimmen, daß es ein hypothetisches zum Ersatz berechtigendes Geschehen unberücksichtigt läßt — Bruch der fehlerhaften Trosse — (Leitsatz II Satz 1 Halbsatz 1 der vorgeschlagenen Lösung). Damit erledigt sich das Hauptproblem des Falles. Die Schwierigkeit, dies aus der condicio-sine-qua-non-Formel heraus zu begründen, zeigt sich aber bereits in der Formulierung, die Beklagte sei verantwortlich, weil sie es gerade durch die Unterlassung verhindert habe, daß das hypothetische Geschehen zum Zuge gekommen sei und die Klägerin dann einen Ersatzanspruch gegen Dritte erworben hätte; denn es ist sicher nicht die Pflicht der Beklagten, andere Fehler zum Zuge kommen zu lassen und der Klägerin so einen Ersatzanspruch gegen Dritte zu gewähren. Nicht zuzustimmen ist dagegen dem Berufungsgericht in seinen Ausführungen zur Beweislast, soweit die überhöhte Geschwindigkeit des Kahns „B" oder fehlerhaftes Fieren in Frage steht. Mit der überhöhten Geschwindigkeit und dem ggf. fehlerhaften Fieren war die unumgängliche Frage nach dem condicio-sine-qua-non-Zusammenhang gestellt. Ganz richtig geht das Berufungsgericht davon aus, daß der condicio-sine-qua-non-Zusammenhang zwischen dem Unterlassen der Reparatur und dem Schaden nicht gegeben sei, wenn auch ein intaktes Haltekreuz den Zug nicht ausgehalten hätte. Ohne diese Feststellung wäre ganz unklar, ob der Fehler der Beklagten sich auch nur im geringsten ausgewirkt haben kann und ob infolge der Reparatur die Möglichkeit gegeben war, den Unfall zu vermeiden. Dies ist Anspruchsvoraussetzung, für die jedenfalls nach allgemeinen Regeln die Klägerin die Beweislast trägt. Statt dessen fährt das Berufungsgericht jedoch fort, die Unterlassung habe den Schaden im physikalischen Sinne herbeigeführt und die Beklagte mache nur mit dem Hinweis auf hypothetisches Geschehen Entlastungsgründe geltend, für die nunmehr sie selbst darlegungs- und beweispflichtig sei. Eine Unterlassung kann aber weder im naturwissenschaftlichen Sinne kausal wirken, noch wäre die naturwissenschaftliche Kausalität überhaupt ein Zurechnungsprinzip. Vielmehr gehört die Berücksichtigung hypothetischen Geschehens seit jeher zur Unterlassungsformel und nach kaum zu ändernder Praxis auch zur condicio-sine-qua-non-Formel für das positive Handeln: es kommt eben auf das Hinwegdenken der Geschwindigkeitsüberschreitung, des Fahrens ohne Fahrerlaubnis, der Trunkenheit am Steuer und nicht darauf an, daß jemand in der beschriebenen Weise sein Opfer tötet und dabei zu schnell fährt. Der Kläger hat nach allgemeiner Praxis auch in diesen Fällen zu beweisen, daß der Erfolg bei fehlerfreiem Verhalten nicht eingetreten wäre, wenn die Haftung nach den Deliktsvorschriften bejaht werden soll[61]).

Der Bundesgerichtshof setzt den Akzent etwas anders. Bedenklich ist zunächst die Formulierung, daß die Beklagte der Klägerin hafte, weil sie deren sonst möglichen erfolgreichen Anscheinsbeweis unmöglich gemacht habe. Kommen mehrere Haftpflichtige in Frage, so wird man kaum den einen von ihnen deshalb verurteilen können, weil infolge seiner Handlung unklarer geworden ist, wer haften solle. Der Bundesgerichtshof geht mit seiner Begründung jedoch weiter. Er wünscht hypothetisches Geschehen, das durch den Eintritt des realen Geschehens gehindert worden ist, weder unter dem Gesichtspunkt der Kausalität noch unter dem Gesichtspunkt der Schadensberechnung zu berücksichtigen. Dies zeigt sein Flugzeugbeispiel. Hinsichtlich der Berücksichtigung von hypothetischem haftungsbegründendem Geschehen ist auch hier auf den vorgeschlagenen Leitsatz II Satz 1 Halbsatz 1 zu verweisen, der im Ergebnis den Ausführungen des Bundesgerichtshofs Rechnung trägt. Hinsichtlich des Flugzeugbeispiels gilt der vorgeschlagene Leitsatz II Satz 1 Halbsatz 2, der wiederum den Ausführungen des Bundesgerichtshofs im Ergebnis entspricht. Im übrigen ist den Ausführungen des Bundesgerichtshofs jedoch nicht zu folgen, weil er mit der naturwissenschaftlichen Kausalität an ein Zurechnungskriterium anknüpft, das diesen Rang nicht beanspruchen kann.

Soweit in den Urteilen des Berufungsgerichts und des Bundesgerichtshofs Erwägungen über die Verteilung der Beweislast angestellt werden, erledigen sie sich mit der vorgeschlagenen Lösung jedenfalls so weit, als hypothetisches haftungsbegründendes und hypothetisches durch die Tat verhindertes Geschehen betroffen ist. Die Feststellung, daß der Kahn „B“ nicht so schnell fuhr, daß ein intaktes Haltekreuz nicht herausgerissen worden wäre und daß die Trosse korrekt gefiert wurde, ist jedoch gemäß Leitsatz I nach dem Inhalt der Vermeidepflicht zu verlangen; sie ist Anspruchsvoraussetzung. Nun wird man allerdings kaum annehmen können, daß intakte und regelmäßig überdimensionierte Haltekreuze leicht abbrechen oder herausreißen, außerdem war die Geschwindigkeit

---

[61]) Vgl. oben 7. Kap. Anm. 36.

des Kahns nach Zeugenaussagen nicht zu hoch. Bestünde hier aber ein Problem, so hätte die Klägerin nach allgemeinen Regeln die Beweislast zu tragen. Auch hier ist jedoch darauf hinzuweisen, daß das Vermeidbarkeitsprinzip im Vergleich mit dem Kausalprinzip zwar einige bisher aufgetretene Beweisprobleme erleichtern kann, den Grundsatzfragen der Beweisumkehr jedoch weder positiv noch negativ gegenübersteht. Würde man etwa dem Beklagten den Beweis auferlegen, daß sein schuldhaftes Handeln den Erfolg nicht herbeigeführt habe, oder würde man insoweit etwa an grobes Verschulden des Beklagten anknüpfen, so wäre dies hinzunehmen. Nicht hinzunehmen wäre freilich, wenn die Gerichte, wie es in den Urteilen des Berufungsgerichts und des Bundesgerichtshofs angedeutet ist, die zu treffenden Unterscheidungen an Begriffe knüpfen, die für die Zurechnung bedeutungslos sind.

XX.

Auch das Urteil des Reichsgerichts vom 29. Mai 1934 erörtert das hypothetische fehlerhafte Verhalten eines Dritten in einem Fall der Pflichtverletzung eines Aufsichtsrats[62]).

Der Beklagte gründete zusammen mit dem Kaufmann E. und weiteren Personen eine Aktiengesellschaft. Gegenstand des Unternehmens waren alle mit einer privaten Bausparkasse zusammenhängenden Geschäfte. E. wurde zum ersten Vorstand, der Beklagte selbst zum Vorsitzenden des Aufsichtsrats gewählt. In der Gründerversammlung waren die Mitglieder des Aufsichtsrats nicht anwesend. In ihrem Namen trat E. auf, der für vier Aufsichtsratsmitglieder Vollmacht vorlegte und für den Beklagten die Nachlieferung der Vollmacht versprach. In der Gründungsversammlung wurde von Vorstand und Aufsichtsrat zu notariellem Protokoll erklärt, daß von jeder in bar zu zahlenden Aktie ein Viertel eingezahlt worden sei. In Wirklichkeit war diese Einzahlung nicht erfolgt. Die Aktiengesellschaft wurde in das Handelsregister eingetragen. Die Kläger schlossen mit ihr Bausparverträge und leisteten Einzahlungen. Nach Zahlungsunfähigkeit der Gesellschaft erwirkten sie vollstreckbare Titel und pfändeten auf Grund dieser die Ansprüche der Aktiengesellschaft gegen die Mitglieder des Aufsichtsrats, gegen den Beklagten, wegen Verletzung ihrer Prüfungspflicht. Der Beklagte machte geltend, bei der feststehenden Untreue des Vorstands E. wären die gezeichneten Beträge, auch wenn sie von den Zeichnern zu einem Viertel eingezahlt worden wären, von E. doch unterschlagen worden und der Gesellschaft verlorengegangen.

Landgericht und Oberlandesgericht haben der Klage stattgegeben. Das Reichsgericht hat die Revision zurückgewiesen: Auf den Einwand des Beklagten, daß die Beträge, selbst wenn sie geleistet worden wären, von E. in jedem Falle unterschlagen worden wären, komme es nicht an. Die Ursächlichkeit des Verhaltens des Beklagten werde nicht dadurch ausgeschlossen, daß auch ein anderer — nicht eingetretener — Umstand den Schaden hätte herbeiführen können.

Dem Urteil des Reichsgerichts ist zuzustimmen, ohne daß der Begründung gefolgt werden muß, die hypothetische Schädigungen generell unbeachtet läßt. Nach Leitsatz I ist der Beklagte für den Schaden verantwortlich, weil er, soviel an ihm lag, verpflichtet war, die Anmeldung der Ge-

[62]) II 9/34 RGZ 144, 348.

sellschaft zur Eintragung in das Handelsregister zu verhindern und damit den Schaden der Kläger zu vermeiden. Die Möglichkeit, daß E. die eingezahlten Beträge unterschlagen hätte, berührt weder die Vermeidepflicht des Beklagten noch seine Verantwortlichkeit nach dem Vermeidbarkeitsprinzip. Der Verzicht auf die danach bereits mögliche Schadenszurechnung wegen der hypothetischen Unterschlagung des E. wäre nicht angemessen und wird durch Leitsatz II Satz 1 Halbsatz 1 ausgeschlossen.

XXI.

Im Gegensatz dazu scheint das Urteil des Reichsgerichts vom 16. Mai 1916 zu stehen, das die Aufsichtspflicht eines Vormundschaftsrichters betrifft[63]).

Über den Nachlaß des Kaufmanns Franz L. wurde auf Antrag des Johann L., der eine Forderung von 500,— M an den Nachlaß hatte, eine Pflegschaft angeordnet und der bei dem Amtsgericht in M. tätige Gerichtsaktuar K. zum Pfleger „für die, welche Erben des verstorbenen Franz L. werden", bestellt. Der Nachlaß war überschuldet, unstreitig lagen aber zur Zeit der Anordnung der Pflegschaft mindestens 80 % in der Masse. Der Pfleger versilberte die Nachlaßbestände und veruntreute den erlösten Betrag. Die Klägerin, die gegen Franz L. eine Forderung von 224,15 M hatte, nahm die Beklagte mit der Behauptung in Anspruch, den Amtsrichter B. treffe ein Verschulden bei der Beaufsichtigung der Pflegschaft. Von dieser Forderung machte sie 80 % = 179,32 M geltend.

Das Landgericht und das Oberlandesgericht haben die Klage abgewiesen. Das Reichsgericht hat nach Klagantrag verurteilt: Nach der Feststellung des Oberlandesgerichts habe der Nachlaßrichter die nach § 1960 BGB angeordnete Pflegschaft ebenso behandelt wie eine nach § 1975 BGB angeordnete. In Wahrheit sei also eine Nachlaßpflegschaft zum Zwecke der Befriedigung der Gläubiger (Nachlaßverwaltung), nicht aber eine Pflegschaft zur Sicherung des Nachlasses geführt worden. Hierin sei eine Amtspflichtverletzung zu erblicken, die auch für den Eintritt des Schadens als kausal angesehen werden müsse: Weil die vom Nachlaßrichter nicht beachteten Vorschriften geeignet seien, das Mündel vor einem unredlichen Verhalten des Vormunds zu schützen, so müsse angenommen werden, daß bei deren Beachtung und einer dem Gesetz entsprechenden Aufsicht der Pfleger die Veruntreuungen nicht vorgenommen hätte, solange die Beklagte nicht den Beweis des Gegenteils erbringe. Das sei nicht geschehen.

Während das Reichsgericht im zuvor erörterten Fall die Berücksichtigung hypothetischer Schädigungen und damit insbesondere die Verteidigung des Beklagten ablehnt, der Schaden wäre auf Grund der Unterschlagung eines Dritten ohnehin eingetreten, so läßt es hier diese Verteidigung jedenfalls im Grundsatz zu. Nach dem Vermeidbarkeitsprinzip besteht zwischen beiden Entscheidungen sachlich jedoch kein Gegensatz. Im Fall der Pflichtverletzung eines Aufsichtsrats knüpfte die Vermeidepflicht unmittelbar an die Situation an, daß die erforderlichen Aktienbeträge nicht eingezahlt waren und die Anmeldung der Aktiengesellschaft zum Handelsregister deshalb verhindert werden mußte; zu

---

[63]) III 51/16 JW 1916, 1116 Nr. 5.

prüfen und abzulehnen war dann nur noch die Erwägung, wegen einer daneben tretenden hypothetischen Veruntreuung durch den Beaufsichtigten auf die bereits mögliche Schadenszurechnung zu verzichten. Im vorliegenden Fall hatte der Vormundschaftsrichter jedoch die Pflicht, die Veruntreuung selbst zu verhindern. Hier kann die Situation, an die eine solche Vermeidepflicht anknüpft, nur im zu verhindernden Verhalten des Beaufsichtigten selbst liegen. In solchen Fällen baut die Vermeidepflicht des Beaufsichtigenden notwendig auf dem Verhalten des Beaufsichtigten auf. Sie ist für sich allein nicht denkbar. Sie muß sich deshalb ihre Grenze dort ziehen, wo sie die schädigende Handlung des Beaufsichtigten nicht verhindern kann: kein Aufsichtspflichtiger kann wegen der Verletzung einer Pflicht verantwortlich sein, deren Ziel unmöglich erreichbar war. Ist letzteres der Fall, so entfällt die Schadenszurechnung bereits gemäß Leitsatz I der vorgeschlagenen Lösung, ohne daß es auf die Verzichtsmöglichkeiten des Leitsatzes II Satz 1 Halbsatz 1 noch ankommt. Im Leitsatz II ist zur Klarstellung besonders vermerkt, daß ein Geschehen, auf dem das Tatgeschehen aufbaut, berücksichtigt werden muß. Dies gilt nicht nur für die Verletzung von Aufsichtspflichten, sondern allgemein. Wenn ein Arzt jemanden fehlerhaft behandelt, der bei einer Messerstecherei schwer verletzt worden ist, und dieser stirbt, so ist selbstverständlich zu berücksichtigen, „ob der Verletzte ohnehin auf Grund des fehlerhaften Verhaltens des Messerstechers gestorben wäre“. Allein die Einlieferung des Verletzten in das Krankenhaus mit der gegebenen Verletzung bietet die Basis für die Verantwortlichkeit des Arztes, mag die Verletzung auf rechtswidrigem Verhalten beruhen oder nicht. Kann der Arzt in der Situation, wie sie für ihn besteht, nichts retten, so ist die gegen ihn gerichtete Klage bereits gemäß Leitsatz I und Leitsatz II Satz 1 Halbsatz 1 (Anfang) abzuweisen, ohne daß es auf den weiteren Leitsatz II noch ankommt. Ist es deshalb von Bedeutung, ob der beaufsichtigende Pfleger sich ohnehin pflichtwidrig verhalten hätte, so hat der Kläger zu beweisen, daß dies durch bessere Aufsicht ausgeschlossen war oder daß gemäß Leitsatz III eine bessere Chance bestand. Die Umkehr der Beweislast hat das Reichsgericht auch hier nicht überzeugend begründet; sie trifft, wie häufig, eine Situation, in der durch pflichtwidriges Verhalten sonst bestehende Chancen verschüttet worden sind.

XXII.

Grundsätzliche Ausführungen zum Problem der überholenden Kausalität macht der Oberste Gerichtshof für die Britische Zone in seinem Urteil vom 20. Januar 1949 zum Löschteichfall[64]). Zugleich ist der Fall wie

---

[64]) II ZS 20/48 OGHZ 1, 308 = DRZ 1949, 182 m. Anm. H. Lehmann = NJW 1949, 302.

die zuletzt erörterten besonders geeignet, die Bedeutung hypothetischen fehlerhaften Geschehens zu prüfen.

Die Kläger waren Eigentümer eines Grundstücks. Das darauf stehende Haus wurde im Jahre 1941 durch Bombentreffer bis auf das Kellergeschoß zerstört. Das Grundstück grenzte an die Werksanlagen der Beklagten. Ende 1943 forderte die Werkluftschutzbezirksstelle die Beklagte auf, Feuerlöschteiche anzulegen. Zusammen mit dem Stadtoberbaurat Sch., dem Vertreter des Oberbürgermeisters als örtlichem Luftschutzleiter, wurde geeignetes Gelände ausgesucht und unter anderem für einen der Teiche auch das Grundstück der Kläger vorgesehen. Im Juli 1944 erinnerte die Bezirksstelle die Beklagte dringlich daran, daß der Feuerlöschteich auf dem Grundstück der Kläger anzulegen sei. Die Beklagte begann mit den Arbeiten, brach die Reste des Kellergewölbes ab und nahm Ausschachtungen vor, die unter das Niveau der bisherigen Kellersohle reichten. Mit Schreiben vom 8. August 1944 unterrichtete die Beklagte die Kläger von der ihr gemachten Auflage sowie dem bereits erfolgten Arbeitsbeginn; sie verwies sie wegen aller Ansprüche an das Kriegsschädenamt der Stadt B. Mit Schreiben vom 29. August 1944 verwahrten sich die Kläger gegen die Inanspruchnahme ihres Grundstücks; sie behielten sich die Geltendmachung aller Rechte vor. Am 30. September 1944 stellte die Beklagte nach einem schweren Luftangriff, der aber das Grundstück der Kläger nicht betraf, die Arbeiten auf diesem Grundstück ein und verbot das Betreten durch Anschlag. Gleichwohl wurden erhebliche Sandmengen durch Dritte aus dem Grundstück entnommen und später Schuttmassen darauf verbracht. Auch von den Klägern angebrachte Schilder halfen nichts. Die Kläger machten Schadensersatzansprüche geltend. Sie trugen vor, Oberbaurat Sch. habe die Beklagte ausdrücklich darauf hingewiesen, daß sie sich wegen der Inanspruchnahme mit den Klägern verständigen müsse. Das habe die Beklagte schuldhaft unterlassen; sie habe eigenmächtig Veränderungen an dem Grundstück vorgenommen und hierdurch alle — auch die durch Dritte herbeigeführten — Schäden verursacht. Die Beklagte erwiderte, Sch. habe das Grundstück zur Anlage des Teiches bestimmt und dazu erklärt, er sei befugt, über die Verwendung der von Luftkriegsschäden betroffenen Grundstücke für Zwecke des Luftschutzes zu befinden und werde selbst die Inanspruchnahme des Grundstücks zugunsten der Beklagten regeln. Die Beklagte habe im Vertrauen auf diese Erklärung gehandelt.

Das Landgericht hat die Klage abgewiesen. Das Oberlandesgericht hat ihr stattgegeben. Der Oberste Gerichtshof für die Britische Zone hat zurückverwiesen und ausgeführt: Das Oberlandesgericht spreche sich nicht darüber aus, wie der hypothetische Zustand sein würde, obwohl der Vortrag der Beklagten nur dahin habe verstanden werden können, daß auch bei Rückfrage der Beklagten vor Arbeitsbeginn — nach ordnungsmäßiger gütlicher oder zwangsweiser Inanspruchnahme des Grundstücks — die Arbeiten mit demselben Enderfolg vorgenommen worden wären. Indem das Oberlandesgericht so den hypothetischen Ursachenverlauf außer acht lasse, wie er sich ohne das schadenstiftende Ereignis, die eigenmächtige Besitzentziehung, nach dem Vorbringen der Beklagten ergeben hätte, befinde es sich zwar in Übereinstimmung mit der Auffassung, ein einmal begründeter Schadensersatzanspruch könne nicht dadurch unbegründet werden, daß der gleiche Schaden später durch ein anderes Ereignis angerichtet worden wäre: das erste, den Schaden wirklich verursachende Ereignis hindere das zweite — nur hypothetische — daran, für den Schaden ursächlich zu werden; § 249 BGB schreibe nur das Hinwegdenken des schädigenden Ereignisses, nicht aber das Hinzudenken anderer Ereignisse vor. Es sei aber bedenklich, ob diese Grundsätze mit dem Wesen des Schadensersatzrechts vereinbar seien. Ziel des Schadensersatzes sei nicht die Wiederherstellung eines gewesenen, sondern Herstellung des gegenwärtigen Zustandes, wie er ohne das schädigende Ereignis bestehen würde. Das Gesetz bringe das nicht nur durch den Wortlaut des § 249 BGB, sondern auch, soweit es sich um die Erhöhung des Schadens handle, in der richtig verstandenen Vorschrift des § 252 BGB zum Ausdruck. Danach erfasse der Schaden auch den entgangenen Gewinn, und zwar nicht nur den schon im Zeitpunkt des schädigenden Ereignisses zu erwartenden, sondern nach herrschender und richtiger Meinung auch den Gewinn, der nachweislich durch spätere Ereignisse eingetreten wäre. Es könne nun aber nicht einleuchten, daß bei der Ermittlung des hypothetischen Zustands nur das schadenstiftende Ereignis hinwegzudenken sei, nicht aber auch diejenigen Umstände zu berücksichtigen seien, die nachweislich ohne das schadenstiftende Ereignis auf den Verlauf der Dinge und auf das Ergebnis eingewirkt haben würden. Die Gegenmeinung zwinge den Richter bei der Feststellung des Schadens unter Umständen zu der Annahme eines gedachten Vergleichszustandes, der nach der klaren Erkenntnis des Richters ohne das schädigende Ereignis in Wirklichkeit nicht bestehen würde. Das bedeute aber, daß zwar für die dem Schadensersatzberechtigten günstigen Umstände nach dem richtig aufgefaßten § 252 BGB die volle gegenwärtige Erkenntnismöglichkeit maßgeblich sein solle, für die dem Schadensersatzberechtigten ungünstigen dagegen grundsätzlich der vergangene Zeitpunkt des Schadensereignisses. Es müßten schon besondere Gründe für die Annahme bestehen, daß das Gesetz eine so eigenartige verschiedene Behandlung der günstigen und der ungünstigen Umstände gewollt habe, die dem Schadensersatzberechtigten zwar die Vorteile der künftigen hypothetischen Entwicklung zugute kommen ließen, ihn aber vor den Nachteilen dieser Entwicklung grundsätzlich bewahren sollte. Ein Grund für solche unterschiedliche Behandlung könne kaum darin gefunden werden, daß der Schadensersatzanspruch Straffunktion und deshalb dem Schädiger die Vergünstigung einer Schadensminderung nicht zukommen lassen sollte. Das müßte zur Unbeachtlichkeit von Wertverringerungen führen und widerspräche der Tatsache, daß das Bürgerliche Gesetzbuch im Schadensersatzrecht das Verschulden nicht werte, sondern dem leicht fahrlässig Handelnden und dem schuldlos Verantwortlichen grundsätzlich die gleiche Haftung auferlege wie jedem Schädiger. Auch der Gedanke, daß das Schadensersatzrecht seine ihm zweifellos innewohnende Abschreckungswirkung gegenüber dem Täter verliere, wenn dieser sich unter Umständen sagen könne, daß er nicht zu haften brauche, weil bereits zu übersehen sei, daß der gleiche Zustand auch ohne seine Handlung eingetreten wäre, überzeuge nicht. Fälle, in denen der Täter mit einiger Sicherheit einen solchen Schluß ziehen könne, seien selten und strafrechtliche Sanktionen und Unterlassungsansprüche sorgten für den nötigen Schutz. Daß ferner ein Schädiger sich mit einem Schadensereignis entlasten könnte, das einen Dritten schadensersatzpflichtig gemacht hätte, verbiete sich nach dem allgemeinen, auch in § 830 BGB zum Ausdruck kommenden Gedanken, daß der Schädiger nicht aus unerlaubtem Verhalten eines Dritten Vorteile ziehen dürfe.

Der Oberste Gerichtshof für die Britische Zone erkennt die Berücksichtigung jedenfalls des hypothetischen nicht unerlaubten Geschehens an. Sollte sich aber jemand, der einen Rassehund getötet hat, darauf berufen dürfen, dieser wäre sonst — auch mit Sicherheit — zu einer Ausstellung gebracht worden und hätte sich dort — wiederum auch mit Sicherheit — wie alle anderen Hunde tödlich mit einer Seuche infiziert?

Die Lösung nach dem Vermeidbarkeitsprinzip führt zu folgendem Ergebnis: Die Beklagte hätte ohne gütliche oder zwangsweise Inanspruchnahme keine Ausschachtungen vornehmen dürfen. Dann wären zunächst alle Zerstörungen und alle Materialverluste vermieden worden, welche die Beklagte durch die Ausschachtung selbst herbeigeführt hat. Dazu war die Beklagte ohne Rücksicht darauf verpflichtet, ob andere an ihrer Stelle in gleicher Weise rechtswidrig gehandelt hätten. Die Beklagte haftet insoweit gemäß Leitsatz I. Sollte die Beklagte sich darauf berufen, Dritte hätten diese Zerstörungen und Materialverluste ohnehin herbeigeführt, so wäre dies gemäß Leitsatz II Satz 1 Halbsatz 1 unbeachtlich. Soweit Dritte aber erst durch die Ausschachtung der Beklagten an den Sand herankamen, haftet die Beklagte wiederum nach Leitsatz I. Sie haftet also für alle Zerstörungen und Materialverluste. Hinsichtlich der Trümmerablagerungen ist zu unterscheiden, ob und inwieweit das Ruinengrundstück auch ohne Ausschachtung hierfür geeignet war. War es bereits so beschaffen, daß sich die wenn auch rechtswidrige Trümmerablagerung anbot, so haftet die Beklagte gemäß Leitsatz I nicht. Sie war nicht verpflichtet, durch das Unterlassen der Ausschachtung dem Grundstück seinen bereits bestehenden Charakter als Trümmerplatz zu nehmen. Auf dieser bereits vorgefundenen Situation baut nur noch die Pflicht auf, das Grundstück nicht noch weiterhin zum Trümmer- und Schuttabladeplatz zu verschlechtern. Anders als bei den Materialverlusten ist somit der Vortrag der Beklagten, Trümmer und Schutt wären ohnehin auf das Grundstück verbracht worden, gemäß Leitsatz I und Leitsatz II Satz 1 Halbsatz 1 (Anfang) erheblich, ohne daß unter diesem Gesichtspunkt die weiteren Merkmale des Leitsatz II Halbsatz 1 zu prüfen wären. Soweit die Beklagte hiernach jedoch insgesamt entsprechend der Vermeidepflicht verantwortlich wäre, entfällt aber ihre Haftung gemäß Leitsatz II Satz 1 Halbsatz 1, wenn das Grundstück ohnehin zwangsweise in Anspruch genommen worden wäre und die Kläger die daraus entstehenden Folgen ohnedies tragen mußten. Es dürfte unschwer anzunehmen sein, daß die Beklagte die zwangsweise Inanspruchnahme des Grundstücks erreicht hätte. Dann entfällt jede Haftung. Dies gilt jedoch gemäß Leitsatz II Satz 1 Halbsatz 1 nur insoweit, als eine zwangsweise ordnungsgemäße Inanspruchnahme des Grundstücks nicht zu besonderen Ansprüchen gegenüber dem Staat geführt hätte; den Verlust solcher durch die Eigenmächtigkeit der Beklagten vernichteten Ansprüche hätten die Kläger nicht zu dulden.

XXIII.

Den ähnlichen Brandgassenfall behandelt das Urteil des Bundesgerichtshofs vom 19. April 1956[65]).

Der Kläger war Eigentümer eines Grundstücks, auf dem ein Vorderhaus und ein räumlich davon getrenntes Hinterhaus standen. Am 5. April 1944 erließ der Oberbürgermeister der beklagten Stadt als Ortspolizeibehörde und örtlicher Luftschutzleiter die folgende Polizeiverfügung:

> „Bedingt durch die Terrorangriffe erfordert die Sicherung der Bevölkerung sofortige polizeiliche Maßnahmen und zwar die Schaffung von Fluchtwegen.
>
> Auf Grund des § 14 des Polizeiverwaltungsgesetzes in Verbindung mit § 2 und § 5 des Luftschutzgesetzes wird der Teil Ihres Grundstücks ...., der in beiliegendem Lageplan rot umrandet ist, in Anspruch genommen.
>
> Die Gebäude sind bis zum 7. April 1944 zu räumen. Am 8. April wird mit den Abbrucharbeiten begonnen."

---

[65]) III ZR 26/55 BGHZ 20, 275 = LM § 249 BGB (Bb) Nr. 8 mit Anm. Pagendarm = NJW 1956, 1027 = VersR 1956, 371.

Im beigelegten Lageplan war nur das Vorderhaus des Klägers rot umrandet. Die Beklagte ließ jedoch zu der in der Verfügung festgesetzten Zeit außer dem Vorderhaus auch das Hinterhaus im Zuge der sogenannten Brandgassenaktion abreißen. Für den Abbruch des Hinterhauses verlangte der Kläger von der Beklagten Schadenersatz aus Amtspflichtverletzung. Die Beklagte machte geltend, auf dem der Verfügung vom 5. April 1944 beigefügten Lageplan sei das Hinterhaus des Klägers nur versehentlich nicht rot umrandet und irrtümlich als nicht mehr bestehend gekennzeichnet worden. In dem Generalabbruchplan, nach der die Brandgassenaktion durchgeführt worden sei, und dem dazugehörigen Gebäudeverzeichnis sei auch das Hinterhaus als zum Abbruch bestimmt bezeichnet worden. Das Versehen sei für den vom Kläger geltend gemachten Schaden nicht ursächlich, weil das Hinterhaus in jedem Falle im Rahmen der Brandgassenaktion abgerissen werden sollte und die Verfügung, wenn das Versehen rechtzeitig bemerkt worden wäre, entsprechend berichtigt oder ergänzt und auf das Hinterhaus ausgedehnt worden wäre.

Das Landgericht hat die Klagansprüche dem Grunde nach für gerechtfertigt erklärt. Das Oberlandesgericht hat die Berufung der Beklagten zurückgewiesen und ausgeführt: Der ursächliche Zusammenhang zwischen der Handlung des Schädigers und dem Schaden werde nicht ohne weiteres dadurch aufgehoben, daß der nämliche Erfolg, der durch die schädigende Handlung eingetreten sei, auch durch ein anderes Ereignis sicher herbeigeführt worden wäre. Insbesondere könne Amtshaftungsansprüchen aus verfahrensmäßig fehlerhaften Handlungen einer Behörde nicht entgegengehalten werden, diese Handlungen hätten bei Beachtung der Verfahrensvorschriften auch rechtsgültig vorgenommen werden können. Andernfalls könne sich eine Behörde bei derartigen Amtshaftungsansprüchen stets darauf berufen, sie habe den gleichen Erfolg auch in rechtmäßiger Weise erzielen können, was zur Anerkennung regelrechter Willkürakte führen würde.

Der Bundesgerichtshof hat zurückverwiesen: Die Beklagte habe mit Beweisangeboten vorgetragen, daß das Hinterhaus, das mitten in der nach dem Gesamtplan vorgesehenen Brandgasse gelegen habe, ohnehin abgerissen worden wäre. Wenn diese Behauptungen zutreffend seien, so sei die Klage abzuweisen. Der Sachverhalt gebe keine Veranlassung, zu dem Problem des sogenannten hypothetischen Ursachenzusammenhangs grundsätzlich Stellung zu nehmen und insbesondere abschließend darüber zu befinden, ob dieses Problem wirklich ein Problem des rechtlichen Kausalzusammenhangs sei oder ob es sich dabei allein um ein Problem der Schadensberechnung handle, ob eine generelle Lösung möglich sei oder ob die Bildung von Fallgruppen und deren verschiedene rechtliche Behandlung geboten sei. Fälle der vorliegenden Art schieden jedenfalls aus dem Problemkreis der hypothetischen Verursachung aus. Bei dieser gehe es um die Frage, ob und in welchem Umfang die in Wirklichkeit (konkret) abgelaufene Kausalkette im Rechtssinne durch einen rein hypothetischen Ursachenzusammenhang ersetzt werden könne. Vielmehr stelle sich die hier zu beurteilende Rechtsfrage als eine eine Frage der Schadensberechnung: Wenn die Sachdarstellung der Beklagten richtig sei, dann sei bereits vor dem tatsächlichen schädigenden Ereignis sicher gewesen, daß das Hinterhaus ohnehin abgerissen worden wäre. Das Hinterhaus sei im Zeitpunkt des schadenstiftenden Ereignisses bereits „anfällig“ für ein späteres Abreißen gewesen. Insoweit handle es sich nicht um eine „Hypothese“, vielmehr sei diese Schadensanlage des Hauses bereits real vorhanden gewesen und würde mit Sicherheit binnen kurzem zu einer den Abbruch anordnenden polizeilichen Verfügung geführt haben. Zum Erlaß einer solchen Polizeiverfügung habe es keiner besonderen Überlegung und keiner Abwägung des Für und Wider mehr bedurft, sondern dieser Erlaß würde sich gleichsam als automatische Folge aus der zur Zeit der schädigenden Handlung verwirklichten Kausalkette (Entschluß über die Durchführung der Brandgassenaktion, Aufstellung des auch das Hinterhaus erfassenden Gesamtplanes einschließlich Gebäudeverzeichnis, Beginn und bereits erfolgte weitgehende Durchführung der Aktion) ergeben haben. Durch diese schon vor dem tatsächlichen schädigenden Ereignis vorliegenden Umstände sei das Hinterhaus schon bei seinem Abbruch nichts mehr wert gewesen.

Der Gesichtspunkt der Schadensanlage wirkt hier gezwungen und verschiebt die Problematik. Gewiß war das Hinterhaus bei dieser Situation „nichts mehr wert". Zunächst allerdings ist darauf hinzuweisen, daß durch die Schadensanlage die Substanz des Gebäudes nicht betroffen war, sondern daß nur ein Eingriff von außen drohte. Für diesen Fall wie für alle Fälle der „Schadensanlage" fragt sich jedoch, ob der Beklagte sich auf den aus drohender Situation folgenden hypothetischen Schadenseintritt berufen darf. Zutreffend hatte das Oberlandesgericht die Frage gestellt, ob Amtshaftungsansprüchen aus verfahrensmäßig fehlerhaften Handlungen etwa entgegengehalten werden dürfe, man habe auch rechtmäßig den gleichen Schaden herbeiführen können, und daran die Erwägung geknüpft, ob dies nicht zur Anerkennung von Willkürakten führe.

Nach Leitsatz I ist die Schadenszurechnung möglich, weil das Hinterhaus ohne ordnungsmäßige Polizeiverfügung hätte stehenbleiben müssen. Das nach Leitsatz I zu berücksichtigende fehlerfreie Geschehen besteht deshalb darin, daß das Haus stehen blieb. Gemäß Leitsatz II Satz 1 Halbsatz 1 ist jedoch auf die danach begründete Schadenszurechnung zu verzichten, weil der Kläger den Schaden ohnedies hätte dulden müssen. Er hat auch keinen Anspruch gemäß Leitsatz III, weil der Abbruch des Hinterhauses in jedem Falle sicher war.

XXIV.

Das Urteil des Reichsgerichts vom 28. September 1921 betrifft die unzulässige Beschlagnahme von Patenten im Kriege[66]).

Die Klägerin war Inhaberin von Patenten, die eine Kompressionsfederbinde schützten. Der beklagte Reichsmilitärfiskus nahm die Patente in den Jahren 1916 bis 1918 in Benutzung und stellte danach für das Heer Kompressionsbinden in großem Umfang her. Die Klägerin forderte Entschädigung. Landgericht und Oberlandesgericht gaben der Klage teilweise statt.

Das Reichsgericht wies die Revision des Beklagten zurück: Dem Oberlandesgericht sei darin beizutreten, daß nicht nur eine angemessene Lizenzgebühr gemäß § 5 Abs. 2 PatG zu zahlen sei, sondern gemäß § 75 EinlALR auch der entgangene Gewinn. Es handle sich hier gerade nicht um den in § 5 Abs. 2 PatG geregelten Fall einer Zwangslizenz auf Grund einer Bestimmung des Reichskanzlers, vielmehr habe die Heeresverwaltung die Erfindung in Benutzung genommen, ohne sich um den ihr bekannten Patentschutz zu kümmern und ohne eine Bestimmung des Reichskanzlers gemäß § 5 Absatz 2 herbeizuführen.

Das Reichsgericht lehnt es ab, das hypothetische in der Bestimmung des Reichskanzlers gemäß § 5 Abs. 2 PatG liegende Geschehen zu berücksichtigen, weil die Heeresverwaltung diesen Weg eben nicht beschritten habe. Damit vergleicht sich das Urteil dem Urteil des Reichsgerichts zum Fall

---

[66]) I 46/21 RGZ 102, 390.

der Operation eines Patienten ohne dessen Einwilligung RGZ 163, 129 oben XVI., in dem das Reichsgericht die hypothetische Einwilligung des Patienten unberücksichtigt läßt. Nach Leitsatz I der hier vorgeschlagenen Lösung ist dieses Ergebnis möglich, weil die Heeresverwaltung ebenso wie der Arzt so nicht handeln durfte und das fehlerfreie Geschehen deshalb darin besteht, daß die Beschlagnahme, im anderen Fall die Operation, unterblieb. Gemäß Leitsatz II Satz 1 Halbsatz 1 ist jedoch entgegen beiden Entscheidungen des Reichsgerichts der Gesichtspunkt zur Geltung zu bringen, daß der Geschädigte keine krisenfeste Position erlangen darf. Im Ergebnis ist deshalb dem Reichsgericht nicht zu folgen.

XXV.

Dem vom Reichsgericht durch Urteil vom 27. November 1937 entschiedenen Fall einer zur Abwehr eines Dammbruchs geöffneten Schleuse lag folgender Sachverhalt zugrunde[67]):

Der Kläger hatte in der Nähe eines breiten Grabens Land gepachtet, das er mit Gemüse bestellte. Über den Graben führte ein Schiffahrtskanal, der oberhalb des Grabens mit einer Schleuse versehen war. Als der Wasserstand in dem Kanal infolge von Wolkenbrüchen so stark angeschwollen war, daß die Dämme zu brechen drohten, ließ das Hafenbauamt diese Schleuse öffnen. Der Graben konnte die Wassermengen nicht fassen; die Felder des Klägers wurden überflutet. Der Kläger verlangte Schadensersatz. Die Beklagte machte geltend, daß der Damm ohne die Öffnung der Schleuse gebrochen und daß dann auch für den Kläger ein noch größerer Schaden eingetreten wäre.

Das Landgericht hat die Klage abgewiesen. Das Oberlandesgericht hat die Klage dem Grunde nach für gerechtfertigt erklärt: Es sei erwiesen, daß die Überflutung ausschließlich auf ein Handeln der Beamten der Beklagten zurückzuführen sei, welche die Schleuse gezogen hätten. Das Öffnen der Schleuse sei zwar gerechtfertigt gewesen, führe aber zu einem Ersatzanspruch gemäß § 904 Satz 2 BGB.

Das Reichsgericht hat zurückverwiesen: Wenn die durch die Notstandshandlung geschädigte Sache bei Unterbleiben des Notstandstuns den gleichen oder einen noch größeren Schaden erlitten hätte, so sei die Notstandshandlung nicht ursächlich im Rechtssinne für den eingetretenen Schaden. Würde dann das Schleusenöffnen hinweggedacht, so wäre das Ergebnis für den Kläger nicht anders geworden. Bei dieser Überlegung werde nicht etwa einem späteren nicht eingetretenen Ereignis Einfluß auf die Betrachtung eingeräumt, was unzulässig sei, vielmehr liege die Sache so, daß das Pachtland des Klägers nach seiner örtlichen Lage bei Eintreten des Wolkenbruchs auf jeden Fall eine Überschwemmung habe erleiden müssen. Dann sei es gleichgültig, ob das Wasser dem Graben infolge Dammbruchs oder Ziehens der Schleuse zugeströmt sei.

Für das Kausalprinzip ergibt sich die Schwierigkeit zu verneinen, daß mit der Klagabweisung einem späteren nicht eingetretenen Ereignis Einfluß auf die Betrachtung eingeräumt wird. Die Beamten der Beklagten haben jedenfalls im naturwissenschaftlichen Sinne für den Schaden durch-

---

[67]) V 138/37 RGZ 156, 187.

aus kausal gehandelt. Bemerkenswert ist ferner, daß das Reichsgericht die Lösung in der Kausalität sucht und nicht, wie es nach seiner Rechtsprechung auch nahegelegen hätte, im Gesichtspunkt der Schadensanlage. Im Ergebnis ist dem Reichsgericht jedoch zu folgen.

Nach Leitsatz I und Leitsatz II Satz 1 Halbsatz 1 (Anfang) der vorgeschlagenen Lösung ist die Klage ebenfalls abzuweisen. Die Beamten der Beklagten konnten den Schaden nicht vermeiden. Eine Vermeidepflicht der Beklagten könnte den vorhandenen Wasserdruck nicht außer acht lassen; die vorhandene Wassermenge und ihre Folgen zählt deshalb zu dem Sachverhalt, auf dem die Vermeidepflicht der Beklagten aufbaut. Der weitere Gesichtspunkt des Leitsatzes II Satz 1 Halbsatz 1, daß der Kläger den Schaden ohnedies hinnehmen mußte, ist nicht mehr zu prüfen; er würde überdies zu dem gleichen Ergebnis führen.

XXVI.

Für das Problem der überholenden Kausalität bei Personenschäden, hier dem Verlust einer Erwerbsstellung, ist das Urteil des Bundesgerichtshofs vom 13. Mai 1953 zum Direktorfall richtungweisend[68]). Hierbei spielen Gedanken eine Rolle, die an den Gesichtspunkt der Schadensanlage anknüpfen.

Der Kläger war von 1926 bis 1944 Direktor einer Zuckerfabrik. Der Beklagte war in demselben Ort Ortsgruppenleiter der NSDAP. Dem Kläger wurde 1944 seitens der NSDAP vorgeworfen, er habe die Aufnahme von Bombengeschädigten abgelehnt, eingewiesenen Mietern Schwierigkeiten gemacht und eine unzulässige Vorratswirtschaft getrieben. Mit Rücksicht auf die gegen den Kläger erhobenen Anschuldigungen kündigte die Zuckerfabrik das Vertragsverhältnis mit dem Kläger am 25. August 1944 fristlos. Der Kläger machte dem Beklagten zum Vorwurf, er habe unrichtiges Material gegen ihn zusammengetragen und die Mitglieder des Aufsichtsrats unter Androhung der Verhaftung veranlaßt, seine Entlassung auszusprechen. Der Beklagte machte geltend, der Kläger würde als alter Parteigenosse im Jahre 1945 seine Stellung bei der Zuckerfabrik endgültig verloren haben, so daß ein erstattungsfähiger Schaden nicht entstanden sei.

Landgericht und Oberlandesgericht haben die Klage abgewiesen. Das Oberlandesgericht hat ausgeführt, der Kläger habe keinen Schaden erlitten, weil er als Altparteigenosse seine leitende Stellung ohnehin verloren hätte.

Der Bundesgerichtshof hat die Revision zurückgewiesen: Wenn das schädigende Ereignis zu vorzeitiger Beendigung eines Dienstvertrages und damit zu einer zeitlich fortlaufenden Minderung von Einkünften im Erwerbsleben geführt habe, so könne die Schadensermittlung nur erfolgen, wenn die Stellung des Geschädigten im Erwerbsleben und die hierdurch gegebenen Verdienstmöglichkeiten berücksichtigt würden, wie sie ohne die schädigende Handlung und ohne den durch sie verursachten Verlust der früheren Berufsposition bestanden hätten. Lasse sich feststellen, daß sich die Einkommensverhältnisse des Klägers etwa infolge seiner besonderen Tüchtigkeit oder einer günstigen Konjunktur gebessert haben würden,

---

[68]) VI ZR 5/52 BGHZ 10, 6 = LM § 843 BGB Nr. 2 m. Anm. Delbrück = NJW 1953, 977 = MDR 1953, 413 = VersR 1953, 244.

so habe der Schädiger auch Ersatz für die entgangene Besserstellung zu leisten, wenn der Kläger infolge der schädigenden Handlung an entsprechenden Verdienstmöglichkeiten gehindert worden sei (§ 252 BGB). Andererseits müsse es auch zu Lasten des Schadenersatzgläubigers Berücksichtigung finden, wenn dieser etwa infolge Krankheit, sinkender Wirtschaftskonjunktur oder mangelnder beruflicher Vorbildung voraussichtlich eine günstige Berufsstellung mit hohen Einnahmen auf die Dauer nicht behalten hätte. Der Richter, der bei der Bemessung des Schadens grundsätzlich vom Zeitpunkt der letzten mündlichen Sachverhandlung auszugehen habe, könne überhaupt nur unter Anstellung hypothetischer Erwägungen ermitteln, welche Einnahmen ein Schadensersatzgläubiger ohne den Verlust seiner Stellung in einem bestimmten Zeitraum gehabt hätte. Wäre er gezwungen, bei dieser Betrachtung nur solche Umstände zu berücksichtigen, die dem Geschädigten günstig gewesen wären, so würde dies eine ungerechtfertigte Besserstellung des Schadensersatzgläubigers bedeuten, zudem aber auch eine oft nur schwer zu lösende Aufgabe darstellen, da sich günstige und ungünstige Umstände mannigfach verflechten könnten. Dem Richter sei vielmehr durch § 287 ZPO die Aufgabe gestellt, alle für die Bemessung eines Schadens maßgebenden Umstände nach freier Überzeugung zu würdigen, ohne daß insoweit eine Einschränkung gemacht sei. Im Rahmen der erforderlichen vergleichsweisen Gegenüberstellung zweier Vermögenslagen sei insbesondere kein Grund ersichtlich, in der Persönlichkeit des Schadensersatzgläubigers liegende Umstände außer acht zu lassen, die sich je nach dem Gang der Entwicklung günstig oder ungünstig auf die Einkommensmöglichkeit auswirken könnten. Zeiten politischer und wirtschaftlicher Umwälzung brächten es erfahrungsgemäß mit sich, daß Personen, die unter den bisherigen Verhältnissen besonders hervorgehoben gewesen seien und gut bezahlte Stellungen gehabt hätten, diese unter der sich neu bildenden Ordnung verlören, was zur Folge habe, daß sie sich nach neuen Stellungen umsehen und ungünstigere Verdienstmöglichkeiten in Kauf nehmen müßten. Die durch die Stellung in einer politischen Partei gegebenen besonderen Beziehungen zu einem bestehenden Staatssystem könnten zunächst zu bevorzugten Berufs- und Erwerbsmöglichkeiten führen, nach Sturz dieses Systems aber auch nachteilige Folgen haben. Würde das Schadensersatzrecht die Beachtung dieser Tatsache verwehren, so hätte der Schadensersatzgläubiger nur deshalb eine krisenfeste Position erlangt, weil ihm einmal Unrecht geschehen sei. Gegenüber anderen Personen in ähnlicher Lage wäre er damit ohne Grund bevorzugt, während der Schädiger für einen Schaden aufkommen müßte, der unter Außerachtlassung der tatsächlichen Gegebenheiten der allgemeinen Entwicklung ermittelt wäre. Das könne nicht rechtens sein. Es bestehe angesichts dieses besonderen Falles kein Anlaß, die Frage der Berücksichtigung hypothetischer Schadensursachen allgemein zu behandeln, insbesondere dazu Stellung zu nehmen, ob auch in dem häufig erörterten Falle eines Sachschadens hypothetische Ursachen zu berücksichtigen seien und in welcher Weise die Abgrenzung der Fallgruppen zu erfolgen habe. Hier wolle die Entscheidung nicht vorgreifen. Der Senat halte die Berücksichtigung eines hypothetischen Ursachenzusammenhangs bei der Schadensermittlung jedenfalls dann für notwendig, wenn über die Folgen des Verlustes einer Erwerbsstellung oder einer sonstigen Erwerbsbeschränkung zu entscheiden sei und der hypothetische Ursachenzusammenhang an Umstände anknüpfe, die schon zur Zeit des schädigenden Ereignisses in der Person des Schadensersatzgläubigers selbst gelegen hätten.

Der Bundesgerichtshof läßt die Berücksichtigung hypothetischer Geschehensabläufe jedenfalls für einen begrenzten Bereich zu. Die Bezugnahme auf die Umstände, die schon zur Zeit des schädigenden Ereignisses in der Person des Schadensersatzgläubigers selbst gelegen hätten, deuten jedoch in die Richtung des Arguments „ohnedies vorhandene Schadensanlage“, selbst wenn diese Bezeichnung für Personenschäden nicht angemessen ist und vom Bundesgerichtshof auch nicht verwendet wird. Will man nur den

Schaden des Klägers berechnen, so wird man hier ebenso wie dort sagen können, der Schaden sei gering, hier, weil seine Arbeitskraft bei der gegebenen Situation „nur noch gering bewertet wird". Erneut wird damit jedoch das Problem verschoben. Es fragt sich vielmehr, ob dem Beklagten, der die Kündigung des Klägers betrieben hatte, die Verteidigung eingeräumt werden soll, dies hätte sonst, wenn auch unter anderen Verhältnissen, ein anderer getan. Wenn diese Frage verneint wird, kann nicht mehr davon ausgegangen werden, die Arbeitskraft des Klägers sei mit Rücksicht auf die hypothetische Kündigung nur noch wenig wert gewesen. Gerade zu dieser Frage sind die Ausführungen des Bundesgerichtshofs aber auch nicht so sehr aus der Sicht der Schadensberechnung, sondern rechtspolitisch überzeugend: Der Geschädigte, dem einmal Unrecht geschehen ist, soll dadurch keine „krisenfeste Position" erwerben, umso weniger hinsichtlich solcher Geschehnisse, die mit seiner Person untrennbar verbunden sind.

Die Pflicht des Beklagten, die aus der Entlassung stammenden Schäden des Klägers zu vermeiden, wird nicht davon berührt, ob der Kläger ohnehin entlassen worden wäre. Anders als in den bisher erörterten Fällen nimmt der Beklagte dem Kläger jedoch für alle Zukunft das Risiko, dort aus anderen Gründen, darunter auch dem seiner langjährigen Zugehörigkeit zur NSDAP, entlassen zu werden. Nach der vorgeschlagenen Lösung sind die innerhalb eines verhinderten Risikos eintretenden hypothetischen Ereignisse nur noch dann zu berücksichtigen, wenn sie mit dem betroffenen Rechtsgut untrennbar verbunden sind. Das ist hier der Fall. Dabei kommt es nicht darauf an, ob die Mitgliedschaft der NSDAP den Kläger besonders geprägt hat. Vielmehr gehört es untrennbar zum Berufsrisiko des Angestellten, daß er aus irgendwelchen Gründen, vielleicht auch aus willkürlichen Gründen, seine Stellung verliert. Auch die Einstellung der Produktion, organisatorische Maßnahmen, die Vernichtung der Firma durch Bombenkrieg gehören dazu. In allen diesen Fällen ist die Klage gemäß Leitsatz II Satz 1 Halbsatz 2 abzuweisen. Auch nach Leitsatz III steht im vorliegenden Falle dem Kläger kein Anspruch zu, weil seine Entlassung sicher war.

XXVII.

Wie verwirrend das Argument sein kann, hypothetisches Geschehen sei zu berücksichtigen, wenn es sich im Zeitpunkt der Schädigung schon zu einer Schadensanlage oder einer vergleichbaren Gefahr verdichtet habe, zeigt der folgende durch Beschluß des Oberlandesgerichts Stuttgart vom 15. November 1955 entschiedene Fall der Geltendmachung von Verdienstausfall bei Schwangerschaft[69]).

[69]) 5 W 49/55 MDR 1956, 164 Nr. 147; hier vereinfacht wiedergegeben.

Die Antragstellerin, die als Reisevertreterin Damenkleidung auch selbst vorzuführen hatte, stieß am 1. Dezember 1952 mit dem von ihr gesteuerten Kleinbus mit dem vom Antragsgegner gesteuerten Lastkraftwagen zusammen. Sie wurde dabei erheblich verletzt. Mit der Klage machte sie Ansprüche wegen Verdienstausfalls geltend. Im Armenrechtsverfahren hat das Oberlandesgericht Stuttgart ihre Ansprüche dem Grunde nach als berechtigt angesehen. Es hat ihr aber für die Zeit vom 22. Dezember 1953 bis zum 22. März 1954 keine Ansprüche auf Verdienstausfall zugebilligt, weil sie während dieser Zeit schwanger gewesen sei und ihren Beruf als Reisevertreterin in Damenkleidung wegen der damit verbundenen Vorführung ohnehin nicht hätte ausführen können. Zur Begründung hat das Oberlandesgericht ausgeführt, die neuere Rechtsprechung lasse die Berücksichtigung hypothetischer Schadensereignisse zum Teil zu; auch der Bundesgerichtshof habe die Berücksichtigung eines hypothetischen Ursachenzusammenhangs bei der Schadensermittlung dann für notwendig gehalten, wenn über die Folgen des Verlustes einer Erwerbsstellung zu entscheiden sei und der hypothetische Ursachenzusammenhang an Umstände anknüpfe, die schon zur Zeit des schädigenden Ereignisses in der Person des Schadensersatzgläubigers selbst gelegen hätten; außerdem seien nach § 287 ZPO alle für die Bemessung des Schadens maßgebenden Umstände zu berücksichtigen.

Die Antragstellerin war zur Zeit des Unfalls noch nicht schwanger. Das sollte auch belanglos sein. Nach Leitsatz II Satz 1 Halbsatz 1 sind die Schäden zu berücksichtigen, die der Geschädigte ohnedies zu dulden hat. Leitsatz II Satz 1 Halbsatz 2 ist nicht anzuwenden, weil die Schwangerschaft nicht innerhalb eines durch das Tatgeschehen beseitigten Risikos eintrat, sondern mit dem nach der Verletzung fortgeführten Leben der Antragstellerin, für das sie weiterhin das Risiko des Verdienstausfalls trägt.

XXVIII.

Das Urteil des Reichsgerichts vom 23. Dezember 1879 betrifft den Fall der Geltendmachung von V e r d i e n s t a u s f a l l b e i S t r a f v e r b ü - ß u n g [70]).

Der Beklagte war im Jahre 1872 in der Fabrik der Klägerin verletzt worden. Die Verpflichtung der Klägerin zur Zahlung einer Unfallrente war rechtskräftig festgestellt worden. Im Jahre 1878 wurde der Beklagte zu einer zweijährigen Zuchthausstrafe verurteilt. Die Klägerin erhob Abänderungsklage mit dem Antrag, sie für die Dauer der Strafverbüßung von der Zahlungspflicht zu entbinden. Das Oberlandesgericht hat der Klage stattgegeben. Das Reichsgericht hat das Urteil bestätigt und dazu ausgeführt: Zu den Voraussetzungen eines wegen Arbeitsunfähigkeit erhobenen Schadensersatzanspruchs gehöre nicht bloß eine bestimmte Erwerbstätigkeit eines Verletzten, sondern auch der Umstand, daß der Verletzte die Möglichkeit eines Erwerbes habe, also, aller Voraussicht nach ohne die erlittene Körperverletzung imstande gewesen sei, für die Zukunft durch Verwertung seiner Kräfte Erwerb zu ziehen. Daraus folge, daß die Ersatzpflicht in Wegfall komme, sobald Umstände einträten, welche, wären sie von Anfang an vorhanden gewesen, einen Ersatzanspruch ausgeschlossen hätten.

---

[70]) Rep. III 188/79 RGZ 1, 66.

Zu Recht läßt es das Reichsgericht nicht darauf ankommen, ob die Straftat schon begangen war, als der Unfall eintrat. Im übrigen ist die Begründung aber nicht erschöpfend. Es sei angenommen, daß ein Mörder den bereits Erwerbsunfähigen noch einmal dauerhaft schwer verletzt. Nimmt man die Gründe des Reichsgerichts ohne weitere Ergänzung, so müßte die Ersatzpflicht des Erstschädigers entfallen, weil feststeht, daß der Verletzte infolge der zweiten Schädigung keine Erwerbsmöglichkeit mehr hat, die Ersatzpflicht des Zweitschädigers würde aber nicht begründet, weil der Verletzte bereits erwerbsunfähig war. Nach Leitsatz II Satz 1 Halbsatz 1 der vorgeschlagenen Lösung ist der Abänderungsklage stattzugeben, im Beispielsfall wäre sie abzuweisen. Leitsatz II Satz 1 Halbsatz 2 wird nicht angewendet, weil Straftat und Bestrafung im Risiko des vom Geschädigten nach der Verletzung fortgeführten Lebens eingetreten sind; dieses Risiko hat der Geschädigte selbst zu tragen.

XXIX.

Mit dem Fall einer hypothetischen Freiheitsentziehung befaßt sich auch der Beschluß des Oberlandesgerichts Koblenz vom 8. Januar 1962[71]).

Der Kläger war wegen versuchter Notzucht zu 18 Monaten Gefängnisstrafe verurteilt worden. Ein ärztlicher Sachverständiger hatte ihn für voll zurechnungsfähig erklärt. In einem späteren Strafverfahren wurde ein neues Strafverfahren gegen ihn wegen versuchten Mordes eingeleitet. Dabei stellten ärztliche Sachverständige fest, daß er wegen Geisteskrankheit unzurechnungsfähig sei und daß dies auch schon im Verfahren wegen Notzucht hätte festgestellt werden müssen. Die Strafkammer erkannte daraufhin auf Unterbringung in einer Heil- und Pflegeanstalt. In einem späteren Wiederaufnahmeverfahren sprach die Strafkammer den Kläger unter Aufhebung ihres früheren Urteils von der Anklage der versuchten Notzucht frei und ordnete ebenfalls seine Unterbringung in eine Heil- und Pflegeanstalt an.

Der Kläger und seine Ehefrau verlangten von dem beklagten Land eine angemessene Entschädigung, weil die Gefängnisstrafe nicht hätte verhängt werden dürfen. Das Landgericht wies die Klage ab. Das Oberlandesgericht Koblenz wies den Antrag der Kläger, ihnen zur Durchführung der Berufung das Armenrecht zu bewilligen, zurück: Wäre gegen den Kläger nicht die Gefängnisstrafe verhängt worden, so hätte er sich ebenfalls nicht in Freiheit befunden und keinem Erwerb nachgehen können, weil dann die Unterbringung in die Heil- und Pflegeanstalt früher erfolgt wäre. Eine hypothetische Ursache könne den Zusammenhang zwischen schädigender Handlung und Schaden beeinflussen. Das müsse auch dann gelten, wenn die eigentliche Ursache des Schadens vor oder zugleich mit dem scheinbar schadenstiftenden Ereignis, wenn auch nur verdeckt, wirksam geworden sei.

Dem Beschluß des Oberlandesgerichts Koblenz ist im Ergebnis zuzustimmen. Zwar wäre gemäß Leitsatz I der vorgeschlagenen Lösung die

---

[71]) 6 UH 51/61 NJW 1962, 399.

Zurechnung möglich, denn die Pflicht des Gerichts, Schäden durch fehlerhaft verhängte Gefängnisstrafen zu vermeiden, ist nicht davon abhängig, ob der Täter ohnedies in eine Heil- und Pflegeanstalt eingewiesen worden wäre, gemäß Leitsatz II Satz 1 Halbsatz 1 hat der Geschädigte jedoch die hypothetischen Ereignisse zu tragen, die er ohnedies rügelos dulden mußte. Da die Verhängung der Gefängnisstrafe den Sachverhalt nicht so sehr verändert hat, daß eine aus einem anderen Lebensbereich drohende Gefahr nicht mehr bestand, ist nicht mehr gemäß Leitsatz II Satz 1 Halbsatz 2 zu prüfen, ob die Gefahr des drohenden Schadenseintritts mit dem Geschädigten bereits untrennbar verbunden war; diese Prüfung würde auch zum gleichen Ergebnis führen.

XXX.

Das Urteil des Reichsgerichts vom 11. Mai 1908 betrifft den Fall, daß eine spätere Trunksucht des Verletzten eine Erwerbsminderung herbeigeführt hätte, die auf Grund der Verletzung bereits entstanden war[72]). Zugleich erörtert das Reichsgericht die Problematik der hypothetischen rechtswidrigen Schädigung durch einen Dritten bei Rentenfällen.

Das Reichsgericht führt dazu aus: Bei Schadensersatz in Form von Rentenzahlungen komme es auf das Kausalitätsverhältnis für jeden Zeitabschnitt an, so daß, wenn nach dem vom Ersatzpflichtigen zu vertretenden ursächlichen Vorgang unabhängig von diesem ein neuer Umstand eintrete, der denselben Schaden ganz oder teilweise ebenfalls verursacht haben würde, insoweit jene Ersatzpflicht entfalle. Eine Ausnahme könnten nur die Fälle bilden, wo die spätere Schadensursache wiederum von einem Dritten zu vertreten sei und dieser dann natürlich keinen Schaden zu ersetzen habe, als dieser schon vorher verursacht gewesen sei: hier wirke die frühere Ursache eben insoweit noch fort, als dem Beschädigten infolge ihrer der Schadensersatz von seiten des Dritten entgehe, den er sonst zu fordern gehabt hätte.

Hierzu ist zunächst zu fragen, warum es auf das Kausalitätsverhältnis für jeden Zeitabschnitt ankommen soll. Die Verletzung durch den Erstschädiger hatte die Erwerbsminderung unabänderlich für Jahrzehnte festgelegt. An der naturwissenschaftlichen Kausalität der Verletzung für die dauernde Erwerbsminderung sollte kein Zweifel bestehen. Indem das Reichsgericht jedoch nach Zeitabschnitten vorgeht, schafft es die Möglichkeit, hypothetisches Geschehen wie das vorliegende zu berücksichtigen. Damit tritt die Problematik hypothetischer rechtswidriger Schädigungen durch Dritte auf. Wie auch der Bundesgerichtshof bei Sachschäden LM § 249 BGB (Ba) Nr. 12 oben XVIII. (Fall der vergifteten Schweine) entschieden hat, soll dieser Bereich jedoch dadurch abgefangen werden, daß dem Geschädigten ein hypothetischer Ersatzanspruch verlorenginge. Hier

[72]) Rep. VI 259/07 RGZ 68, 352.

ist erneut einzuwenden, daß diese Begründung jedenfalls dort nicht Stich hält, wo der hypothetische Zweitschädiger vermögenslos ist; denn dann hätte der Erstschädiger nur einen wertlosen hypothetischen Ersatzanspruch nicht aufkommen lassen. Daß dieser Gesichtspunkt aber auch insgesamt nicht Stich halten kann, erweist sich an dem Fall BGH LM § 839 BGB (D) Nr. 8 oben XII., der eine hypothetische unrichtige Gerichtsentscheidung betrifft. Ohne daß gegen die hypothetisch unrichtig entscheidenden Richter ein Ersatzanspruch denkbar wäre, ist deren hypothetische unrichtige Entscheidung nicht zu berücksichtigen.

Nach der vorgeschlagenen Lösung ist dem Reichsgericht im Ergebnis jedoch zu folgen. Mit der Tathandlung ist das Risiko des weitergeführten Daseins für den Geschädigten nicht beseitigt worden. Gemäß Leitsatz II Satz 1 Halbsatz 1 ist der auf Grund späterer Trunksucht ohnehin entstandene Schaden deshalb zu berücksichtigen. Hypothetische Schädigungen durch Dritte scheiden gemäß Leitsatz II Satz 1 Halbsatz 1 aus ohne Rücksicht darauf, ob der Anspruch gegen diese durchsetzbar wäre.

XXXI.

Das Urteil des Reichsgerichts vom 13. Juli 1933 betrifft den Fall der unterschlagenen Mietgelder[73]).

Die Kläger und der Beklagte waren Miteigentümer von zwei Hausgrundstücken. Der Beklagte verwaltete die Grundstücke und zog die Mieten ein. Entgegen der Vereinbarung mit den Klägern zahlte er die Beträge aber nicht bei der H.-Bank ein, sondern verwendete das Geld anderweitig. Gegenüber der Schadensersatzklage machte er geltend, die Bank sei inzwischen zusammengebrochen und habe ihren Gläubigern bisher nur 15 v. H. ihrer Forderungen bezahlt und eine weitere Zahlung von 15 v. H. erst für später zugesagt, die Kläger könnten von ihm deshalb nicht mehr verlangen als diese 30 v. H., davon die zweiten 15 v. H. erst dann, wenn die Bank diesen Hundertsatz noch ausschütte.

Das Landgericht hat den Beklagten verurteilt. Das Oberlandesgericht hat die Klage abgewiesen. Es hat ausgeführt: Der Beklagte habe durch seine Unterschlagung oder Untreue eine Bedingung für den Eintritt des Schadens gesetzt. Deshalb sei der Schaden durch seine Handlung entstanden, eine weitere Ersatzpflicht also dem Grunde nach gegeben, auch wenn noch eine weitere ebenfalls zureichende Bedingung — hier der Zusammenbruch der H.-Bank — eingetreten sei, die diesen bereits herbeigeführten Erfolg wenigstens zum Teil selbständig herbeigeführt haben würde. Der Eintritt der zweiten Kausalreihe lasse aber nur den Grund des Anspruchs, nicht seine Höhe unberührt. Das folge aus dem Sinn des § 249 BGB, der ausschließlich auf die wirtschaftliche Lage des Geschädigten zur Zeit der Urteilsfällung abstelle. Da ohne die schädigende Handlung des Beklagten die Kläger nur erst 15 v. H. ihres Kapitals von der H.-Bank erhalten hätten und die Schuld des Beklagten ihre obere Grenze in dem vertragsmäßigen Zustand zur Zeit der Urteilsfällung finde, könnten die Kläger bestenfalls den Betrag verlangen, der ihnen bei ordnungsmäßiger Geschäftsbesorgung zugeflossen wäre, nämlich 15 v. H. der Gesamtsumme.

---

[73]) VIII 106/33 RGZ 141, 365 = JW 1933, 2383 Nr. 2 mit Anm. Kunick; dazu Veith JW 1933, 2641 und v. Godin JW 1933, 2898.

Das Reichsgericht hat zurückverwiesen: Richtig gehe das Oberlandesgericht davon aus, daß der ursächliche Zusammenhang zwischen der Handlung des Beklagten und dem Schaden der Kläger nicht dadurch unterbrochen worden sei, daß hinterher ein zweiter Umstand, der Zusammenbruch der H.-Bank, eingetreten sei, der sonst den Verlust herbeigeführt hätte. Die Auffassung des Oberlandesgerichts, der Eintritt des zweiten Ereignisses sei von Bedeutung für die Höhe der Ersatzpflicht des Beklagten, sei jedoch rechtsirrig. Wenn die Ersatzpflicht nicht dadurch wieder beseitigt werde, daß hinterher ein zweiter Umstand eintrete, der den schädigenden Erfolg ohnehin herbeigeführt hätte, dann könne nach den Gesetzen der Logik die Ersatzpflicht auch nicht teilweise wieder dadurch beseitigt werden, daß nachträglich ein zweiter Umstand eintrete, der sonst den Erfolg teilweise herbeigeführt hätte. Die gegenteilige Ansicht des Oberlandesgerichts führe auch zu unbilligen Ergebnissen: So könnte sich ein Dieb darauf berufen, daß eine Sache ohne den Diebstahl teilweise verbrannt wäre; er brauchte dann nur den Wert zu ersetzen, den die beschädigte Sache gehabt hätte. Das Oberlandesgericht begehe bei der Prüfung der Frage, welcher Zustand bestehen würde, wenn der zum Ersatz verpflichtende Umstand nicht eingetreten wäre, den Fehler, daß es nicht nur jenen Zustand hinwegdenke, sondern einen anderen hinzudenke, nämlich die Anlegung der Gelder bei der H.-Bank. Wenn im Schrifttum ausgeführt werde, der ursächliche Zusammenhang werde nicht ausgeschlossen durch die Feststellung, daß der nämliche oder ein ähnlicher wie der durch das Tun des Schädigers herbeigeführte Erfolg ohnedies durch ein anderes Geschehnis herbeigeführt worden wäre, doch könne eine solche Feststellung geeignet sein, den Umfang des Schadens geringer erscheinen zu lassen, so sei dieser Satz irreführend. Wenn ein durch Verletzung erwerbsunfähig Gewordener zur Zeit der Verletzung an einer Krankheit gelitten habe oder sonst seine Gesundheit von einer Beschaffenheit gewesen sei, die ihn auch ohne die Verletzung in Bälde erwerbsunfähig gemacht hätte, dann sei ihm durch die Verletzung die Erwerbsunfähigkeit nur für die Zeit verlorengegangen, während welcher er ohne die Verletzung trotz seiner Krankheit noch erwerbsfähig geblieben wäre. Anders liege es aber, wenn der Verletzte erst nach der Verletzung an einem Leiden erkrankt sei. In einem solchen Falle gelte auch gegenüber der Erkrankung der Satz: der ursächliche Zusammenhang wird nicht ausgeschlossen durch die Feststellung, daß ein anderes Geschehen, die Erkrankung, den Verletzten auch erwerbsunfähig machen würde.

Dem Urteil ist nicht leicht zu entnehmen, ob es die Berücksichtigung oder Nichtberücksichtigung hypothetischer Geschehensabläufe als ein Problem der Kausalität oder als ein Problem des Schadens ansieht. Wenn aber in den Gründen ausgeführt wird, was einmal bewirkt worden sei, könne nicht noch einmal bewirkt werden, so ist damit wohl angedeutet, daß die Nichtberücksichtigung hypothetischer Geschehensabläufe aus dem Kausalbegriff folgen soll. Sofort gerät damit das Reichsgericht jedoch in Schwierigkeiten bei der Beurteilung des Falles, daß ein „in Bälde Kranker" verletzt und damit arbeitsunfähig wird; denn auch in diesem Falle bildet die Verletzung die alleinige Schadensursache, folgerichtig dürfte die nur hypothetische Arbeitsunfähigkeit infolge Krankheit nicht berücksichtigt werden. Unter dem Gesichtspunkt der Schadensberechnung wäre dann allerdings das Argument denkbar, die auf eine bereits im Keim vorhandene Krankheit treffende schädigende Handlung könne nur noch wenig Schaden anrichten: Wer jemanden verletzt, der langsam erblindet, sollte nicht über dessen Erblindung hinweg ersatzpflichtig sein. Andererseits: Ist jemand vom Schädiger am Arm verletzt worden und deshalb erwerbsunfähig, verletzt er sich dann aber erneut und wird infolgedessen blind oder gelähmt, so sollte er ebenfalls nicht mehr so gestellt sein, als wäre er ohne die Handlung des Schädigers noch gesund.

Nach dem Lösungsvorschlag ist der Fall wie folgt zu beurteilen: Wenn die H.-Bank nicht voll ausgezahlt hätte, so ist dies eine rechtswidrige Handlung, auf die der Beklagte sich gemäß Leitsatz II Satz 1 Halbsatz 1 nicht berufen darf. Leitsatz II Halbsatz 2 ist nicht mehr zu prüfen. Würde er jedoch angewandt, so könnte sich der Beklagte auf den Zusammenbruch der Bank erneut nicht berufen, weil er durch seine Handlung das Risiko für den hypothetischen Schadenseintritt beseitigt hat und insoweit nur noch Risiken zu berücksichtigen sind, die mit dem Geld untrennbar verbunden sind. Dazu gehört etwa eine Währungsreform, die den Geldeigentümer, was er auch anfängt, erreicht, nicht jedoch das individuelle Geschehen eines Bankzusammenbruchs.

Ansprüche der Kläger aus ungerechtfertigter Bereicherung und Auftrag sind hier nicht zu erörtern.

XXXII.

Neben den bereits genannten Fällen machen noch weitere Fälle deutlich, daß die Theorie von der Schadenslage Zweifeln unterliegt. Dazu gehört auch der durch Urteil des Reichsgerichts vom 6. Oktober 1933 entschiedene Fall des Wertverlustes eines Bauernhofs[74]).

Durch Vertrag vom 25. November 1926 kaufte der Kläger einen Bauernhof zum Preise von 50 000,— RM. Zur Erfüllung des Vertrags kam es nicht; die Verkäuferin verweigerte sie, weil der beklagte Notar bei der Beurkundung des Vertrags versäumt hatte, im Protokoll zu vermerken, daß der Vertrag den Beteiligten vorgelesen und von ihnen genehmigt und unterschrieben worden sei. Der Kläger nahm den Beklagten wegen Amtspflichtverletzung auf Schadensersatz in Anspruch und verlangte einen Betrag von 40 000,— RM. Er trug vor, der Hof habe einen um diesen Betrag höheren Wert gehabt. Der Beklagte erwiderte, seit Abschluß des Kaufvertrags seien die Grundstückspreise erheblich gefallen; nach seiner Auffassung sei aber für die Schadensberechnung der Zeitpunkt der Urteilsfällung maßgebend.

Das Landgericht hat der Klage stattgegeben. Das Oberlandesgericht hat die Klage im November 1932 im wesentlichen abgewiesen: Grundsätzlich sei für die Schadensberechnung vom Zeitpunkt der Urteilsfällung auszugehen, ein früherer Zeitpunkt sei der Schadensbemessung allenfalls nur dann zugrundezulegen, wenn der Kläger den höheren Wert mit einer gewissen Wahrscheinlichkeit realisiert haben würde. Es sei aber in hohem Grade unwahrscheinlich, daß der Kläger in der Zeit zwischen dem Vertragsabschluß und der Urteilsfällung den Hof ganz oder teilweise zu veräußern auch nur beabsichtigt habe, geschweige denn, daß er ihn wirklich verkauft haben würde.

Das Reichsgericht hat die Revision zurückgewiesen: Über den Zeitpunkt, der bei der Ausmittlung des zu ersetzenden Schadens maßgebend sei, enthalte das Bürgerliche Gesetzbuch keine allgemeinen Vorschriften, ihrer habe es aber auch

---

[74]) III 13/33 RGZ 142, 8 = JW 1934, 89 m. Anm. Isele.

nicht bedurft. Vielmehr greife hier der nicht sowohl dem Schadensersatzrecht oder überhaupt dem bürgerlichen Recht angehörige Rechtssatz ein, daß der Tatrichter seinem Urteil diejenigen Verhältnisse zugrundezulegen habe, die bei der Urteilsfällung beständen. Diese Regel lasse sich ohne Schwierigkeiten anwenden und führe zu befriedigenden Ergebnissen, soweit es sich um einen in der Entwicklung begriffenen, namentlich mit der Zeit sich vergrößernden Schaden handle; in diesem Sinne hätten auch zahlreiche Entscheidungen die Regel ausgesprochen und angewendet. Schwierigkeiten bereite dagegen der hier in Rede stehende Fall, daß der für die Schadensberechnung maßgebende Wert zur Zeit seiner Entstehung höher gewesen, nun aber geringer geworden sei. Von jenem Verfahrensgrundsatz aus würde der Richter nur den geringeren, heute bestehenden Wert zusprechen dürfen. Immerhin erscheine es auch in diesen Fällen nicht als ausgeschlossen, daß der früher vorhanden gewesene höhere Wert zugunsten des Ersatzberechtigten beachtet werde; nur werde dann der Ersatzberechtigte anderweitige Gesichtspunkte zur Ergänzung der Grundlagen seines Anspruchs heranzuziehen haben. Dann handle es sich streng genommen nicht mehr um den eigentlichen Fall des § 249 BGB, sondern den des § 252 BGB; der Ersatzberechtigte verlange dann den Gewinn, den er gemacht haben würde und der ihm entgangen sei. Das bedeute, daß in solchen Fällen nicht mehr rein der oben genannte verfahrensrechtliche Grundsatz entscheide, sondern der sachlichrechtliche Grundsatz über den ursächlichen Zusammenhang. Vom Gesichtspunkt des ursächlichen Zusammenhangs aus sei nun dem Oberlandesgericht darin beizutreten, daß diejenige Wertminderung, die der Hof infolge der ungünstigen Entwicklung der allgemeinen wirtschaftlichen Lage, namentlich auch der Landwirtschaft, erfahren habe, nicht zu Lasten des Beklagten gehen könne. Demgemäß habe diese Wertminderung mit dem Versehen des Beklagten nichts zu tun; das Versehen sei nicht ursächlich für diesen Teil des Schadens. Im späteren Verlaufe des Rechtsstreits habe der Kläger allerdings darauf hingewiesen, daß er den Hof ganz oder in Teilen hätte veräußern können. Diesem Hinweis stehe aber die tatrichterliche Feststellung entgegen, es sei unwahrscheinlich, daß der Kläger auch nur die Absicht gehabt habe, den Hof ganz oder teilweise zu veräußern. Dem regelmäßigen Gang der Dinge entspreche die alsbaldige Veräußerung eines zusammenhängenden landwirtschaftlichen Grundbesitzes auch nicht, umso weniger in einer Zeit, in der die Veräußerung landwirtschaftlichen Grundbesitzes an die obrigkeitliche Genehmigung gebunden gewesen sei und diese Genehmigung an Spekulanten oder zu Parzellierungszwecken kaum erteilt worden wäre. Anders möchte die Frage liegen, wenn es sich um Gegenstände des Handelsverkehrs handle, die ihrem Wesen nach zur Veräußerung bestimmt seien und bei welchem ohne weiteres davon auszugehen sei, daß der Gläubiger sie auch wirklich veräußert haben würde. Auch der vom Landgericht für entscheidend erachtete Gesichtspunkt, der Kläger habe Anspruch auf sofortigen Schadensersatz gehabt, führe den Kläger nicht weiter. Denn auch dieser Gesichtspunkt rechtfertige es nicht, ihm als Schaden einen höheren Betrag zuzusprechen, als sich aus dem Unterschied zwischen dem bedungenen Kaufpreis und dem heutigen Wert des Hofs ergebe.

Das Reichsgericht berücksichtigt den hypothetischen Wertverlust ohne zu prüfen, ob der Hof zur Zeit des vom Beklagten vereitelten Kaufs schon von einer solchen Schadensanlage bedroht war. Sie könnte nur in der allgemeinen wirtschaftlichen Lage des Jahres 1926 liegen, von der behauptet werden müßte, daß sich die Ansätze zu einer Depression dort bereits verdichtet hätten. Es erscheint müßig, auf solche Gesichtspunkte abzustellen. Zugleich weist das Reichsgericht die Betrachtung des Landgerichts zurück, der Kläger habe Anspruch auf sofortigen Schadensersatz gehabt, mit anderen Worten, der Anspruch sei einmal entstanden und abgeschlossen. Zu Recht verweist das Reichsgericht statt dessen auf die Notwendigkeiten der

Schadensberechnung im Zeitpunkt der letzten mündlichen Verhandlung, weil anders auch die Vergrößerung des Schadens nicht erfaßt werden könne.

Nach Leitsatz I war der Beklagte verpflichtet, dem Kläger den Hof zu verschaffen und ihm damit auch den Gewinn von 40000,— RM und bei Wertsteigerungen weitere Gewinne zu ermöglichen. Weil er dies versäumt hat, deckt das Vermeidbarkeitsprinzip insoweit auch den höchsten Schadensersatz. Zugleich hat der Beklagte dem Kläger aber auch das Risiko genommen, das dieser als Hofbesitzer in der Rezession gehabt hätte. Dies ist jedoch gemäß Leitsatz II Satz 1 Halbsatz 2 zu berücksichtigen, weil eine solche Gefahr mit dem Hofbesitz untrennbar verbunden ist. Darüber hinaus hätte der Kläger einen Anspruch nach Leitsatz III, wenn er darlegen und beweisen könnte, daß nach seinen Absichten und ohne rechtliche Hinderung die reale Chance bestanden hätte, den Hof ganz oder in Teilen vorteilhaft zu veräußern. Der Schaden ist dann gemäß Leitsatz III Halbsatz 2 entsprechend dem Umfang der vernichteten Chance zu teilen.

XXXIII.

Der vom Reichsgericht durch Urteil vom 22. Mai 1940 entschiedene Fall betrifft eine Wertminderung von Aktien[75]).

Der Kläger verlangte Schadensersatz für die Wertminderung („Verwässerung") von Aktien, die von den Beklagten durch unerlaubte Handlung unter Ausnutzung ihrer Stimmenmehrheit verursacht worden war.

Das Oberlandesgericht hat die Klage teilweise abgewiesen. Es hat ausgeführt: Für die Schadensberechnung müsse im vorliegenden Falle der Zeitpunkt der letzten mündlichen Sachverhandlung zugrundegelegt werden. Der Kläger habe ausweislich seiner eigenen Erklärungen niemals seine Beteiligung an dem als Erbe übernommenen Unternehmen aufgeben wollen; denn er habe unentwegt den Standpunkt vertreten, daß er nicht gewillt gewesen sei, seine Beteiligung an dem Unternehmen aufzugeben, daß für ihn der Aktienbesitz kein Spekulations- oder Verkaufsobjekt, sondern die „gerettete Beteiligung an seinem früheren Unternehmen" gewesen sei. Falls, wie es den Anschein habe, der Schaden sich im Laufe des Rechtsstreits verringert habe, weil der Wert des Gesellschaftsvermögens infolge der Wirtschaftslage gesunken sei, so vermindere dies auch den dem Kläger zuzusprechenden Schadensbetrag; nur soweit die Verminderung des Gesellschaftsvermögens durch pflichtwidrige Handlungen der Beklagten herbeigeführt worden sei, hätten die Beklagten selbstredend dafür aufzukommen.

Das Reichsgericht hat die Revision zurückgewiesen: Die Annahme des Oberlandesgerichts, daß für die Schadensberechnung der Zeitpunkt der letzten mündlichen Verhandlung vor dem Tatrichter zugrundezulegen sei, sei rechtlich — wenigstens grundsätzlich — nicht zu beanstanden. Sie entspreche der ständigen Rechtsprechung. Wer für die Vorenthaltung, Entziehung, Beschädigung oder Wertminderung eines Gegenstandes einzustehen habe, sei, wenn die Wiederherstellung nicht möglich sei, grundsätzlich verpflichtet, durch Geldentschädigung den Geschädigten vermögensmäßig so zu stellen, wie er stehen würde, wenn die zum Schadensersatz verpflichtende Handlung nicht vorgenommen worden wäre (§§ 249,

---

[75]) II 98/39 DJ 1940, 1014.

251 BGB). Soweit der Verlust oder die Wertminderung des Gegenstandes auch ohne diese Handlung eingetreten wäre, sei der ursächliche Zusammenhang zwischen dem zum Schadensersatz verpflichtenden Verhalten und dem Schaden in der Regel zu verneinen. Eine Ausnahme bilde nur der Fall, daß ein späteres, an sich in keinem Zusammenhang mit der Tat stehendes Ereignis, das ohne die Handlung des Schädigers hätte Schadensursache werden können, infolge dieser Handlung nicht zur Auswirkung gekommen sei; durch ein solches nicht wirksam gewordenes Ereignis könne der einmal bestehende ursächliche Zusammenhang nicht mehr in Frage gestellt werden. Im Falle einer Wertminderung könne der Geschädigte also, soweit sich die durch das Verhalten des Schädigers hiernach als verursacht anzusehende Wertminderung auf Grund späterer Ereignisse als nur eine vorübergehende herausstelle, nur Ersatz des Schadens verlangen, den er dadurch erlitten habe, daß diese Wertminderung zeitweise eingetreten oder eine größere gewesen sei. Ein solcher Schaden komme vor allem dann in Betracht, wenn der Geschädigte sich veranlaßt gesehen habe, den Gegenstand zu der Zeit, in der er einen geringeren Wert gehabt habe, zu verkaufen oder wenn der Gegenstand ihm in der Zwischenzeit einen geringeren Nutzen gebracht habe. Abgesehen hiervon könne aber als ein durch die zum Schadensersatz verpflichtende Handlung verursachter Schaden nur der Betrag anerkannt werden, um den der Gegenstand der letzten mündlichen Verhandlung als infolge der Handlung entwertet anzusehen sei. Nach diesen in der Rechtsprechung entwickelten Grundsätzen sei auch im vorliegenden Fall die Schadensberechnung vorzunehmen. Soweit die Wertminderung der Aktien auch ohne die unerlaubten Handlungen der Beklagten infolge eines tatsächlich auf den Aktienbesitz des Klägers oder auf das Vermögen der Aktiengesellschaft einwirkenden Ereignisses eingetreten wäre, sei der ursächliche Zusammenhang zwischen dem zum Schadensersatz verpflichtenden Verhalten der Beklagten und dieser Wertminderung zu verneinen. Ein Ereignis, das ohne die Handlung der Beklagten den gleichen Erfolg herbeigeführt hätte und infolge dieser Handlung nicht mehr habe wirksam werden können, komme hier überhaupt nicht in Betracht; hier stünden vielmehr außer den unerlaubten Handlungen der Beklagten nur solche wertmindernden Ereignisse in Frage, die neben diesen unerlaubten Handlungen tatsächlich auf das Vermögen der Aktiengesellschaft und dadurch mittelbar auch auf den Aktienbesitz des Klägers eingewirkt hätten, nämlich die sich aus der allgemeinen Wirtschaftslage ergebenden Schwierigkeiten oder solche Maßnahmen des Vorstandes, für die die Beklagten dem Kläger gegenüber nicht verantwortlich seien. Soweit der für den Kläger erwachsene Nachteil auf ihnen beruhe und auch ohne die schädigenden Handlungen eingetreten wäre, hätten die Beklagten daher für ihn nicht einzustehen. Wenn die Revision meine, daß dadurch dem Schadensersatzberechtigten die gesamte Gefahr für die Zeit von der Schadensverursachung bis zur Feststellung des Schadens auferlegt werde, so sei dem entgegenzuhalten, daß dem Schadensersatzberechtigten hierdurch keine andere Gefahr aufgebürdet werde als die, der er auch ohne das schädigende Ereignis ausgesetzt sei.

Die Beklagten haben den Wert der Aktien verringert, darüber hinaus ist deren Wert auch später gesunken. Das Reichsgericht weist den Gesichtspunkt des einmal entstandenen und abgeschlossenen Schadens zurück.

Nach Leitsatz I der vorgeschlagenen Lösung sind die Beklagten nur insoweit verantwortlich, als sich ihre fehlerhafte Handlung ausgewirkt hat. Danebentretende Einflüsse der allgemein schlechten Wirtschaftslage, der schlechten Wirtschaftslage des Unternehmens oder anderer nicht zu rügender Entscheidungen des Vorstands trägt der Kläger, solange er die Aktien in Besitz hat; die Vermeidepflicht der Beklagten bezieht sich nicht hierauf. Anders wäre zu konstruieren, wenn der Kläger rechtswidrig gedrängt oder gezwungen worden wäre, die Aktien zu geringem Preis zu verkaufen. Die

Vermeidepflicht hätte dann alle Vorteile gedeckt, die der Kläger aus den Aktien hätte ziehen können. Die hypothetischen Nachteile des Aktienbesitzes fallen dem Kläger dann gemäß Leitsatz II Satz 1 Halbsatz 2 jedoch grundsätzlich nicht mehr zur Last, weil die Tathandlung dem Kläger dieses Risiko genommen hat. So wäre es unbeachtlich, stünde fest, daß die Aktien, hätte der Kläger sie nicht verkaufen müssen, ohne jemandes Fehler vernichtet worden wären. Zum Teil wird die Wertminderung jedoch auch dann berücksichtigt: es gehört zum untrennbaren Risiko des Aktienbesitzes, daß Kurse fallen. Dabei kommt es nicht nur auf die allgemeine Wirtschaftslage, sondern auf viele Faktoren, auch individuelle Entscheidungen, Spekulationen und andere Geschehnisse an, die den Besitz einer Aktie, wie man sie auch aufbewahrt, untrennbar begleiten. Von diesem Risiko kann der Kläger sich nur befreien, wenn er die Aktie verkauft. Damit ist auch der Zeitpunkt der Schadensberechnung fixiert und ein anderer als der der letzten mündlichen Verhandlung. Gemäß Leitsatz III kann der Kläger beweisen, daß ihm durch das Verhalten der Beklagten insoweit reale Vermögenschancen verlorengegangen sind. Nach dem Umfang der vernichteten Chance ist der Schaden zu teilen.

XXXIV.

Der Bundesgerichtshof betont dagegen in seinem Urteil vom 21. Juni 1951 den Gesichtspunkt des einmal entstandenen und abgeschlossenen Schadens. Das Urteil betrifft die Beschlagnahme eines Personenkraftwagens[76]).

Die Klägerin war Eigentümerin eines PKW. In der Befürchtung, daß der Wagen bei ihr beschlagnahmt würde, bat sie den Beklagten, der als Polizeioffizier bei einer Polizeieinheit Dienst tat, im Herbst 1944, den Wagen in das rechtsrheinische Gebiet, wohin die Einheit des Beklagten verlegt worden war, zu überführen und für sie sicherzustellen. Der Beklagte entsprach dieser Bitte. Er ließ den Wagen in R. auf seinen Namen umschreiben und benutzte ihn auch für polizeiliche Dienstfahrten. In der Folgezeit bot er den Wagen verschiedenen Personen, darunter auch dem Zeugen K., zum Kauf an. Dem Zeugen K. gegenüber erwähnte er nichts darüber, daß der Wagen Eigentum der Klägerin war. Der Beklagte und K. wurden sich jedoch über einen Kauf nicht einig. K. erwirkte darauf am 27. Juni 1945 eine Verfügung des Bevollmächtigten für den Nahverkehr in Düsseldorf, durch welche dem Beklagten aufgegeben wurde, den Wagen gegen den von einem amtlichen Schätzer festgesetzten Taxwert zuzüglich 10 % an den Zeugen K. zu Eigentum zu überlassen. Der Beklagte gab darauf nach einigem Sträuben den Wagen gegen Zahlung von 2229,50 RM heraus. Hiervon zahlte er an die Klägerin 2000,— RM. Die Klägerin verlangte weiteren Schadensersatz. Der Beklagte entgegnete, der Wagen wäre auch ohne sein Handeln bei den damaligen Verhältnissen in Anspruch genommen worden, ganz gleich, ob er bei der Klägerin verblieben wäre oder ob der Beklagte ihn in R. sichergestellt hätte.

Das Landgericht hat der Klage stattgegeben. Das Oberlandesgericht hat die Be-

---

[76]) IV ZR 33/50 JR 1952, 70 mit Anm. Neumann-Duesberg.

rufung des Beklagten teilweise zurückgewiesen mit der Maßgabe, daß der Klaganspruch dem Grunde nach für gerechtfertigt erklärt wurde.

Mit der Revision hat der Beklagte geltend gemacht, daß der hypothetische Schadensverlauf zur Abweisung der Klage hätte führen müssen.

Der Bundesgerichtshof hat die Revision zurückgewiesen und ausgeführt: Die Klägerin habe ihrer Darlegungs- und Beweispflicht genügt, indem sie behauptet und bewiesen habe, daß der von ihr verlangte Schadensersatz im Zeitpunkt des Schadensereignisses gerechtfertigt und ihr Anspruch damit entstanden sei. Daß Ereignisse unabhängig von dem Verschulden des Beklagten eingetreten wären, die den gleichen Schaden herbeigeführt und damit seine Verpflichtung zum Schadensersatz wieder aufgehoben hätten, müsse der Beklagte im einzelnen substantiiert behaupten und beweisen. An seine Darlegungs- und Beweispflicht müßten insofern strenge Anforderungen gestellt werden. Denn sonst würde man sich zugunsten der Beachtung irrealer Umstände zu weit von dem Boden wirklicher Gegebenheiten entfernen. Hier könne als hypothetisches Schadensereignis nur die Möglichkeit einer Inanspruchnahme in R. in Betracht gezogen werden. Dabei sei folgendes zu beachten: Nach den zwischen den Parteien bestehenden Vertragspflichten wäre der Beklagte verpflichtet gewesen, sich gegen eine solche Beschlagnahme zu wenden. Er hätte die Belange der Klägerin wahrnehmen und vertreten müssen. Dazu hätte er Gegenvorstellungen erheben und von den zulässigen Rechtsbehelfen Gebrauch machen müssen. Daß er das getan hätte und daß auch dieses Bemühen keinen Erfolg gehabt hätte, oder daß er hiervon hätte absehen können, weil sein Bemühen von vornherein aussichtslos gewesen sei, so daß auch der spätere hypothetische Eigentumsverlust von ihm nicht verschuldet wäre, habe er nicht ausdrücklich behauptet. Er hätte im einzelnen darlegen müssen, daß tatsächlich jeder damals dort vorhandene Kraftwagen, der von dem unmittelbaren Besitzer nicht für eigene Zwecke unbedingt benötigt worden sei, auch tatsächlich beschlagnahmt worden sei. Selbst wenn man aber sein Vorbringen insoweit als ausreichend ansehen wolle, so habe er doch für diese von der Klägerin bestrittenen Behauptungen keinen Beweis angetreten. Tatsächlich habe er einen solchen Beweis auch nicht führen können. Wie er sich selbst bei einer späteren Inanspruchnahme verhalten hätte, d. h. ob und welche Gegenmaßnahme er ergriffen hätte, würde auf seinen inneren Erwägungen beruhen. Solche hypothetischen Willensentschlüsse einer Person seien ihrer Natur nach kaum beweisbar. Ebenso hätte der Beklagte für seine Behauptung, daß die Inanspruchnahme des Kraftwagens zu Eigentum auf jeden Fall erfolgt wäre, keinen Beweis antreten können, der den in diesem Fall zu stellenden strengen Beweisanforderungen genügt hätte. Die Beschlagnahme des Wagens als solche und seine Zuweisung zu Eigentum oder nur zur Benutzung an einen Dritten habe im pflichtgemäßen Ermessen des zuständigen Beamten gestanden. Wie dieser sein Ermessen im Einzelfall ausgeübt hätte, hänge von so vielen äußeren Gegebenheiten und inneren Vorgängen in der Person des entscheidenden Beamten ab, daß die hypothetische Entscheidung des betreffenden Beamten mit der hier zu fordernden Sicherheit überhaupt nicht beweisbar sei.

Der Bundesgerichtshof spricht von dem im Zeitpunkt des Schadensereignisses gerechtfertigten und damit entstandenen Anspruch. Damit ist wohl nicht gemeint, daß der gemäß § 249 BGB für die Schadensberechnung maßgebliche Zeitpunkt im Zeitpunkt des Schadensereignisses und nicht im Zeitpunkt der letzten mündlichen Tatsachenverhandlung liegen soll; sonst hätte der Bundesgerichtshof die Berücksichtigung hypothetischen auch nachfolgenden Geschehens ganz ausgeschlossen. Jedenfalls aber hat der einmal entstandene und abgeschlossene Schaden besondere Bedeutung, die nach Auffassung des Bundesgerichtshofs nur noch durch den regelmäßig unmöglichen Gegenbeweis wieder aufgehoben werden kann, daß im vorliegenden Fall ein Beamter innerhalb seines Ermessensspielraums mit Sicherheit nachteilig entschieden hätte. Der so geschaffene eingeschränkte Vorrang des einmal entstandenen Schadens wird schwer zu begründen sein, ist rechtspolitisch jedoch im Ergebnis anzuerkennen. Es wäre nicht hinzunehmen, müßte die Klägerin, die dem Beklagten den PKW gerade zum Schutz vor solchen Gefahren übergeben hatte, darlegen und beweisen, daß der PKW, auf dessen Vorhandensein der Beklagte vertragswidrig aufmerksam gemacht hatte, andernfalls vom Beklagten mit Sicherheit gerettet worden wäre. Sie hätte dann die regelmäßig unmöglichen Beweise für hypothetische reine Ermessensentscheidungen zu erbringen.

Die vorgeschlagene Lösung sieht in Leitsatz I die Möglichkeit vor, daß der Beklagte für den Schaden voll verantwortlich gemacht wird. Der Bestand der Vermeidepflicht wird nicht dadurch berührt, daß ein Dritter hypothetisch ebenfalls nachteilig hätte entscheiden können. Leitsatz II drückt jedoch aus, daß die Klägerin aus überwiegenden rechtspolitischen Gründen nicht so gestellt wird, als hätte die bedrohliche Situation nie bestanden. Die „unmögliche" Beweissituation bezüglich der hypothetischen Ermessensentscheidung eines Beamten wird durch Leitsatz III reduziert und zu der „möglichen" Beweissituation, welche Chancen glücklich ausgeübten Ermessens die Klägerin bei vertragsgemäßem Verhalten des Beklagten gehabt hätte. Dann besteht auch kein Anlaß zur Umkehr der Beweislast. Kann das Gericht sich keine Überzeugung bilden, daß der PKW bei vertragsgemäßem Verhalten des Beklagten der Klägerin erhalten geblieben wäre, so prüft es die verlorenen Rettungschancen.

XXXV.

Während in den letztgenannten Entscheidungen beweisrechtliche Überlegungen im Vordergrund standen, betont das Urteil des Bundesgerichtshofs vom 22. Januar 1959 zum Fall der Berliner Nord-Südachse ebenfalls den Gesichtspunkt der Schadensanlage, sieht ihn jedoch mehr materiellrechtlich als beweisrechtlich[77]).

Die Klägerin machte Ansprüche einer Grundstücksgesellschaft aus Berlin geltend, die diese ihr abgetreten hatte. Die Grundstücksgesellschaft war Eigentümerin von Grundstücken, die in den Bereich fielen, der im Zuge der „Neugestaltung der Reichshauptstadt Berlin" für die Anlegung einer Prachtstraße (Nord-Süd-Achse) bestimmt worden war. Im Mai 1938 beantragte der Generalbauinspektor für die Reichshauptstadt das Planfestsetzungsverfahren zum Zwecke der Enteignung. Im September 1938 erging ein Beschluß des Enteignungskommissars, durch den er die Beklagte, die Stadt Berlin, in den vorläufigen Besitz der Grundstücke einwies. Die Beklagte veranlaßte die Räumung der Gebäude durch die Mieter, zog von nun an die Nutzungen, übernahm die Lasten und schloß mit der Streitgehilfin einen Treuhandvertrag über die Grundstücke, weil diese auf dem Grundstück ein neues

---

[77]) III ZR 148/57 BGHZ 29, 207 = LM Preuß. EnteignungsG Nr. 8 = NJW 1959, 1131 mit Anm. Werner NJW 1959, 1823 = MDR 1959, 468 = BB 1959, 471.

Verwaltungsgebäude errichten wollte. Auf Veranlassung des Generalbauinspektors wurden sodann sämtliche Baulichkeiten auf den Grundstücken abgerissen, und zwar im wesentlichen bis zum Sommer 1939. Infolge des Krieges kam das Enteignungsverfahren nicht mehr zum Abschluß. Im Jahre 1952 hob der Polizeipräsident von Berlin auf Antrag der beklagten Stadt den Beschluß über die Besitzeinweisung wieder auf. Die Eigentümerin schätzte den durch den Abbruch der Baulichkeiten entstandenen reinen Sachschaden auf über 2,5 Millionen DM. Die Beklagte wendete ein, eine Haftung entfalle deshalb, weil die Gebäude im Kriege durch die zahlreichen auf das Gelände gefallenen Bomben ohnehin zerstört worden wären.

Das Landgericht hat die Klage abgewiesen. Das Oberlandesgericht hatte die Berufung der Klägerin zunächst zurückgewiesen, der Bundesgerichtshof hatte diese Entscheidung jedoch aufgehoben und die Sache an das Oberlandesgericht zurückverwiesen. In dem erneut angefochtenen Urteil hat das Oberlandesgericht der Klage dem Grunde nach stattgegeben und dazu ausgeführt: Die späteren Bombenwürfe auf das Grundstück ständen der Haftung nicht entgegen, zumal sie keinesfalls einen Totalschaden verursacht haben würden. Jedenfalls könne die Beklagte nicht beweisen, daß durch die Kriegsereignisse der gleiche Schaden entstanden wäre.

Der Bundesgerichtshof hat die Revision der Beklagten zurückgewiesen: Die Rechtsprechung des Bundesgerichtshofs habe die Berücksichtigung solcher Umstände, die nach dem Eintritt eines Schadens denselben Erfolg herbeigeführt hätten, nur bei der Schadensberechnung und auch dort nur in beschränktem Umfange zugelassen. Bei Ersatzansprüchen für die Zerstörung einer Sache seien derartige Umstände regelmäßig unerheblich, weil mit dem Eingriff sogleich der Anspruch auf Schadensersatz entstanden sei und das Gesetz den späteren Ereignissen keine schuldtilgende Kraft beigelegt habe. Bei der Ermittlung des durch Zerstörung einer Sache eingetretenen Schadens seien allerdings Umstände von Bedeutung, die bereits bei dem Eingriff vorgelegen und notwendig binnen kurzem denselben Schaden verursacht hätten, weil derartige Umstände den Wert der Sache bereits im Augenblick des Eingriffs minderten. Davon abgesehen seien spätere Ereignisse und ihre hypothetische Einwirkung auf den Ablauf der Dinge nur bei der Berechnung entgangenen Gewinns, bei der Ermittlung des Schadens aus fortwirkenden Erwerbsminderungen oder aus dem Ausfall ähnlicher langdauernder Vorteile von Bedeutung; insoweit schreibe das Gesetz die Berücksichtigung der mutmaßlichen späteren Entwicklung ausdrücklich vor (§§ 249, 252, 844 BGB). Gerade deshalb gewähre § 287 ZPO dem Richter für die Ermittlung eines Schadens einen Ermessensspielraum. Entsprechend diesen Grundsätzen habe das Oberlandesgericht hier die späteren Kriegsereignisse bei der Entschädigung für den Sachverlust außer Betracht gelassen, weil im Zeitpunkt des Abbruchs keine den Wert der Gebäude beeinflussenden Umstände vorgelegen hätten, die eine alsbaldige Vernichtung als sicher erscheinen ließen.

Soweit der Bundesgerichtshof zu den Anlageschäden ausführt, es seien nur Umstände von Bedeutung, die bereits bei dem Eingriff vorgelegen und notwendig binnen kurzem denselben Schaden verursacht hätten, weil derartige Umstände den Wert der Sache bereits im Augenblick des Eingriffs minderten, so ist diese Auffassung nicht unbedenklich, weil ein Wertverlust nicht erst dann eintritt, wenn ein Schaden mit Sicherheit zu erwarten ist, sondern schon dann, wenn der Schaden nicht ausgeschlossen werden kann: hier wäre etwa daran zu denken, daß die Abbrucharbeiten nicht 1939, sondern 1942 stattgefunden hätten. Im übrigen unterliegt der so begründete Gesichtspunkt der Schadensanlage Zweifeln, weil er bei Personenschaden nicht auf einen schon vorhandenen Wertverlust gestützt werden kann.

Auf den Bombenschaden kommt es schon deshalb nicht an, weil im Enteignungsrecht der objektive Schadensbegriff gilt[78]).

XXXVI.

Mit dem Gesichtspunkt der Schadensanlage löst der Bundesgerichtshof im Urteil vom 18. Oktober 1951 auch den Fall des baufälligen Hauses[79]).

Die Klägerin war Eigentümerin eines Grundstücks. Bei einem Fliegerangriff am 31. Oktober 1944 wurde das auf dem Grundstück stehende Zweifamilienhaus durch Fliegerbomben beschädigt. In einem unterirdischen Kanal fließt unter der Straße, in der das Haus der Klägerin steht, ein Bach. Etwa 10 m von dem Anwesen der Klägerin traf eine Sprengbombe den Kanal. Hierdurch wurde das Wasser des Bachs am natürlichen Ablauf gehindert. Es staute sich zunächst in einem Bombentrichter und floß späterhin in eine in der Nähe gelegene Kiesgrube ab. Hier nahm das Wasser den Weg an dem Haus der Klägerin vorbei. Der Abflußgraben erreichte eine solche Breite und Tiefe, daß durch die Wassermassen das Erdreich und die Fundamente unter dem Haus der Klägerin zum Teil weggeschwemmt wurden und das Haus einstürzte. Nach dem Fliegerangriff führte die Beklagte an dem Abflußgraben Baggerarbeiten aus. Die Klägerin behauptete, durch diese Arbeiten sei dem Wasser ein Abfluß an ihrem Hause vorbei in die Kiesgrube gebahnt worden. Die Beklagte hätte dem Wasser einen anderen Weg bahnen müssen. Ihre Arbeiten seien die alleinige Ursache für den erfolgten Einsturz.

Der Bundesgerichtshof hat zurückverwiesen, nachdem die Klage vom Oberlandesgericht abgewiesen worden war. Er verweist zunächst darauf, daß die Beklagte den Einsturz verursacht habe, wenn ihre fehlerhaften Baggerarbeiten erst den Abfluß des Wassers in Richtung des Hauses der Klägerin ermöglicht hätten und fährt dann fort: Sollte feststehen, daß das Haus infolge der Fliegerschäden, wenn auch zeitlich später, eingestürzt wäre, so würde insoweit eine Haftung für den Einsturz entfallen, denn dann habe die Ursache des Einsturzes bereits in dem Zustand des Objektes gelegen. Nicht ausgeschlossen sei dann aber eine Haftung für den Schaden, den die Klägerin etwa dadurch erlitten habe, daß der Einsturz infolge der von der Beklagten getroffenen Maßnahmen zeitlich früher erfolgt sei, als er sich sonst ereignet hätte.

Nach Leitsatz I und Leitsatz II Halbsatz 1 (Anfang) ist zunächst einmal der Wert des Hauses zu berücksichtigen, der bei der Ausführung der Baggerarbeiten noch bestand. An diesen Zustand knüpft die Vermeidepflicht der Beklagten an. Außerdem wird der Beklagten jedoch vorgeworfen, daß sie die Ruine zerstört hat. Damit hat sie zwar im Sinne des Leitsatzes II Satz 1 Halbsatz 2 der Klägerin das Risiko des Einsturzes auf Grund Bombenschadens genommen, dieses Risiko wird jedoch berücksichtigt, weil es mit dem betroffenen Rechtsgut, der Ruine, untrennbar verbunden war.

---

[78]) Vgl. oben 6. Kapitel V; von Caemmerer, Das Problem der überholenden Kausalität im Schadensersatzrecht, S. 10, löst diesen Fall ebenso.

[79]) III ZR 129/50 LM § 823 BGB (C) Nr. 3 = MDR 1952, 214.

XXXVII.

Das Urteil des Reichsgerichts vom 27. Februar 1919 behandelt die hypothetische Einziehung zum Kriegsdienst[80]).

Der Kläger war Revierjäger im mecklenburgischen Staatsdienst. Im Jahre 1914 wurde er im Kriege verwundet und nach längerer Lazarettpflege dem Genesungsheim in G. überwiesen. Hier nahm er am 19. Januar 1915 an einer Treibjagd teil und wurde dabei durch einen von dem Beklagten abgegebenen Schuß am rechten Auge verletzt, was den Verlust des Auges zur Folge hatte. Der Kläger verlangte eine Rente von 600,— M jährlich, weil er zwar wieder in den mecklenburgischen Staatsdienst aufgenommen, aber durch den Verlust des Auges in seinen Nebeneinnahmen um mindestens diese Summe geschädigt sei.

Das Oberlandesgericht hat den Anspruch mit der Einschränkung anerkannt, daß der Kläger die Rente erst von der Demobilmachung an fordern könne, weil er bis dahin Soldat gewesen wäre, wenn er den Unfall nicht erlitten hätte, als Soldat aber ein geringeres Einkommen gehabt hätte, als er in seiner Zivilstellung bezogen habe.

Die Revision hat die Ansicht vertreten, daß dem Kläger ein erheblicher Teil der zugesprochenen Rente deswegen hätte aberkannt werden müssen, weil durch seine Verletzung bei der Treibjagd für ihn die Kriegsgefahr beseitigt worden sei. Im Kriege hätte er fallen oder schwer verwundet werden können. Der Eintritt dieser Möglichkeit lasse sich zwar nicht genau berechnen, müsse aber im Rahmen des § 287 ZPO berücksichtigt werden. Hierzu war von dem Beklagten vor dem Oberlandesgericht behauptet worden, daß die Wahrscheinlichkeit, im Kriege zu fallen, für den Kläger auf mindestens 20 % zu veranschlagen sei, wenn er den Unfall nicht erlitten hätte, es sei daher auch von der Rente ein Abzug von mindestens 20 % zu machen.

Das Reichsgericht hat die Revision zurückgewiesen: Durch die Rente solle der Kläger für den Einnahmeausfall entschädigt werden, den er nach den Feststellungen des Oberlandesgerichts infolge der ihm von dem Beklagten zugefügten Verletzung erleide. Wäre nun mit Sicherheit erweislich, daß der Kläger, wenn er nicht das Auge verloren hätte, durch ein anderweites, mit der Körperverletzung nicht im Zusammenhange stehendes Ereignis sein Leben eingebüßt haben würde, so ließe sich vielleicht die Frage aufwerfen, ob der Beklagte für die nach jenem Ereignis liegende Zeit noch Schadensersatz wegen Erwerbsausfalls zu leisten habe oder ob insoweit der ursächliche Zusammenhang zwischen der Körperverletzung und dem Schaden unterbrochen sei. Dieser Fall sei hier aber nicht gegeben, vielmehr wolle der Beklagte deshalb einen Abzug von der Rente machen, weil die Körperverletzung den Kläger von der ferneren Kriegsgefahr befreit habe. Er behaupte nicht eine Unterbrechung des Kausalzusammenhangs, die auch durch die bloße Möglichkeit, daß der Kläger im Kriege sein Leben verlieren könnte, nicht herbeigeführt werden würde, sondern wolle die Regeln von der Vorteilsausgleichung angewendet wissen. Diese setzen indessen voraus, daß ein Ereignis dem Verletzten Schaden und Vorteil in bezug auf sein Vermögen gebracht habe. Schaden und Vorteil müßten sich, wenn sie nicht unmittelbar in Zugang und Abgang von Vermögen bestanden hätten, jedenfalls in Vermögenswerten darstellen lassen. Das treffe zu, soweit der Kläger infolge der Verletzung in seiner Zivilstellung verblieben sei und aus dieser Tätigkeit Einkommen bezogen habe, sei aber auch in diesem Umfange vom Oberlandesgericht berücksichtigt worden. Dagegen sei es nicht angängig, die Möglichkeit, daß der Kläger im Kriege fallen oder verwundet werden könnte, in Geld abzuschätzen und demgemäß die ihm an sich zustehende

---

[80]) Rep. VI 344/18 RGZ 95, 87; ebenso RG Warn 1920 Nr. 108.

Entschädigung herabzumindern. Auch § 287 ZPO biete für ein solches Verfahren keine Grundlage.

Die Ausführungen des Reichsgerichts sind insoweit wohl nicht ganz zutreffend, als es sich um ein Problem der überholenden Kausalität und nicht der Vorteilsausgleichung handeln dürfte. Im Ergebnis ist ihnen jedoch zu folgen. Der Beklagte hat für den Kläger das Kriegsrisiko beseitigt. Gemäß Leitsatz II Satz 1 Halbsatz 2 der vorgeschlagenen Lösung ist nur noch das Risiko zu berücksichtigen, das mit dem Kläger untrennbar verbunden war. Der Kriegsdienst gehört nicht dazu.

XXXVIII.

Das Oberlandesgericht Düsseldorf hatte durch Urteil vom 31. Juli 1962 den Fall zu entscheiden, daß ein Hund angefahren und dadurch außer Stand gesetzt wurde, seine Aufgabe als ausgebildeter Schäferhund weiter zu erfüllen, ein Jahr später jedoch an der Staupe einging[81]).

Das Oberlandesgericht Düsseldorf hat nicht berücksichtigt, daß der Hund ohnehin an der Staupe eingegangen wäre und dazu ausgeführt: Es werde heute überwiegend angenommen, es handle sich hier nicht um ein Problem der Kausalität, sondern um eine Frage der richtigen Ermittlung des Schadens oder eine Frage des Schadensbegriffs. Dem sei zuzustimmen. Soweit es sich um Sachschaden, und zwar den unmittelbaren Sachschaden handle — wie es bei Personenschäden und dem daraus resultierenden mittelbaren Schaden wäre, könne dahingestellt bleiben — stehe die Ersatzpflicht — das Vorliegen der weiteren Voraussetzungen eines Anspruchs unterstellt — fest, wenn der Kausalzusammenhang zwischen einem Ereignis und der Verletzung eines Rechtsguts vorliege. Dieser einmal entstandene Ursachenzusammenhang könne logischerweise durch ein späteres Ereignis nicht wieder beseitigt werden. Liege aber der Ursachenverlauf vor, so sei gemäß § 249 BGB der Zustand wiederherzustellen, der bestehen würde, wenn das Schadensereignis nicht eingetreten wäre. Es könne also in solchen Fällen nur noch die Frage entstehen, welcher Zustand ohne das schädigende Ereignis bestanden hätte, und dies sei eine Frage der Schadensermittlung, über die der Richter nach § 287 ZPO zu entscheiden habe. Dabei könne ihm nicht verwehrt sein, alle für die Bemessung des Schadens maßgebenden Umstände zu würdigen. Es könne also auch eine zur Zeit der Beurteilung bereits eingetretene Entwicklung berücksichtigt werden. Das könne aber nur der Fall sein, falls nicht die zum festen Bestandteil der Rechtsordnung gewordene ständige Praxis eine Berücksichtigung dieser Entwicklung ausschließe. Das sei aber bei dem Ersatz eines unmittelbaren Sachschadens der Fall. Es stehe außer Zweifel, daß der Eigentümer eines unfallbeschädigten Kraftwagens den für die Behebung des Schadens erforderlichen Betrag verlangen könne unabhängig davon, ob er den Schaden beseitigen lassen oder den Wagen in dem beschädigten Zustand weiter benutzen wolle. Es könne daher auch nicht fraglich sein, daß er den einmal geleisteten Betrag nicht zurückzugeben hätte, wenn er den Schaden nicht beseitigen ließe und der Wagen später völlig zerstört würde. Ebensowenig könne zweifelhaft sein, daß der Eigentümer eines beschädigten PKW seines Ersatzanspruchs nicht verlustig gehe, wenn er selbst den Wagen, etwa weil

---

[81]) 4 U 16/62 MDR 1963, 47 = VersR 1963, 170 = JuS 1963, 158.

er ihm nicht mehr gefalle, vorsätzlich zerstöre. Zweifel träten aber z. B. auf, wenn der Wagen abends beschädigt und in der nachfolgenden Nacht durch Feuer vernichtet würde. Es erscheine indessen nach unserem Rechtssystem durch nichts gerechtfertigt, daß — nur wegen der unmittelbaren zeitlichen Aufeinanderfolge — die Ersatzpflicht des Erstschädigers entfallen sollte, d. h. daß er den späteren Vorteil aus dem Geschehen ziehen sollte. Der Geschädigte werde auch nicht bevorzugt; denn entweder habe er (wegen zufälligen Untergangs) überhaupt keinen Ersatzanspruch wegen des Zweitereignisses, oder aber er habe einen Ersatzanspruch (Schadensersatzanspruch oder Versicherungsanspruch), kraft dessen er aber nur den zur Zeit des (zweiten) Schadensfalles vorhandenen, also geminderten Wert erlangen könne. Anders könne es nur sein, wenn der Wert der durch das erste Schadensereignis betroffenen Sache durch ihr anhaftende Mängel bereits gemindert gewesen sei, z. B. das in Brand gesetzte Haus ohnehin auf Anordnung der Behörden hätte abgerissen werden müssen, es also schon nichts mehr wert gewesen sei. Es sei dem Bundesgerichtshof in seiner zusammenfassenden Darstellung in BGHZ 29, 207 Recht zu geben, wenn er sage, bei einem Ersatzanspruch für die Zerstörung einer Sache seien nach Begründung der Ersatzpflicht auftretende Umstände regelmäßig unerheblich, weil mit dem Eingriff sogleich der Anspruch auf Schadensersatz entstanden sei und das Gesetz den späteren Ereignissen keine schuldtilgende Kraft beigelegt habe; bei der Ermittlung des durch Zerstörung einer Sache eingetretenen Schadens seien allerdings Umstände von Bedeutung, die bereits bei dem Eingriff vorgelegen hätten und notwendig binnen kurzem den Schaden verursacht hätten, weil derartige Umstände den Wert der Sache bereits im Augenblick des Eingriffs gemindert hätten. Hier sei der Schäferhund zur Zeit des Vorfalls in keiner Weise im Wert beeinträchtigt gewesen. Sein späterer Tod stehe in keinem Zusammenhang mit dem Vorfall. Er könne nicht dem Schädiger zugutekommen. Der Kläger müsse sich nur den Wert des Hundes, den dieser nach dem Unfall noch gehabt habe, anrechnen lassen.

Dem Oberlandesgericht Düsseldorf ist von der hier vorgeschlagenen Lösung her nicht zu folgen. Zwar hat die spätere Staupe mit der Vermeidepflicht des Beklagten nichts zu tun; deshalb ist die mögliche volle Verantwortlichkeit auch durch Leitsatz I gedeckt. Es fragt sich nur, ob der Kläger nicht gemäß Leitsatz II auf den danach dogmatisch ermöglichten Anspruch verzichten muß, weil er sonst eine krisenfeste Position erhalten würde. Unberücksichtigt bleibt hier zunächst einmal jede Schädigung durch die Staupe, die der Kläger nicht zu dulden hätte, sei es, daß er den Hund gegen Staupe versichert hatte oder ein Dritter die Infektion vertreten mußte. Hat der Kläger die Staupe jedoch zu dulden, so ist sie gemäß Leitsatz II Halbsatz 1 beachtlich. Leitsatz II Satz 1 Halbsatz 2 ist nicht anzuwenden, weil der Beklagte den Sachverhalt nicht so verändert hat, daß eine sonst drohende Gefahr nicht mehr bestand; denn, wie der Fall zeigt, kann der Hund, solange er lebt, wie vorher von der Staupe befallen werden und eingehen. Leitsatz II Satz 1 Halbsatz 2 ist nicht deshalb anzuwenden, weil mit dem Unfall die Gefahr für die ausgebildete Leistungsfähigkeit des Hundes für immer vernichtet ist. Leitsatz II Halbsatz 2 soll nur sicherstellen, daß der Eigentümer einer voll zerstörten Sache nicht mehr die Risiken trägt, die eine intakte Sache betroffen hätten, ferner, daß der Eigentümer einer teilzerstörten Sache nicht die Risiken trägt, die nur die ganz intakte Sache betroffen hätten, es soll damit aber nicht erreicht werden, daß der Eigentümer einer kranken Sache weder die Risiken der gesunden noch des Fortbestands der kranken Sache trägt. Würde man letzteres erreichen wollen, so wäre der Gedanke, der Kläger dürfe keine krisenfeste Position erlangen, besser ganz aufzugeben. Dem Oberlandesgericht Düsseldorf ist freilich einzuräumen, daß seine Erwägungen so nicht zwingend widerlegt werden können, weil die hier vorgeschlagenen Abgrenzungen des vom Kläger zu tragenden und des von ihm nicht mehr zu tragenden Risikos letztlich rechtspolitischer Natur sind. Im übrigen ist auch hier daran zu erinnern, daß das Oberlandesgericht Düsseldorf den Gesichtspunkt des einmal entstandenen und abgeschlossenen Schadens verficht und damit dem Gedanken widerspricht, daß der Zeitpunkt der Schadensberechnung in der letzten mündlichen Tatsachenverhandlung liegt. Wenn das Oberlandesgericht Düsseldorf dazu ausführt, der Geschädigte brauche einen einmal geleisteten Betrag auch nicht zurückzugeben, wenn der Wagen später zerstört würde, so ist dies kein Argument dafür, daß der Ersatzanspruch mit dem Schadensereignis sofort entsteht und abgeschlossen ist, sondern nur der Ausdruck des weiteren Grundsatzes, daß die Zahlung selbst eine regulierende Kraft hat; wo sie nicht erfolgt, bleibt es bei dem Zeitpunkt der letzten Tatsachenverhandlung. Dem Oberlandesgericht Düsseldorf ist auch nicht abzusprechen, daß seine Lösung jedenfalls bei der Beschädigung von Sachen praktisch und übersichtlich ist, weil sie im Ergebnis zu einem Anspruch nach dem gemeinen Wert des Gegenstands im Zeitpunkt der Zerstörung führt, damit einen objektiv-abstrakten Schadensbegriff begründet und damit die späteren hypothetischen Schäden im Gegensatz zum Schadensbegriff des subjektiven Interesses ex definitione ausschließt. Am Ende des ersten Kapitels ist jedoch schon darauf hingewiesen worden, daß die Arbeit nicht den Zweck hat, lege lata oder ferenda über den Schadensbegriff zu entscheiden; sie hält sich vielmehr an den herrschenden Begriff des subjektiven Interesses und kann deshalb die Lösung des Oberlandesgerichts Düsseldorf nicht aufgreifen. Auch dürfte der vorliegende Fall Anlaß geben, bei der Änderung des herrschenden Schadensbegriffs Vorsicht zu üben: Soll der Eigentümer eines unversicherten Rennpferdes, das auf dem Transport zu einem Rennen verletzt und für immer gelähmt wird, aber noch in den Rennstall gebracht wird, sich dort an einer Seuche infiziert und dann im Gestüt eingeht, noch den Anspruch auf den Wert des unverletzten Pferdes geltend machen können? Der vom Oberlandesgericht Düsseldorf entschiedene Staupefall ist dem vergleichbar. Oder anders, damit der Transport zum Rennen nicht schon wie eine „Schadensanlage" gewertet wird: Das Pferd stirbt drei Monate nach der Lähmung, nachdem es sich im Gestüt des Eigentümers selbst wie alle anderen Pferde infiziert hat. Ohne daß hier eine Entscheidung für oder gegen den objektiven Schadensbegriff getroffen werden soll, ist für die hier vertretene Zurechnungslehre jedenfalls aber zu sagen, daß sie einen Weg bietet, am Schadensbegriff des subjektiven Interesses festzuhalten, zugleich aber dessen denkbare, aber abzulehnende Konsequenzen auf dem Wege über die Zurechnung auszuschalten. Nach den vorgeschlagenen Leitsätzen ist die Staupe des verletzten Hundes wie die Infizierung des verletzten Pferdes zu berücksichtigen, weil dem Eigentümer die Gefahr der weiter benutzten Sache verbleiben soll, nicht aber wäre sie zu berücksichtigen, wenn der Hund oder das Pferd eingegangen wären und sich deshalb an der späteren Staupe oder Seuche nicht mehr infizieren konnten; letztere Gefahr war mit dem zerstörten Rechtsgut nicht untrennbar verbunden.

XXXIX.

Im Fall eines vergifteten Dackels lehnt das Landgericht Hechingen mit dem Urteil vom 13. Juli 1965 insbesondere auch im Gegensatz zum zuletzt erörterten Urteil des Oberlandesgerichts Düsseldorf den objektiven Schadensbegriff und den Gesichtspunkt des einmal entstandenen und abgeschlossenen Schadens ab[82]).

Der Beklagte verletzte den zur Jagd abgerichteten Dackel des Klägers so sehr, daß er für die Jagd nicht mehr zu verwenden war. Später verendete das Tier infolge Vergiftung durch eine unbekannte Ursache.

Das Landgericht Hechingen berücksichtigt die spätere Vergiftung: § 249 BGB meine die gesamte Vermögensentwicklung und nicht nur einen Ausschnitt daraus und weise damit über einen bestimmten Vorfall hinaus in die Zukunft. Ausschließlich aus dieser umfassenden Gesamtschau hätten die Verfasser des BGB das Interesse des Betroffenen an einem Ersatz dem Umfang nach als Schaden gewertet (Mugdan, Mat. z. BGB, Bd. 2 Mot. S. 10) und es erst dadurch ermöglicht, alle sich im Anschluß an den Eingriff ergebenden weiteren nachteiligen Entwicklungen z. B. als Gewinnentgang oder weitere Verschlechterungen zu berücksichtigen. § 249 BGB erlaube bei Berücksichtigung der weiteren Entwicklung keine Unterschiede nach der Art der weiteren Entwicklung, etwa zur Beachtung weiterer Schadensfolgen und Ignorierung aller sonstigen Entwicklungen. Die Richtigkeit der Regel, die sogenannte überholende Kausalität berücksichtigen zu müssen, werde auch durch bestimmte Ausnahmevorschriften wie die §§ 430 und 844 HGB bestätigt, die eine objektive oder abstrakte Schadensberechnung vorschrieben und damit in Gegensatz zu § 249 BGB träten. Auch die Vorgeschichte zu § 249 belege es eindeutig, daß der reale Schadensbegriff abgelehnt worden sei. Schadensersatzzahlungen sollten auch nicht wie Buße oder Strafe wirken; dazu käme es aber, bliebe die sogenannte überholende Kausalität unberücksichtigt. Die sogenannte überholende Kausalität dürfe nur dort unbeachtet bleiben, wo der reale Schadensbegriff gelte. Daher gebe es z. B. im Strafrecht nicht das Problem der überholenden Kausalität.

Es mag dahingestellt bleiben, ob ein objektiver Schadensbegriff die Bußfunktion enthalten muß. Das Strafrecht hat es gewiß auch leichter, weil der Täter schon deshalb verantwortlich ist, weil er einen schädigenden Erfolg früher herbeigeführt hat als dieser sonst eingetreten wäre; im übrigen aber dürfte die strafrechtliche Problematik hypothetischen Geschehens kaum weniger schwierig sein als die zivilrechtliche (vgl. den Fall OGHSt 1, 49 und den Fall BGHSt 2, 20, in denen sich ein Denunziant darauf beruft, hätte er nicht denunziert, so hätte es an seiner Stelle ein anderer getan). Hinsichtlich der klaren Entscheidung des BGB zum subjektiven Schadens-

---

[82]) S 81/64 NJW 1965, 1916.

begriff ist den Ausführungen des Landgerichts Hechingen jedoch voll zuzustimmen. Die Vergiftung des Hundes ist gemäß Leitsatz II Satz 1 Halbsatz 1 zu berücksichtigen, weil der Geschädigte das Risiko seiner fortbestehenden Sache weiter trägt und nicht dargelegt ist, daß ein Dritter für die Vergiftung verantwortlich ist.

XL.

Der Bundesgerichtshof läßt dagegen in seinem Urteil vom 17. November 1959, das den Fall einer gesprengten Hausruine betraf, keinen Zweifel daran, daß nach seiner Auffassung der Schaden mit der Zerstörung der Sache entstanden und abgeschlossen ist und daß ihr hypothetisches Schicksal damit vorbehaltlich bereits vorhandener Anlageschäden unbeachtlich wird[83]).

Der Kläger war Eigentümer zweier nebeneinander liegender Grundstücke. Beide Grundstücke grenzten mit ihrer Rückseite an das Fabrikgelände der Beklagten. Das Wohnhaus auf einem Grundstück des Klägers erlitt im Kriege Bombenschaden. Seit Frühjahr 1945 nutzte der Kläger beide Grundstücke nicht mehr. Sie erregten deshalb das Interesse der Beklagten, die den Kläger auch durch einen Makler zum Verkauf der Grundstücke bewegen wollte. Im März 1946 ließ die Beklagte auf ihre Kosten durch eine Sprenggesellschaft die auf dem Grundstück des Klägers noch vorhandenen Gebäudeteile sprengen. Als später die Zwangsverwaltung über die Grundstücke angeordnet war, mietete die Beklagte die Grundstücke auf zehn Jahre und verpflichtete sich, die Trümmer auf eigene Kosten zu entfernen. Der Kläger behauptete, die Beklagten hätten ihm durch die Sprengung die Möglichkeit genommen, die stehengebliebenen Teile des Hauses für den Wiederaufbau zu nutzen oder jedenfalls die noch vorhandenen Installationen wie Heizungskessel, Boiler, sonstige Heizungsanlagen, Herde, Kacheln, Bade- und Wascheinrichtungen zu verwenden; hierdurch sei ihm ein hoher Schaden entstanden. Die Beklagten erwiderten, durch die Sprengung des für den Wiederaufbau nicht verwendungsfähigen Hausrestes habe der Kläger auch einen Vorteil gehabt; im übrigen wären die Installationen ohnehin gestohlen worden.

Das Landgericht hat den Klaganspruch dem Grunde nach für gerechtfertigt erklärt. Das Oberlandesgericht hat die Klage abgewiesen. Der Bundesgerichtshof hat zurückverwiesen: Zwar sei dem Kläger der Wertverlust für die gesprengte Hausruine zu ersetzen, es sei unerheblich, ob der Kläger die Grundstücke verkauft und erst dabei einen Nachteil erlitten hätte, der Kläger müsse sich jedoch die Vorteile anrechnen lassen, die ihm durch die Sprengung und Beseitigung der Trümmer entstanden seien. Diese Vorteile seien höher als die Nachteile. Insoweit sei dem Oberlandesgericht zu folgen. Entgegen der Auffassung des Oberlandesgerichts seien jedoch die Installationen nicht in diese Saldierung mit einzubeziehen, weil sie auch ohne die Sprengung einen selbständigen eigenen Wert gehabt hätten und auch ohne wesentliche Schwierigkeiten hätten entfernt werden können. Irrig sei überdies auch die weitere Begründung des Oberlandesgerichts, mit der es den Anspruch hinsichtlich der Installationen abgewiesen habe; entgegen der Auffassung des Oberlandesgerichts komme es nicht darauf an, ob die Installationen sonst ohnehin

---

[83]) VI ZR 190/58 LM § 249 BGB (Ba) Nr. 15 = MDR 1960, 216 = JZ 1960, 409 m. Anm. Zeuner = BB 1960, 66 = VersR 1960, 115.

gestohlen worden wären. Das Oberlandesgericht sei zu diesem Ergebnis gekommen, weil es bei der Ermittlung des Schadens auch hypothetische Ereignisse (Diebstähle) berücksichtigt habe, die nach dem Eintritt des Schadens denselben Erfolg herbeigeführt hätten. Dies sei bei dem festgestellten Sachverhalt jedoch rechtlich verfehlt. Der erkennende Senat habe in seinem Urteil BGHZ 10, 6 (Direktorfall oben XXVI) die Berücksichtigung hypothetischer Schadensursachen in einem Falle gebilligt, in dem der Kläger Schadensersatz für den Verlust laufender Einkünfte (Verdienstausfall) verlangt hatte. In einem solchen Falle, in dem der Schaden im Zeitpunkt der unerlaubten Handlung noch nicht voll abgeschlossen sei, seien ebenso wie die günstigen auch die ungünstigen Veränderungen in der hypothetischen Verdienstlage des Geschädigten zu berücksichtigen. Daher müsse er sich entgegenhalten lassen, daß er die Einkünfte auch ohne das schädigende Ereignis später mit Gewißheit verloren hätte. Die Grundsätze dieser Entscheidung ließen sich aber nicht auf die Ersatzansprüche für die Zerstörung einer Sache übertragen. Hier sei der Schaden anders als beim Verdienstausfall nicht weiter entwicklungsfähig, sondern mit dem Eingriff entstanden und abgeschlossen. Daher sei das hypothetische Schicksal der zerstörten Sache grundsätzlich unbeachtlich. Wer eine Sache schuldhaft und widerrechtlich entwende, könne sich somit gegenüber den Ersatzansprüchen des Eigentümers nicht mit Erfolg darauf berufen, daß die Sache später ohnehin von einem anderen gestohlen oder vernichtet worden wäre. Darauf laufe aber der vom Oberlandesgericht gebilligte Einwand hinaus, die durch die Sprengung zerstörten Sachen wären unter den besonderen Verhältnissen der Nachkriegszeit ohnehin gestohlen worden.

Sodann geht der Bundesgerichtshof auf die Problematik der Anlageschäden ein: Die Beklagten hielten in der Revisionserwiderung den Einwand, die Installationen wären ohnehin gestohlen worden, für erheblich, weil die Sachen schon im Zeitpunkt der Sprengung anfällig gegen Diebstahl und, da sie mit Sicherheit binnen kurzer Zeit gestohlen worden wären, praktisch wertlos gewesen seien. Die Beklagten wollten damit die Gedanken angewandt wissen, die von der Rechtsprechung und von der Rechtslehre für die sogenannten „Anlagefälle" entwickelt worden seien. Werde ein baufälliges Haus, das binnen weniger Tage eingestürzt wäre, durch einen Bagger zum Einsturz gebracht, so könne der Hauseigentümer von dem Führer des Baggers keinen Schadensersatz beanspruchen, weil die schon bestehende Schadensanlage (Baufälligkeit) in kurzer Zeit ohne äußere Einwirkung zu demselben Schaden geführt hätte. Dann treffe der Eingriff des Schädigers ein Objekt, das den Keim der Vernichtung in sich trage und deshalb wertlos sei. Um einen solchen Fall handle es sich hier indessen nicht; denn die Gegenstände, für die der Kläger Ersatz begehre, hätten keine Schadensanlage in sich getragen, sondern sie seien wegen ihrer Anfälligkeit gegen Diebstahl auf Grund äußerer Umstände der Gefahr des Verlustes in besonderem Maße ausgesetzt gewesen. Eine solche Schadensbereitschaft könne nun zwar bei der Ermittlung des Schadens ebenfalls Bedeutung haben. Das setze aber voraus, daß sie ebenso wie eine Schadensanlage das Objekt in seinem Wert mindere. Zu diesem Ergebnis sei auch der Bundesgerichtshof in BGHZ 29, 207 (215) (Berliner Nord-Süd-Achse oben XXXV) gekommen, indem er bei der Ermittlung des durch die Zerstörung einer Sache eintretenden Schadens den Umständen, die bei dem Angriff vorlagen und notwendig binnen kurzem den gleichen Schaden verursacht hätten, nur deshalb Bedeutung beigemessen habe, weil sie den Wert der Sache bereits im Augenblick des Eingriffs gemindert hätten. An dieser Voraussetzung fehle es jedoch in dem hier zur Entscheidung stehenden Fall. Denn die von den Beklagten vernichteten Sachen seien im März 1946 allein deshalb, weil sie in der Hausruine der Gefahr des Diebstahls ausgesetzt gewesen seien, noch nicht in ihrem Wert gemindert gewesen. Trotz ihrer Anfälligkeit gegen Diebstahl hätte der Kläger sie vielmehr zu dem allgemeinen Wert veräußern können, den sie damals gehabt hätten. Ebenso wie ihm damals mindestens dieser Wert als Schadensersatz hätte zugesprochen werden müssen, so könne auch heute die Tatsache der Diebstahlsanfälligkeit entgegen der Ansicht des Oberlandesgerichts nicht zu einer Versagung seiner Ansprüche führen.

Mit dieser Begründung setzt sich der Bundesgerichtshof einer Reihe von Schwierigkeiten aus. Wenn er den hypothetischen Diebstahl deshalb unberücksichtigt läßt, weil der Schaden bei einer Zerstörung einer Sache anders als bei Rentenansprüchen nicht weiter entwicklungsfähig sei, so stellt sich die Frage, ob bei Personenschäden der Erstschädiger dadurch entlastet werden soll, daß ein Zweitschädiger den gleichen Schaden herbeigeführt hätte? Es sei angenommen, daß jemand einen anderen so verletzt hat, daß dieser arbeitsunfähig geworden ist. Ein anderer verletzt ihn noch einmal, so daß er mit Sicherheit arbeitsunfähig geworden wäre, wäre dies nicht schon der Fall. Ist der Zweitschädiger dann noch vermögenslos, so könnte der Erstschädiger auch nicht mit der Begründung verantwortlich bleiben, er habe den sonst entstehenden Ersatzanspruch gegen den Zweitschädiger verhindert: dieser Anspruch wäre wertlos. Dieses Beispiel dürfte deutlich machen, daß die Unterscheidung zwischen Renten- und Sachschäden nicht weiterführt, sondern daß es gemäß Leitsatz II Satz 1 Halbsatz 1 der vorgeschlagenen Lösung unbeachtlich bleiben muß, wenn der Schädiger sich auf die hypothetische rechtswidrige Tat eines Dritten beruft. Bedenklich sind aber auch die Ausführungen des Bundesgerichtshofs zur Schadenslage. Wird mit dem in Bezug genommenen Fall der Berliner Nord-Süd-Achse BGHZ 29, 207 oben XXXV angenommen, die Berücksichtigung einer Schadensanlage beruhe auf dem Wertverlust der geschädigten oder bedrohten Sache — die im Berliner Fall drohenden Kriegsschäden durch Bombardierung konnten die im Frieden entstandenen Schäden, wie der Bundesgerichtshof zu Recht ausführte, nicht mindern — so läßt sich die Situation doch so denken, daß die Installationen wegen der Diebstahlsgefahr wertlos waren mit der Folge, daß die Beklagten in der Lage wären, sich mit dem hypothetischen rechtswidrigen Verhalten von Dritten zu entlasten. Dieser Fall wäre so zu bilden, daß die Sprengung zu einem Zeitpunkt vorgenommen wäre, in dem allgemein weder Geräte noch Transportgelegenheiten noch sachkundige Arbeitskräfte für die Bergung der Installationen zur Verfügung standen, wohl aber eine bekannte Diebesbande ausgerüstet und sachkundig war, die das verwertbare Material systematisch entfernte und von der Polizei nach dem Zusammenbruch daran nicht gehindert werden konnte. Die Erfahrungen des Jahres 1945 zeigen, daß ganze Fabrikgelände auf Holz für die Heizung und auf andere Gegenstände hin durchsucht und ausgebeutet worden sind, ohne daß die Eigentümer in der Lage waren, sich zu schützen oder die gefährdeten Gegenstände zu verkaufen; die Gegenstände waren deshalb weder für die Eigentümer selbst noch zum Verkauf wertvoll. Sollen Fälle wie diese danach entschieden werden, ob der Eigentümer das Material noch sicherstellen oder verkaufen konnte oder sollte nicht besser der Schädiger ohne solche Einschränkung verantwortlich sein, der sich dann in keinem Fall auf das hypothetische Verhalten Dritter berufen darf? Man wird der letzteren Auffassung, wie sie hier vertreten wird, zustimmen können.

Im übrigen ist dem Leitgedanken des Bundesgerichtshofs, das hypothetische Schicksal einer zerstörten Sache sei unbeachtlich, von der hier vertretenen Lösung aus im Ergebnis kaum zu widersprechen. Da eine Sache mit ihrer Zerstörung jedem weiteren Risiko entzogen ist, werden gemäß Leitsatz II Satz 1 Halbsatz 2 nur noch solche hypothetischen Risiken berücksichtigt, mit denen die betroffene Sache untrennbar verbunden war. Dazu zählt ebenso ein bereits „im Keim" vorhandener sich unaufhaltsam entwickelnder Schadensverlauf wie unentrinnbar drohende äußere Umstände. Im vorliegenden Fall bleiben die drohenden äußeren Umstände gemäß Leitsatz II Satz 1 Halbsatz 1 außer Betracht, weil sie im rechtswidrigen Verhalten von Dritten bestehen. Im übrigen aber dürfte die hier vorgeschlagene Lösung im Ergebnis recht genau der von der Rechtsprechung vertretenen angreifbaren Theorie vom entstandenen und abgeschlossenen Sachschaden mit der Einschränkung der Schadensanlage entsprechen. Sie geht vom herrschenden weitgespannten Schadensbegriff des subjektiven Interesses aus, faßt das Zurechnungsprinzip jedoch so, daß die guten Ergebnisse dieser angreifbaren Theorie erreicht werden.

XLI.

Zu der Frage des Schadensersatzes bei Unfällen von Personen, deren Erwerbsfähigkeit im Laufe der Zeit durch anlagebedingte Schäden herabgesetzt worden wäre, äußert sich besonders umfassend das Reichsgericht in seinem Urteil vom 29. April 1942 zum Arthritisfall[84]).

Der Kläger wurde am 20. Januar 1937 von einem Lastkraftwagen angefahren und niedergestoßen, der vom Beklagten gelenkt wurde. Der Kläger verlangte Schmerzensgeld und Rente.

Das Landgericht gab der Klage statt, das Oberlandesgericht setzte die Summen auf die Hälfte herab, spätere Rentenzahlungen setzte es fortlaufend niedriger an. Die Revision des Klägers führte zur Wiederherstellung des Landgerichtsurteils wegen der geforderten Summen; wegen der Renten wurde die Sache an das Oberlandesgericht zurückverwiesen.

Das Reichsgericht führt aus: Der Streit der Parteien gehe nur noch darum, ob die festgestellten Schmerzen und die Beeinträchtigung der Erwerbsfähigkeit des Klägers auf den Unfall zurückzuführen seien. Während das Landgericht dies in vollem Umfange bejahe, nehme das Oberlandesgericht auf Grund Sachverständigengutachtens eine Teilung nach Hundertsteln vor. Nach diesem Gutachten liege bei dem Kläger der Krankheitszustand einer sogenannten arthrosis deformans (deformierenden Arthrose mit Gelenksentartung) vor, die auf eine vorhandene Anlage dazu zurückzuführen sei. Daneben aber hätten bis zum Ende des Jahres 1938 Erscheinungen einer sogenannten Arthritis bestanden, die durch den Unfall entstanden seien. Auch eine bis Ende 1938 aufgetretene linksseitige Ischias sei anlagebedingt, aber erst durch den erlittenen Unfall ausgelöst worden. Nach Ansicht des Sachverständigen sei der Krankheitszustand des Klägers auf seine Veranlagung einerseits und auf den Unfall andererseits etwa zu gleichen Teilen zurückzuführen. Bei schon vorhandener Anlage werde die Anlage durch einen Unfall, wie ihn der Kläger erlitten habe, plötzlich ausgelöst, die Krankheitserscheinungen würden dadurch manifest; außerdem träten die Krankheitserscheinungen erfahrungsgemäß

[84]) VIII 12/42 RGZ 169, 117.

in einem viel stärkeren Maß auf, entwickelten sich rascher und hätten in der Regel auch längere Krankheitszeiten zur Folge, als wenn die Krankheitszustände sich nur auf Grund der vorhandenen Anlage entwickelt hätten. Der Sachverständige halte daher bis Ende 1938 den Krankheitszustand für rund 50 v. H. für anlagebedingt, zum Rest für unfallbedingt; für die Zeit nachher, in der die arthritischen Beschwerden wieder abgeklungen gewesen seien, führe er den Zustand des Klägers zu 75 v. H. auf seine Veranlagung und nur zu 25 v. H. auf den Unfall zurück. Seiner Meinung nach wäre der Krankheitszustand beim Kläger vermutlich auch ohne den Unfall, der ihn zur Auslösung gebracht habe, im Laufe der Jahre 1937 oder 1938 aus irgendeiner anderen Ursache (Erkältung und dergleichen) zum Ausbruch gekommen. Im Anschluß an dieses Gutachten spreche das Oberlandesgericht dem Kläger nur die Hälfte des Schmerzensgeldes und eine gleitende Rente zu.

Mit Recht weist das Reichsgericht sodann darauf hin, daß auch die Krankheitserscheinungen, die durch einen Unfall nur deshalb ausgelöst worden sind, weil eine Schadensanlage dazu bestand, im vollen Umfang eine Folge des Unfalls sind; sie wären ohne den Unfall nicht eingetreten. Sodann macht das Reichsgericht jedoch eine wesentliche Unterscheidung: Der ursächliche Zusammenhang der Handlung des Schädigers mit dem Schaden werde nicht dadurch ausgeschlossen, daß der nämliche Erfolg, der durch die Handlung eingetreten sei, auch durch ein anderes Ereignis eingetreten wäre, das später bestimmt stattgefunden hätte. Denn jenes andere Ereignis, dessen Eintritt ohne die schädigende Handlung des Beklagten das Oberlandesgericht im Anschluß an das Sachverständigengutachten als sicher unterstelle (Eintreten einer Erkältung und dergleichen) würde nicht der Handlung des Beklagten die Ursächlichkeit für den Schaden entzogen haben, vielmehr habe die schädigende Handlung des Beklagten jenes zweite Ereignis gehindert, seinerseits ursächlich für den Schaden zu werden. Der Unfall des Klägers, der seine Erkrankung herbeigeführt habe, sei demnach für den eingetretenen Schaden selbst dann in vollem Umfang als ursächlich anzusehen, wenn die Folgen auch ohne den Unfall wegen der Veranlagung des Klägers durch eine Erkältung oder dergleichen hätten herbeigeführt werden können, mit deren Eintritt das Oberlandesgericht ohne weiteres rechne. Die Veranlagung des Klägers sei nur insofern von Bedeutung, als sie in ähnlicher Weise wie das fortschreitende Lebensalter im Laufe der Zeit ohne das Eintreten eines die Erkrankung besonders fördernden Ereignisses seine Erwerbsfähigkeit herabsetze und dadurch die Höhe des Schadens beeinflusse. Nur mit dieser Beschränkung sei es richtig, wenn das Oberlandesgericht meine, daß bei unfallbedingten Krankheitserscheinungen, die durch einen Unfall ausgelöst worden seien, der Schuldige nur für jenen Teil der Unfallfolgen haftbar gemacht werden könne, die auf den Unfall zurückzuführen seien, nicht aber für jene, die anlagebedingt seien. Eine Verteilung der Unfallfolgen nach Hundertsteln sei in solchen Fällen überhaupt unmöglich.

Das Reichsgericht hält auch solche hypothetischen Ereignisse für unbeachtlich, die mit Sicherheit eingetreten wären. Obwohl die Krankheit anlagebedingt schon zur Zeit des Unfalls vorhanden war, berücksichtigt es das Reichsgericht nicht, daß die Krankheit auf Grund einer Erkältung oder auf Grund eines ähnlichen Ereignisses mit Sicherheit ohnehin eingetreten wäre. Dies entspricht im Ergebnis dem hier vorgeschlagenen Leitsatz II Satz 1 Halbsatz 2, weil die Infektion mit Erkältungen und ähnlichen Ereignisse mit dem Kläger nicht untrennbar verbunden sind, mögen sie auch sicher erwartet werden können. Wenn das Reichsgericht dagegen die Veranlagung des Klägers nennt, die „in ähnlicher Weise wie das fortschreitende Lebensalter“ im Laufe der Zeit ohne das Eintreten eines die Krankheit besonders fördernden Ereignisses ohnehin die Erwerbsfähigkeit herabgesetzt hätte, so entspricht dies im Ergebnis wiederum Leitsatz II Satz 1 Halbsatz 2 der vorgeschlagenen Lösung, weil ein solcher Krankheitsverlauf mit dem Kläger untrennbar verbunden wäre. Theoretisch jedoch hat das Reichsgericht erhebliche Schwierigkeiten, seine im Ergebnis richtige Lösung zu begründen. Während eine Straftat und Strafverbüßung des Klägers wie im Fall RGZ 1, 66 oben XXVIII die Ansprüche des Klägers entfallen läßt, obwohl zur Zeit seiner Verletzung der Tatplan auch noch nicht „im Keim" vorhanden gewesen sein mag, erklärt das Reichsgericht hier in der Anlage schon vorhandene Schäden für unbeachtlich, obwohl nur noch ein auslösendes Moment fehlt, das zudem sicher eingetreten wäre. Für solche Unterscheidungen fehlt dem Reichsgericht das Kriterium ebenso wie dem Bundesgerichtshof, der diese Rechtsprechung fortführt. Die im Fall BGH JZ 1960, 409 oben letzter Fall XL für die Fälle des Sachschadens angewendeten Maßstäbe eines schon zur Zeit der Schädigung vorhandenen Wertverlustes, die schon dort bedenklich schienen, lassen sich auf Personenschäden weder generell, noch erst recht zur Abgrenzung verwenden.

XLII.

Deutlich spricht sich der Bundesgerichtshof auch in seinem Urteil vom 6. November 1963 für den Gesichtspunkt des eingetretenen und abgeschlossenen Schadens aus. Das Urteil betrifft einen Fall übermäßiger Grundstücksimmissionen[85]).

Die Beklagte verschmutzte durch übermäßige Zuführung von Rauch und Ruß das Anfang 1958 bezogene Haus der Klägerin. Ihrem Schadensersatzanspruch hielt sie entgegen, daß auch wesentlich geringere, das Maß des Zulässigen nicht überschreitende Rauch- und Rußmengen in entsprechend längerer Zeit die gleiche Verschmutzung herbeigeführt hätten.

Der Bundesgerichtshof hat dies für unbeachtlich gehalten: Das Oberlandesgericht habe angenommen, daß das Haus der Klägerin auch ohne das behauptete Übermaß von Einwirkungen, denen es durch die Heizanlage der Beklagten von Anfang 1958 bis Anfang 1960 ausgesetzt gewesen sei und die bereits in den ersten Monaten zur völligen Verschmutzung der Straßenfront geführt hatten, ebenso in Mitleidenschaft gezogen worden wäre; denn die nach § 906 BGB zulässigen Rußzuführungen, die etwa $^1/_5$ dessen ausgemacht haben würden, was tatsächlich an Ruß zugeführt worden sei, hätten innerhalb der fünffachen Zeitspanne den gleichen hundertprozentigen Verschmutzungsgrad und damit ebenfalls die Notwendigkeit eines Neuanstriches zur Folge gehabt, ohne daß die Klägerin sich dagegen hätte zur Wehr setzen und Schadloshaltung hätte verlangen können. Diese Berechnung sei jedoch nur rein theoretischer Natur und entbehre der tatsächlichen Grundlage. Es handle sich hierbei um die Ersetzung eines wirklichen Herganges, der den Schaden verursacht habe, durch einen anderen, bloß gedachten („hypothetischen") Ursachenverlauf, von dem das Oberlandesgericht unter dem Gesichtspunkt der sogenannten „überholenden Kausalität" geglaubt habe, er würde genau dasselbe Ergebnis herbeigeführt haben. Die Revision mache demgegenüber mit Recht geltend, daß ein hypothetisches Schadensereignis, sofern seine Beachtung überhaupt zulässig erscheine, höchstens dann zuungunsten des Geschädigten be-

---

85) V ZR 53/62 MDR 1964, 220 = WM 1964, 209 = JuS 1964, 206 = BB 1964, 286 = VersR 1964, 293.

rücksichtigt werden dürfe, wenn eindeutig feststehe, daß es tatsächlich eingetreten wäre. Ein Erfahrungssatz, wonach Einwirkungsdauer und Einwirkungsintensität einander in der vom Oberlandesgericht angenommenen Weise genau und gleichmäßig entsprächen, sei nicht bekannt; gegen seine Richtigkeit spreche bereits die Erwägung, daß die Stärke der Verschmutzung in den ersten Wochen und Monaten, wenn der Anstrich noch frisch sei, ungleich größer sein dürfte als in späterer Zeit. Aber selbst wenn die Berechnung des angefochtenen Urteils richtig wäre, so vermöchte sie gleichwohl die klageabweisende Entscheidung nicht zu rechtfertigen. Dies zeige die folgende Überlegung: Als im Juni 1958, knapp ein halbes Jahr nach Beginn der rechtswidrigen Rauch- und Rußzuführungen, die vorliegende Klage erhoben worden sei, sei der Schaden, den die Klägerin ersetzt verlange, bereits in vollem Umfang entstanden gewesen; die Fassade des Hauses habe in längstens sechs Monaten schon eine völlige Verschmutzung erfahren gehabt und des Neuanstriches bedurft. Wäre also damals eine richterliche Entscheidung ergangen, so hätte sie, sofern man sich der übrigen Urteilsbegründung des Oberlandesgerichts anschließe, zugunsten der Klägerin ausfallen müssen. An diesem Ergebnis könne aber der Umstand, daß der Prozeß länger gedauert habe, offensichtlich nichts ändern; ein einmal gegebener und alsbald eingeklagter Anspruch bleibe bestehen, gleichgültig ob über ihn sogleich oder erst nach Jahren entschieden werde. Die Klägerin hätte sogar, falls ihr Haus auf Grund rechtzeitig erlassenen Urteils repariert worden wäre, ein halbes Jahr später wegen der inzwischen wiederum eingetretenen Verschmutzung erneut klagen können mit der Folge, daß die Beklagte dann abermals zur Schadensersatzleistung verurteilt worden wäre, und das hätte sich jedes halbe Jahr wiederholt. Dies alles spreche gegen den Einwand der überholenden Kausalität.

Soweit der Bundesgerichtshof den Einwand der überholenden Kausalität mit der Erwägung zurückweisen will, nur solche Ereignisse, deren Eintritt sicher sei, könnten berücksichtigt werden, hinsichtlich der erlaubten Rußzufuhr fehle es jedoch an Erfahrungssätzen, so ist dies nicht unbedenklich. Man wird durchaus berechnen können, wann eine zulässige Immission einen Neuanstrich nötig macht. Außerdem hatte das Oberlandesgericht entsprechende Berechnungen angestellt. Man wird in der Erwägung, das hypothetische Ereignis sei nicht sicher, hier wohl wie mehrfach das Bestreben erblicken, solche Ereignisse ganz auszuschalten. Soweit der Bundesgerichtshof weiter und ebenfalls mit dieser Tendenz auf den Gesichtspunkt des entstandenen und alsbald eingeklagten Schadens hinweist, sind seine Ausführungen ebenfalls bedenklich, weil über die Schadensbemessung der Zeitpunkt der letzten Tatsachenverhandlung entscheidet. Im übrigen fällt auf, daß der Bundesgerichtshof keine Erwägungen über eine ohnehin vorhandene Schadensanlage anstellt, obwohl hier die $^1/_5$ zulässige Rußzufuhr nicht nur drohte, sondern tatsächlich stattfand.

Die Pflicht der Beklagten ging dahin, den darin bestehenden Schaden zu vermeiden, daß schon alle sechs Monate neue Anstriche statt erst in zweieinhalb Jahren nötig wurden. Die Verpflichtung zu einem neuen Anstrich nach sechs Monaten wird nicht davon berührt, daß nach zweieinhalb Jahren ohnedies ein neuer Anstrich nötig wurde. Nun muß die Klägerin sich gemäß Leitsatz II Satz 1 Halbsatz 1 den Schaden anrechnen lassen, den sie ohnedies zu tragen hatte. Beachtet man jedoch, daß sie damit nur nicht besser gestellt werden sollte, als sie ohne das schädigende Ereignis gestanden hätte, so ist auch in die Berechnung einzubeziehen, daß sie im Zeitraum bis zum Urteil noch dreimal einen Anstrich hätte verlangen können, bevor sie einen Anstrich selbst tragen mußte. Der Klage ist deshalb voll stattzugeben.

XLIII.

Nach Verschuldensmomenten und nach dem Gesichtspunkt der Schadensanlage entscheidet das Oberlandesgericht Stuttgart, Nebensitz Karlsruhe, durch Urteil vom 20. April 1949 den Traktorfall[86]).

Der Beklagte benutzte kurz vor der Besetzung von M. durch die Amerikaner die bei der Firma X untergestellte Zugmaschine der Klägerin ohne deren oder der Firma X Erlaubnis, um Frauen und Kinder in den Odenwald zu bringen. Die Maschine wurde dabei beschädigt und gelangte erst 1946 wieder an die Klägerin zurück. Gegenüber der Schadensersatzklage der Eigentümer berief sich der Beklagte darauf, daß die Maschine der Beschlagnahme durch die Besatzung verfallen wäre, wenn sie in M. geblieben wäre.

Das Landgericht hat auf Grund seiner allgemeinen Kenntnisse der im Zuge der Besetzung eingetretenen Verhältnisse sowie auf Grund von Erhebungen über die Schicksale der in der Garage der Firma X zurückgebliebenen Fahrzeuge festgestellt, daß die Zugmaschine der Klägerin bei ihrem Verbleiben in M. der Beschlagnahme durch die Besatzung nicht entgangen wäre. Es hat die Ursächlichkeit des Verhaltens des Beklagten für den eingetretenen Schaden verneint und die Klage abgewiesen.

Das Oberlandesgericht Stuttgart hat die Revision zurückgewiesen: Der Beklagte sei gemäß § 904 BGB berechtigt gewesen, Frauen und Kinder in den Odenwald zu bringen. Seine etwaige Ersatzpflicht gründe sich auf § 904 Satz 2 BGB, nicht auf unerlaubte Handlung. Nach den für die Revisionsinstanz bindenden Feststellungen des Landgerichts bestehe das Problem, ob die an sich nach § 904 BGB begründete Ersatzpflicht des Beklagten etwa deswegen in Fortfall komme, weil der gleiche Schaden auch ohne die Notstandshandlung sowieso eingetreten wäre. Das Reichsgericht habe die Berücksichtigung der hypothetischen Schadensursache regelmäßig abgelehnt. In der Begründung der dem Reichsgericht folgenden Stellungnahme spiele ausgesprochen oder unausgesprochen der Gedanke eine Rolle, die zweite Ursache vermöge an der einmal verwirklichten Schuld des Täters nichts mehr zu ändern, deshalb fehle auch der innere Grund, ihn von der Ersatzpflicht zu befreien. Diese Erwägung zeige, daß das Problem über den Bereich der reinen Kausalität hinausgreife und daß auch Gesichtspunkte der Schuld bei seiner Lösung eine Rolle spielen könnten. Wenn die erste Ursache schuldhaft gesetzt worden sei, spreche vieles dafür, den Täter nicht ersatzfrei ausgehen zu lassen; denn nicht die Verursachung, sondern die Schuld sei das seine Ersatzpflicht ethisch tragende Moment. Anders sehe es dagegen aus, wenn ausnahmsweise — wie im vorliegenden Fall — in der Setzung der ersten Ursache kein Verschulden stecke. Der Senat sei der Ansicht, daß dann der Verursacher den Schaden, der auch ohne ihn eingetreten wäre, nicht zu decken brauche. Es widerspreche dem Sinn des § 904 BGB, dem Eigentümer, dem seine Sache sowieso verlorengegangen wäre, deshalb einen Ersatz zu verschaffen, weil ein anderer sie vorher noch zur Abhilfe eines Notstandes in einer von der Rechtsordnung gebilligten Weise benutzte. Zu dem gleichen Ergebnis führe eine zweite Überlegung. Werde ein Kranker verletzt, so falle die Ursächlichkeit der Verletzung weg, wenn der Eintritt der Krankheit im Zeitpunkt der Verletzung schon im Keim vorhanden gewesen sei, als die erste Ursache ge-

[86]) I ZS 350/48 NJW 1949, 585 Nr. 10.

setzt wurde. Wende man dies auf den vorliegenden Fall an, so ergebe sich, daß die zweite Ursache, nämlich die Eroberung M.s mit ihren Folgeerscheinungen für die dortigen Kraftfahrzeuge, im Keim bereits vorhanden gewesen sei, als die erste Ursache gesetzt wurde. Denn gerade um der unmittelbar drohenden Besetzung und ihren unbekannten Begleitumständen zu entgehen, habe ja der Beklagte seine Notstandshandlung vorgenommen. Auch dieses zeitliche Verhältnis der Faktoren zueinander spreche dafür, der zweiten, aber doch in der Anlage älteren Ursache das Hauptgewicht beizulegen.

Zum Problem des Anlageschadens ist hier die Frage zu stellen, wie weit feindliche Truppen bereits einmarschiert sein müssen, damit vom Keim einer bereits vorhandenen anderen Ursache im Zeitpunkt des Schadensereignisses gesprochen werden kann. Im übrigen wird man bei der Beurteilung des Sachverhalts zunächst einmal unterstellen, daß der Täter nicht, wofür er Lob verdient, mit der Zugmaschine Frauen und Kinder in den Odenwald brachte, sondern die Maschine um nichtiger Vorhaben willen entwendete. Der Dieb sollte sich nun nicht darauf berufen dürfen, daß die Schäden an der Zugmaschine auch eingetreten wären, wenn sie im Verfügungsbereich des Eigentümers geblieben wäre; jedenfalls erscheint dies als eine vertretbare Entscheidung, die sich auf Leitsatz II Satz 1 Halbsatz 2 stützen kann. Nun war der Beklagte hier kein Dieb, sondern gemäß § 904 BGB gerechtfertigt. Für die Notstandshandlungen trifft jedoch § 904 Satz 2 eine sehr harte Entscheidung. Auch der uneigennützigste Helfer haftet dem Eigentümer und ist darauf angewiesen, von den vielleicht uneinsichtigen und zahlungsunfähigen Geretteten Ersatz zu verlangen. Es muß hier unerörtert bleiben, ob in einer Zeit überwiegend mangelnder Hilfswilligkeit eine solche Vorschrift noch sinnvoll ist. Solange sie aber besteht und den Helfer dem Dieb gleichstellt, können die damit verbundenen Zweifel nicht über das Zurechnungsprinzip ausgeglichen werden. Nach Leitsatz II Satz 1 Halbsatz 2 ist der Beklagte voll für den Schaden verantwortlich, weil er den Traktor dem Risiko der Beschlagnahme in M. entzogen hat und dann nur noch Risiken berücksichtigt werden, die mit der Eigenart des betroffenen Rechtsguts, also des Traktors, untrennbar verbunden sind. Dazu gehören nicht Beschlagnahmen durch eine Besatzungsmacht. Zu prüfen ist weiter, ob der Beklagte nicht, weil er Frauen und Kinder aus der Kampfzone bringen wolle, eine polizeiliche Inanspruchnahmeverfügung hätte erwirken können. Wäre dies der Fall, so würde er nicht haften, weil die Klägerin den eingetretenen Schaden dann ohne Ersatzanspruch gemäß § 904 Satz 2 BGB gemäß Leitsatz II Satz 1 Halbsatz 1 ohnedies hätte dulden müssen. Im Ergebnis könnte daher dem Oberlandesgericht Stuttgart zu folgen sein.

XLIV.

Den Fall beschlagnahmter Spirituosen entschied das Oberlandesgericht Celle durch Urteil vom 28. Oktober 1948[87]).

Während des Krieges war bei dem Müller R. eine größere Menge Spirituosen ausgelagert, deren Eigentümer der Kläger zu sein behauptete. Am 14. April 1945, kurz nach dem Einmarsch der alliierten Truppen, erteilte der Bürgermeister dem Beklagten den Auftrag, diese Spirituosen zur Vermeidung einer Plünderung zu vernichten. Der Beklagte führte diesen Auftrag am gleichen Tage aus, überließ dabei aber einen kleinen Teil der Spirituosen den Bürgerwachen und den bei der Vernichtungsaktion tätigen Männern. Er selbst nahm 19 Flaschen für sich mit nach Hause. Der Kläger machte den Beklagten für den gesamten Bestand des Spirituosenlagers verantwortlich.

Das Landgericht hat die Klage abgewiesen. Das Oberlandesgericht Celle hat die Schadensersatzpflicht bezüglich der von ihm selbst mitgenommenen 19 Flaschen bejaht, im übrigen aber die Berufung zurückgewiesen und dazu ausgeführt: Die vom Bürgermeister angeordnete Vernichtung des Alkohols sei nach Lage der Sache die einzige Maßnahme gewesen, die mit Sicherheit die unmittelbar bevorstehende Gefahr habe abwenden können. Soweit der Beklagte aber die Spirituosen nicht vernichtet habe, könne er sich zur Rechtfertigung seines Verhaltens nicht ohne weiteres auf den amtlichen Auftrag berufen, weil er insoweit objektiv von diesem Auftrag abgewichen sei. Dennoch müsse die Ersatzpflicht auch in diesem Falle verneint werden, weil der dem Kläger entstandene Schaden auf jeden Fall eingetreten wäre und deshalb ein ursächlicher Zusammenhang zwischen diesem Schaden und dem Verhalten des Beklagten nicht bestehe und weil außerdem der Beklagte nicht schuldhaft gehandelt habe. Das Reichsgericht habe zwar in ständiger Rechtsprechung den Standpunkt vertreten, daß der ursächliche Zusammenhang zwischen der schädigenden Handlung und dem Eintritt des Schadens nicht dadurch ausgeschlossen werde, daß ohne die schädigende Handlung später durch ein anderes Ereignis derselbe Schaden verursacht worden wäre. Dieser Grundsatz gelte aber nur dann, wenn das zweite ursächliche Ereignis erst nach dem bereits entstandenen Schaden eingetreten sei. Das sei jedoch nicht der Fall, wenn schon zur Zeit des Eintritts des Schadensereignisses ein Umstand vorgelegen habe, der ohne den Eintritt dieses Ereignisses den Schaden ebenfalls ganz oder zum Teil herbeigeführt haben würde. Diese Voraussetzungen lägen hier vor. Der Beklagte habe den Auftrag gehabt, den gesamten Bestand der Spirituosen zu vernichten, und wenn er den Auftrag so ausgeführt hätte, so würde man ihn nicht schadensersatzpflichtig machen können. Dadurch, daß nun der Beklagte von diesem Auftrag teilweise abgewichen sei, sei die Sach- und Rechtslage für den Kläger keine andere geworden, weil er den gleichen Schaden gehabt hätte, wenn der Beklagte den Auftrag weisungsgemäß ausgeführt hätte. Daraus ergebe sich aber, daß die Schadensursache nicht in einem fehlerhaften Verhalten des Beklagten, sondern in der unabhängig von diesem Verhalten auch bei genauer Durchführung der polizeilichen Verfügung bestehenden und gerade durch diese Verfügung eingetretenen Sachlage zu suchen wäre. Der nach § 249 BGB herzustellende Zustand könne hier nur der sein, wie er im Fall einer weisungsgemäßen Durchführung der Polizeiverfügung bestanden hätte. Da aber der Kläger auch in diesem Falle das Eigentum an sämtlichen Spirituosen durch Vernichtung verloren hätte, würde seine wirtschaftliche Lage in Ansehung dieser Spirituosen und seiner Vermögenslage überhaupt nicht anders geworden sein als sie sich so gestaltet habe. Außerdem habe der Beklagte, soweit er den Vernichtungsbefehl nicht wörtlich befolgt habe, nicht schuldhaft gehandelt. Die Haftung für den Wert der 19 Flaschen beruhe auf §§ 812, 818 Abs. 3, 819 in Verbindung mit §§ 292, 989 BGB.

---

[87]) 1 U 194/47 NJW 1949, 585 Nr. 11.

Die Ansprüche aus ungerechtfertigter Bereicherung sind hier nicht zu untersuchen. Da der Beklagte, wie das Oberlandesgericht Celle ausführt, auch nicht schuldhaft gehandelt hat, ist der Fall schadensersatzrechtlich nicht problematisch. Hätte der Beklagte aber schuldhaft gehandelt, als er die einzelnen Flaschen freigab, so hat er das für die Flaschen bestehende Vernichtungsrisiko aufgehoben. Er haftet gemäß Leitsatz II Satz 1 Halbsatz 2 deshalb auch nach Deliktsrecht auf Ersatz für 19 Flaschen.

XLV.

Der hypothetische Schadenseintritt innerhalb eines durch das Tatgeschehen beseitigten Risikos beherrscht auch das Urteil des Bundesgerichtshofs vom 14. Januar 1953, das einen Anspruch auf Ersatz für entwendete Reichsmarknoten betrifft[88]).

Die Kläger wohnten früher in Oberschlesien. Nach dem Zusammenbruch hielt sich der Kläger in L. in der sowjetischen Besatzungszone auf, während die Klägerin in ihrer Heimat geblieben war. Im Zuge der Ausweisung der Angehörigen des deutschen Volkstums aus den polnisch besetzten Gebieten mußte die Klägerin im Herbst 1945 Oberschlesien verlassen. Auf der Reise lernte sie den Beklagten und seinen Kameraden U. kennen, die als frühere Angehörige der deutschen Wehrmacht aus russischer Kriegsgefangenschaft entlassen worden waren und sich auf der Heimreise nach ihrem Wohnort in einer der westlichen Besatzungszonen befanden. An der Grenze zwischen dem polnisch besetzten Gebiet und der sowjetisch besetzten Zone wurde das Gepäck der aus ihrer Heimat vertriebenen Deutschen von polnischem Militär durchsucht, während die Habe der entlassenen Kriegsgefangenen nicht kontrolliert wurde. Die Klägerin bat deshalb den Beklagten und U. um Hilfe bei dem Hinüberschaffen ihrer Sachen. Diese erklärten sich hierzu bereit. Die Klägerin übergab ihnen darauf ein Paket, in dem sich ein hoher Reichsmarkbetrag und Wertsachen befanden, sowie einen Rucksack mit Kleidungsstücken. Der Beklagte und U. sollten das Paket und den Rucksack in L. abliefern. Sie hielten sich jedoch nach dem Grenzübertritt nicht an diese Abrede und nahmen die Gegenstände mit nach Hause. Später teilten sie das Bargeld und die Sachen. Neben Schadensersatz für die Wertsachen forderten die Kläger Zahlung von $^1/_{10}$ des Barbetrags, umgestellt im Verhältnis 1:10 in DM West. Der Beklagte machte geltend, die Kläger könnten nur $^1/_{10}$ des Barbetrags umgestellt in DM Ost verlangen. Die Klage hatte in allen Rechtszügen im wesentlichen Erfolg.

Zum Anspruch auf Ersatz für die unterschlagenen Reichsmarknoten erklärt der Bundesgerichtshof nach dem Hinweis, der Beklagte sei durch die Zahlung in DM West nicht beschwert, diesen Erwägungen lasse sich auch nicht entgegenhalten, daß die Kläger, wenn ihnen das Geld nicht von U. und dem Beklagten weggenommen worden wäre, sondern sie zur Zeit der Währungsreform in ihrem Besitz gewesen wären oder es bei einem Kreditinstitut in der sowjetisch besetzten Zone eingezahlt gehabt hätten, nicht mehr als rund 10 v. H. des Reichsmarkbetrags — möglicherweise sogar noch wesentlich weniger — in DM Ost sich hätten erhalten können. Es bedürfe hier keines Eingehens auf die im Schrifttum und in der Rechtsprechung streitige Frage, ob der Schadensersatzpflichtige sich darauf berufen

[88]) VI ZR 9/52 BGHZ 8, 288 = LM § 823 BGB (Ac) Nr. 2 = NJW 1953, 499 = BB 1953, 157.

könne, daß derselbe Schaden, den der Geschädigte erlitten habe, ganz oder zum Teil auch ohne das den Schädiger zum Schadensersatz verpflichtende Ereignis eingetreten wäre; denn der zum Schadensersatz verpflichtende Beklagte habe keinerlei Anhaltspunkte dafür angeführt, daß die Kläger, wenn er und U. sich das Geld nicht angeeignet hätten, die Geldscheine in ihrem Besitz behalten oder auf ein Konto bei einem Kreditinstitut in der sowjetisch besetzten Zone eingezahlt hätten. Ein sogenanntes hypothetisches Schadensereignis könne aber, sofern seine Berücksichtigung überhaupt zulässig erscheine, zuungunsten des Berechtigten höchstens dann Beachtung finden, wenn feststehe, daß es tatsächlich eingetreten wäre. Für den Eintritt eines auf die Währungsreform in der sowjetisch besetzten Zone zurückzuführenden Umstellungsschadens des Klägers wäre der zur Leistung des Schadensersatzes verpflichtete Beklagte darlegungs- und beweispflichtig gewesen.

Zu diesem Fall sei angenommen, daß den Klägern in der sowjetisch besetzten Zone bis zur dortigen Währungsreform genügend Geld zum Leben zur Verfügung stand. Es sei weiter angenommen, daß ihnen Schwarzmarktgeschäfte nicht möglich waren oder daß damit ein noch größerer Verlust verbunden gewesen wäre als mit einer Umstellung in DM West im Verhältnis 1:10 und auch mit einer Umstellung in DM Ost, wie sie tatsächlich durchgeführt wurde. Dann könnte der Beklagte mit der vom Bundesgerichtshof geforderten Sicherheit nachweisen, daß die Kläger mindestens den Unterschied zwischen den beiden Währungsreformen hätten tragen müssen. Gleichwohl erschiene aber die entsprechende Herabsetzung ihres Anspruchs nicht gerecht. Leitsatz II Satz 1 Halbsatz 2 der vorgeschlagenen Lösung verhindert, daß der Beklagte sich überhaupt auf Gefahren beruft, die sich innerhalb des durch die Tathandlung selbst beseitigten Risikos ergeben hätten: in solchen Fällen sind nur noch Risiken beachtlich, die mit der Eigenart des Rechtsguts untrennbar verbunden sind. Nun sind allgemein Währungsreformen gewiß Risiken, die mit dem Besitz von Geld untrennbar verbunden sind, sie sind es jedoch dann nicht, wenn die Tathandlung gerade das Risiko vor der Währungsreform selbst beseitigt hat.

XLVI.

Besonders wesentlich für die Theorie der Schadensanlage oder, hinsichtlich der Vermeidbarkeitstheorie, für den Gesichtspunkt des beseitigten Risikos, ist der vom Bundesgerichtshof durch Urteil vom 29. Oktober 1959 entschiedene Fall der tschechischen Feldbahnlokomotiven[89]).

Der Kläger war Eigentümer von sieben Feldbahnlokomotiven, die sich während des Krieges in Rußland befanden. Gegen Kriegsende wurden sie durch die Reichs-

[89]) VII ZR 197/58 WM 1960, 21, 23 ff., insoweit nicht mit abgedruckt in BGHZ 31, 129, LM § 990 BGB Nr. 8 m. Anm. Rietschel, NJW 1960, 192, MDR 1960, 131, JZ 1961, 124 und BB 1959, 1272.

bahn nach Westdeutschland gebracht. Ein Teil des Zuges gelangte mit der Lokomotive Nr. 1813 und zwei weiteren im August 1945 nach Essen-Ost. Kurz darauf veräußerte die Reichsbahn sie, und zwar die Maschine 1813 an die Baufirma M., die beiden anderen an eine Firma G.; diese wurde rechtskräftig zur Herausgabe an den Kläger und zum Ersatz der Nutzungen verurteilt. Der andere Teil des Zuges mit den übrigen vier Lokomotiven gelangte nach Osnabrück. Die Reichsbahn verkaufte sie an verschiedene Firmen. Diese mußten die Lokomotiven in den Jahren 1949 und 1950 entschädigungslos an die Tschechoslowakei herausgeben, weil sie wie alle sieben Lokomotiven in den Jahren 1939—1941 in Prag hergestellt worden waren.

Der Kläger verlangte von der beklagten Bundesbahn Schadensersatz für die von ihr veräußerten und nicht an ihn zurückgelangten Feldbahnlokomotiven, darunter auch für diejenige, die sich noch im Besitz der Fa. G. befand. Die beklagte Bundesbahn machte u. a. geltend, daß dem Kläger kein Schaden entstanden sei, weil die Maschinen bei ihr ohnehin mit Sicherheit beschlagnahmt worden wären.

Das Landgericht wies die Klage ab. Das Oberlandesgericht Hamm gab der Klage hinsichtlich der bei der Fa. G. verbliebenen Maschine 1813 statt und wies die Berufung im übrigen zurück. Die Revision der Klägerin und die Anschlußrevision der Beklagten führten zur Aufhebung und Zurückverweisung.

Nach Ausführungen darüber, daß die Beklagte dem Kläger gemäß § 990 i. V. mit § 989 BGB den Schaden zu ersetzen habe, der ihm dadurch entstanden sei, daß sie ihm die Maschinen nicht mehr herausgeben könne, weist der Bundesgerichtshof die Auffassung des Oberlandesgerichts zurück, daß die Maschine 1813 anders zu behandeln sei als die übrigen. Das Oberlandesgericht hatte die Ersatzpflicht für die Maschinen, die an die Tschechoslowakei ausgeliefert wurden, deshalb verneint, weil die Reichsbahn verpflichtet gewesen sei, die Maschinen sicherzustellen; dann wäre die Auslieferung unvermeidlich gewesen. Dagegen sei die Maschine 1813 nicht ausgeliefert worden, vielmehr habe die Firma M., an die sie verkauft worden sei, sie zur Auslieferung einer unzuständigen Stelle gemeldet und sie deshalb so lange behalten, bis das Besatzungsrecht durch die Pariser Verträge am 5. Mai 1955 aufgehoben worden sei. Von diesem Tage an sei der Kläger zum Ersatz berechtigt. Der Bundesgerichtshof hält diese Begründung für widersprüchlich. Es sei nicht einzusehen, warum die Verhältnisse hinsichtlich der Lokomotive 1813 anders zu beurteilen seien als bei den übrigen Lokomotiven. Sie sei zwar nicht abgeliefert worden und auch noch greifbar. Diese Lage wäre aber, wenn die Auffassung des Oberlandesgerichts über die grundsätzlich unvermeidbare Ablieferung des in den Händen der Reichsbahn befindlichen Geräts zutreffen sollte, nur durch den Verkauf, also die zum Ersatz verpflichtende Handlung entstanden. Diese hätte danach nicht zu einem Schaden, sondern im Gegenteil zu einem Vorteil für den Kläger geführt. Denn ohne die Veräußerung wäre nach Ansicht des Oberlandesgerichts auch die Lokomotive 1813 für den Kläger verlorengegangen, während er sie infolge des Verkaufs möglicherweise noch herausverlangen könne. Der Senat könne jedoch auch hinsichtlich der Maschine 1813 noch nicht zur Sache entscheiden, weil die Ausführungen des Oberlandesgerichts über die Auslieferung nicht genügend deutlich seien. Das Oberlandesgericht habe bei seiner Entscheidung einen Tatsachenverlauf berücksichtigt, der sich in dieser Form nicht ereignet habe, nach seiner Ansicht aber eingetreten wäre, wenn sich der zum Ersatz verpflichtende Umstand nicht ereignet hätte. Ein solcher gedachter Ursachenverlauf sei zu berücksichtigen, wenn feststehe, daß die Sache im Zeitpunkt des unberechtigten Eingriffs bereits mit einer „Schadensanlage" behaftet gewesen sei, die in jedem Falle zu ihrem Verlust für den Eigentümer geführt hätte. Diese Grundsätze seien hier im Ausgangspunkt anwendbar. Denn den Lokomotiven, die im Krieg hergestellt worden seien, habe als „Schadenslage" die dringende Gefahr der entschädigungslosen Ablieferung angehaftet. Die Revision bekämpfe diese vom Oberlandesgericht vertretene Auffassung zu Unrecht. Bereits in der Alliierten Erklärung vom 5. Januar 1943 (ABl. d. KontRts. S. 3) heiße es, daß sich die Alliierten (einschließlich der Tschechoslowakei) das Recht vorbehielten, jede Veräußerung von Eigentum für nichtig zu erklären, das sich in den von Deutschland besetzten Gebieten befunden habe; das gelte auch bei Veräußerungen ohne jeden Zwang. Ferner habe das vor April 1945 ergangene MRG 52 Vermögen, das „Gegenstand von Besitzentziehung in Gebieten außerhalb Deutschlands gewesen ist, gleichgültig, ob dies auf Grund von Verfahren, die rechtliche Formen zu beachten vorgaben oder ob dies auf andere Weise geschehen ist" behandelt und dessen Beschlagnahme und Sicherstellung angeordnet (Art. I Abs. 2, Art. III 4 a i und 4 b i). Schließlich habe die Kontrollratsproklamation 2 Nr. 19 b und c vom 20. September 1945 (ABl. S. 14) bestimmt, daß jedermann, insbesondere die deutschen Behörden Eigentum, das irgendeinem Angehörigen der Vereinten Nationen zu irgendeinem Zeitpunkt gehört habe, anzumelden und sicherzustellen habe. Diese Anordnungen hätten die kommende Entwicklung dahin, daß die Lokomotiven, deren Herkunft schon aus den an ihnen angebrachten Firmenschildern und ihrer Bauart ersichtlich gewesen sei, entschädigungslos herausgegeben werden mußten, mit hinreichender Sicherheit erkennen lassen. Ob die Reichsbahn die fraglichen Bestimmungen schon gekannt habe und ob sie überhaupt schon veröffentlicht gewesen seien, sei in diesem Zusammenhang unerheblich. Maßgebend sei vielmehr, ob die Lokomotiven, sei es auch nur bei nachträglicher Schau, tatsächlich mit jener Schadensanlage behaftet gewesen seien, die zu ihrem späteren Verlust hätte führen müssen und damit ihren Verkehrs- und Nutzungswert beeinträchtigte. Eine andere Frage aber sei es, wie hoch diese Beeinträchtigung anzusetzen sei. Das Oberlandesgericht habe den Anspruch hinsichtlich der in die Tschechoslowakei ausgelieferten Maschinen ganz verneint, weil die Militärregierung die tschechoslowakischen Behörden um die Möglichkeit des Verbleibs der Maschinen hätte fragen müssen. Der Bescheid wäre aber mit Sicherheit negativ gewesen. Verhandlungen des Klägers mit den tschechoslowakischen Behörden seien auch gescheitert, obwohl der Kläger über genügend Mittel verfügt habe. Diese Erörterungen seien unvollständig. Das Oberlandesgericht sei zwar gemäß § 287 ZPO nicht streng an die Beweisantritte des Klägers gebunden gewesen. Den Ausführungen des Oberlandesgerichts müsse jedoch entnommen werden, daß es sich zum Teil von unrichtigen Erwägungen habe leiten lassen. Nach der Rechtsprechung des Reichsgerichts und des Bundesgerichtshofs sei es in solchen Fällen Sache des Beklagten zu behaupten und zu beweisen, daß auch andere Ereignisse zu dem gleichen Schaden geführt hätten. An diese Darlegungs- und Beweispflicht müßten strenge Anforderungen gestellt werden; denn sonst würde man sich zugunsten der Beachtung irrealer Umstände zu weit von dem Boden wirklicher Gegebenheiten entfernen. Diesen Grundsatz habe das Oberlandesgericht nicht hinreichend beachtet. Dazu habe der Kläger vorgetragen, daß ihm die Militärregierung beim Nachweis ordnungsgemäßen Einkaufs die Maschinen sofort zur Verfügung gestellt hätte. Die den Firmen P. und T. verkauften Maschinen seien diesen auch bis 1949/50 belassen worden. Überdies habe er auf Grund besonderer Umstände eine bevorzugte Behandlung erwarten dürfen. Schließlich sei auch das Scheitern der Verhandlungen mit den tschechischen Behörden nicht geeignet, die Aussichtslosigkeit seines Bemühens um den Verbleib der Maschinen darzutun, weil nicht sicher gewesen sei, ob er die Firmen, in deren Besitz sich die Maschinen befunden hätten, zur Herausgabe werde zwingen können und deshalb habe befürchten müssen, das Geld vergeblich aufgewandt zu haben. Die Beklagte habe diese Möglichkeiten ausräumen müssen.

§ 848 BGB ist nicht anzuwenden, weil Ansprüche aus unerlaubter Handlung verjährt waren und nur eine Haftung gemäß §§ 990, 989 in Frage kommt. Es gelten deshalb die allgemeinen Regeln der überholenden Kausalität; auch der Bundesgerichtshof wendet nur sie an.

Der Bundesgerichtshof leitet die Theorie der Schadensanlage wie allgemein aus der Schadensberechnung ab. Das ist gerade im vorliegenden Fall nicht unbedenklich, weil er eine Schadensanlage auch dann als gegeben ansieht, wenn niemand die Kontrollratsbestimmungen kannte, beim Verkauf also eine Wertminderung nicht gegeben sein mußte. Außerdem liegt es nahe, daß jemand, der nach dem Kriege überhaupt genügend Mittel zur Verfügung hatte und etwa ein Baugeschäft wieder betreiben wollte, jeden ihm möglichen Preis zahlte. Weiter bemüht sich der Bundesgerichtshof um den Nachweis, daß die Schadensanlage schon im Zeitpunkt des Verkaufs vorhanden war. Das ist zu eng, weil auch nachträgliche hypothetische Geschehensabläufe zu berücksichtigen sind (vgl. RGZ 1, 66 oben XXVIII zu dem Fall späterer Strafverbüßung, RGZ 68, 352 oben XXX zu dem Fall späterer Trunksucht). Außerdem wäre die Situation auch wohl keine andere, wenn die Besatzungsvorschriften zunächst so gelautet hätten, daß ordnungsgemäß gelieferte Maschinen nicht abzuliefern seien und die Bestimmungen erst später verschärft worden wären. Der Bundesgerichtshof sieht eine Schadensanlage auch in externen Vorgängen und kann deshalb auch keinen Unterschied zwischen den Lokomotiven machen, weil sie zur Zeit des Verkaufs alle in der gleichen Situation waren. Das ist nicht unbedenklich, weil sich die entsprechende Schadensanlage der Lokomotive 1813 dann als wirkungslos erwies. Das so zum Teil vorsichtig, zum Teil großzügig gesehene materielle Recht wird dann jedoch mit der Beweisumkehr streng gedrosselt und noch weiter zurückgedrängt durch die Forderung, daß an die Darlegungs- und Beweislast der Beklagten strenge Anforderungen zu stellen seien, wenn man sich nicht zugunsten irrealer Umstände zu weit vom Boden wirklicher Gegebenheiten entfernen wolle. Hiermit wird ein materiellrechtliches Ziel verfolgt, ohne daß das Beweisrecht eine Begründung hierzu liefert. Aber auch aus der Theorie der Schadensanlage ist die Beweisumkehr nicht zu stützen. Wird nachträglich der Beweis geführt, daß die Auslieferung unvermeidlich war, so brauchten die Beklagte und die Käufer hiervon keine Kenntnis zu haben und konnten den Wert der Maschinen gleichwohl als ungeschmälert ansehen. Da dieser Beweis im vorliegenden Fall auch wohl kaum geführt werden kann, wird der Kläger hinsichtlich aller Lokomotiven im Ergebnis so gestellt, als hätte die Gefahr der Beschlagnahme niemals bestanden.

Nach der in dieser Arbeit vorgeschlagenen Lösung ist wie folgt zu verfahren: Die Reichsbahn durfte das Eigentum des Klägers nicht veräußern. Diese Pflicht wird nicht davon berührt, ob die Maschinen ohnehin beschlagnahmt worden wären. Nach Leitsatz II Satz 1 Halbsatz 1 hat der Kläger jedoch hinzunehmen, daß die Maschinen mit Ausnahme der Maschine 1813 beschlagnahmt worden sind. Gemäß Leitsatz III ist zu prüfen, welche größeren Chancen der Kläger gehabt hätte, die Maschinen zu behalten oder für eine gewisse Zeit zu nutzen, wenn die Reichsbahn sie nicht veräußert hätte. Er hat dazu vorgetragen; gelingt es ihm nachzuweisen, daß die Reichsbahn solche Chancen vergeben hat, so ist sein Anspruch begründet. Er besteht jedoch nur in der Höhe, als Chancen vernichtet worden sind (Leitsatz III Halbsatz 2). Die Mittel, die er zur Verteidigung der Maschinen hätte aufbringen müssen, sind von seiner Forderung abzuziehen. Anders ist hinsichtlich der Maschine 1813 zu entscheiden. Diese ist durch die Tathandlung der Gefahr der Beschlagnahme entzogen worden. Damit bleibt die hypothetisch drohende Beschlagnahme außer Betracht.

Der Kläger ist so zu stellen, als wenn er die Maschine von der Reichsbahn auf seine Anforderung ohne weiteres erhalten hätte. Dem läßt sich nicht, wie der Bundesgerichtshof ausführt, entgegenhalten, damit habe die Tathandlung dem Geschädigten einen Vorteil gebracht. Diese Argumentation ist für das Problem der überholenden Kausalität nicht neu. Verletzt jemand leicht einen Passanten, der die Absicht hat, ein später abstürzendes Flugzeug zu buchen, so hat die Verletzung dem Passanten gewiß auch einen „Vorteil" gebracht. Es ist jedoch die Frage, ob das hypothetische Geschehen berücksichtigt werden soll und man dann noch von einem Vorteil sprechen kann. Wie bemerkt, kommt es für die Zurechnung nach dem Inhalt der Vermeidepflicht auf die hypothetische Beschlagnahme wie auf den hypothetischen Flugzeugabsturz gar nicht an. Es wäre möglich, den Geschädigten, wie hier vorgeschlagen wird, nicht nur den engeren, sondern auch den weiteren Risikobereich tragen zu lassen. Dies wäre allein, wie dargelegt, eine rechtspolitische Entscheidung. Hier wird vorgeschlagen, daß der Geschädigte die Gefahren des durch die Tathandlung beseitigten Risikobereichs nicht mehr tragen soll. Damit läßt sich nicht mehr sagen, daß diese durch die Tathandlung ersparten Risiken Vorteile sind. Im übrigen dürfte der Bundesgerichtshof jedenfalls hinsichtlich der Maschine 1813 die Risikogrenze so gezogen haben, wie hier vorgeschlagen wird. Er erreicht dies nur mit einer Umkehr der Beweislast, während die vorgeschlagene Lösung materiellrechtliche Kriterien verwendet. Vorbehaltlich des Leitsatzes III folgt der Lösungsvorschlag allgemein jedoch wesentlich der Auffassung des Oberlandesgerichts Hamm, nicht der des Bundesgerichtshofs.

XLVII.

Eingehend begründet und deshalb zur Zusammenfassung besonders geeignet ist das Urteil des Bundesarbeitsgerichts vom 31. Oktober 1958 zum schleswig-holsteinischen Metallarbeiterstreik[90]).

Die Beklagte zu 2), die Industriegewerkschaft Metall, Bezirksleitung Hamburg, kündigte am 30. September 1955 fristgemäß den zwischen ihr und den Klägern, dem Arbeitgeberverband der Metallindustrie in Schleswig-Holstein und dem Verband der Eisen- und Metallindustrie in Schleswig-Holstein, abgeschlossenen Rahmentarifvertrag zum 31. Dezember 1955. Bevor die dann aufgenommenen Verhandlungen für den Abschluß eines neuen Rahmentarifvertrages gescheitert waren, beschloß die Große Tarifkommission der Beklagten zu 2) am 29. September 1956, die Angebote der Arbeitgeber abzulehnen und die Mitglieder in einer Urabstimmung zu befragen. Die Befragung der Mitglieder war mit dem Hinweis verbunden, daß die Ablehnung der Angebote der Arbeitgeberseite die Bereitschaft zum Streik bedeute. Der Vorstand der Beklagten zu 2) erteilte am 30. September 1956 zu Inhalt und Form dieser Urabstimmung sein Einverständnis und leitete die Vorbereitung der Urabstimmung durch Kundgebungen und Flugblätter ein. Der Beschluß wurde auch in der Presse veröffentlicht. Am 16. Oktober 1956 trat der

---

[90]) 1 AZR 632/57 AP § 1 TVG (Friedenspflicht) Nr. 2 = BAGE 6, 321 = NJW 1959, 356, 908 mit Anm. Larenz NJW 1959, 865.

Vorstand der Beklagten zu 1), der Industriegewerkschaft Metall für die Bundesrepublik, zusammen, um über die Zustimmung zum Streik zu entscheiden. Die Entscheidung wurde auf den 22. Oktober 1956 vertagt. Am 22. Oktober 1956 erteilte der Vorstand der Beklagten zu 1) auf Antrag der Beklagten zu 2) seine Zustimmung zum Streik. Die Beklagten riefen die Arbeitnehmer der in Betracht kommenden Betriebe zur Arbeitsniederlegung auf. Darauf brach der Streik am 24. Oktober 1956 aus. Er dauerte bis zum 14. Februar 1957. Die Kläger machten gegen die Beklagten Ansprüche auf Schadensersatz geltend, die ihnen von Unternehmen der metallverarbeitenden Industrie in Schleswig-Holstein abgetreten worden waren. Sie trugen vor, der Streik sei während seiner gesamten Dauer rechtswidrig gewesen, weil nach § 6 Abs. 2 einer zwischen den Parteien abgeschlossenen Schlichtungsvereinbarung vom 14. Juni 1954 Beschlüsse über die Durchführung von Kampfmaßnahmen erst fünf Tage nach dem Scheitern der Verhandlungen gefaßt werden dürften. Die Beklagten hätten diese Frist nicht eingehalten, sondern den Beschluß über die Durchführung der Urabstimmung schon vorher erlassen; die Urabstimmung sei als Kampfmaßnahme im Sinne des § 6 Abs. 2 der Schlichtungsvereinbarung anzusehen. Die Beklagten erwiderten unter anderem, die Fünftagefrist wäre ohnehin ergebnislos verlaufen, der Streik wäre somit ohnehin ausgerufen worden. Jedenfalls für die Zeit nach Ablauf der Fünftagefrist sei sie deshalb nicht zum Schadensersatz verpflichtet.

Das Arbeitsgericht hat die Klage abgewiesen. Das Landesarbeitsgericht hat der Klage dem Grunde nach stattgegeben. Das Bundesarbeitsgericht hat die Revision der Beklagten zurückgewiesen und dazu ausgeführt: Die Urabstimmung sei als Kampfmaßnahme im Sinne des § 6 Abs. 2 der Schlichtungsvereinbarung anzusehen . . . Der Beschluß zur Veranstaltung einer Abstimmung über einen von der Gewerkschaft gewollten Streik dürfe daher nach der Schlichtungsvereinbarung nicht vor dem Scheitern der Verhandlungen und nicht vor Ablauf der Fünftagefrist nach dem Scheitern der Verhandlungen ergehen. Sei er unzulässigerweise früher ergangen, so sei er tarifwidrig und alle auf ihm beruhenden weiteren Streikmaßnahmen seien ebenfalls tarifwidrig. Die Beklagten könnten sich nicht darauf berufen, daß der Schaden nicht durch den Urabstimmungsbeschluß oder durch die Urabstimmung, sondern nur durch die Ausrufung des Streiks am 23. Oktober und den Streik am 24. Oktober bis zum 14. Februar 1957 entstanden sei. Sie könnten auch nicht geltend machen, diese späteren Handlungen fielen gemäß § 6 Abs. 2 der Schlichtungsvereinbarung nicht unter eine Friedenspflicht. Sie könnten schließlich nicht einwenden, daß der Streik, und zwar als legitimer Streik, auch dann durchgeführt worden wäre und Schaden verursacht hätte, wenn sie sich gemäß der Schlichtungsvereinbarung verhalten hätte. Der erste Einwand ziele darauf, daß die Kausalität fehle. Der haftungsbegründende Tatbestand der Vertragsverletzung mache die Beklagten verantwortlich für den „aus" der schuldhaften Pflichtverletzung „entstandenen Schaden". Das vertragswidrige Verhalten müsse die Ursache des Schadens sein. Ursächlich seien solche Bedingungen, die generell geeignet, oder besser negativ formuliert: generell nicht ungeeignet, seien, unter den gegebenen Umständen nach der allgemeinen Lebenserfahrung einen Erfolg dieser Art herbeizuführen. Nur dann könne den Handelnden die Rechtsfolge der Haftung treffen, nur dann sei der Schaden dem Handelnden zuzurechnen. Die Bedingungen müßten für den Erfolg adäquat sein. Dabei sei unerheblich, ob das in Rede stehende Verhalten die einzige oder eine Mitursache gewesen sei oder ob es den Schaden unmittelbar oder mittelbar verursacht habe. Es genüge also das Setzen einer Bedingung, die nicht selbst den Erfolg herbeiführe, aber eine weitere adäquate den Schaden unmittelbar nach sich ziehende Bedingung auslöse. Wenn der Erfolg erst durch ein zweites hinzukommendes Ereignis möglich geworden sei, so sei die erste Ursache nur dann rechtlich unerheblich, wenn das zweite Ereignis den Erfolg auch allein herbeigeführt hätte und wenn es außerdem von dem ersten ganz unabhängig eingetreten sei. Wende man diese Grundsätze des adäquaten Kausalzusammenhangs nach der hier maßgebenden freien Beweisregel des § 287 ZPO auf die vertragswidrigen Handlungen der Beklagten an, so ergebe sich, daß der mit der Klage geltend gemachte Streikschaden durch den Beschluß über die Urabstimmung mitverursacht sei. Nicht nur die Urabstimmung, in der eine Mehrheit von etwa 88 v. H. für den Streik erzielt worden sei, sondern bereits ihre Anordnung, ohne die es nicht zur Urabstimmung habe kommen können, seien adäquate Bedingungen für die Streikanordnung und für den Streik selbst und damit für den gesamten durch ihn entstandenen Schaden gewesen. Denn der tarifwidrige Beschluß zur Streikurabstimmung, d. h. die Empfehlung zur Ablehnung des Arbeitgeberangebots und der Stimmabgabe für den Streik, sei nicht etwa seiner allgemeinen Natur nach für die Entstehung des Streikschadens gleichgültig, indifferent, er sei nicht nur infolge außergewöhnlicher besonderer Umstände zur Bedingung des Schadens geworden, sondern er habe sogar — wie oben bereits dargelegt — generell, erfahrungsgemäß zum Streikausruf führen müssen und habe zu ihm geführt. Der Streik sei nicht unabhängig von der Urabstimmung ausgerufen worden, sondern abhängig von ihr, weil die Gewerkschaft nach ihrer Satzung den Streikbefehl ohne die Urabstimmung und die bei ihr erzielte Dreiviertelmehrheit für den Kampf, letztlich also ohne den Abstimmungsbeschluß, gar nicht habe erlassen dürfen und auch nicht erlassen hätte. Der tarifwidrige Beschluß sei somit keine gleichgültige, rechtlich bedeutungslose Vorbedingung gegenüber dem Streikbefehl, sondern eine unbedingt notwendige, adäquate, von der Beklagten gesetzte Ursache des Schadens. Die Beklagten könnten sich weiter schon nach dem Gesagten nicht darauf berufen, der Streikausruf selbst am 23. Oktober 1956 falle gemäß § 6 Abs. 2 Halbsatz 2 nicht mehr unter eine Friedenspflicht und sei daher nicht vertragswidrig. Ein unzulässig, weil wie hier tarifwidrig eingeleiteter Arbeitskampf bleibe auch nach Scheitern der Verhandlungen und Ablauf der Fünftagefrist und damit nach Wegfall der Friedenspflicht unzulässig. Er könne nicht etwa von dem Tage an, an dem die Frist abgelaufen sei, als nunmehr zulässiger Arbeitskampf angesehen werden. Eine spätere Heilung trete nicht ein. Es wäre deshalb verfehlt, den insgesamt entstandenen Schaden, der vor dem Scheitern der Verhandlungen und vor Ablauf der Fünftagefrist, und einen solchen, der nach Ablauf der Frist entstanden sei, zu teilen. Der Anspruch auf Ersatz des Schadens als solcher sei im Hinblick auf die tarifwidrige Einleitung des Arbeitskampfes durch den tarifwidrigen Streikurabstimmungsbeschluß begründet, der den Streik mitverursacht habe. Wollte man dies ablehnen, so hätte die Regelung des § 6 Abs. 2 der Schlichtungsvereinbarung kaum praktische Bedeutung. Ein nachweisbarer Schaden würde dann vielfach nicht gegeben sein. Der Versuchung, sich nicht an die freiwillig eingegangene Verpflichtung zu halten, wäre Tür und Tor geöffnet, weil eine wirksame Sanktion fehlen würde. Die Kläger und ihre Mitglieder hätten deshalb einen Anspruch auf Ersatz des Schadens schlechthin; denn der durch den unzulässigen Urabstimmungsbeschluß eingeleitete Streik sei eine einheitliche Handlung, und er könne deshalb auch hinsichtlich seiner Folgen auch nur einheitlich gewürdigt werden. Schließlich sei auch der Einwand der überholenden Kausalität nicht gerechtfertigt. Der Senat habe keine Veranlassung gesehen, dieses Problem abschließend zu beurteilen. Es sei durch die Fragestellung gekennzeichnet, ob und inwieweit jemand, der einen haftungsbegründenden Tatbestand gesetzt habe (realer Haftungstatbestand), für den dadurch verursachten Schaden hafte, wenn ohne das Setzen eines solchen Tatbestandes ein anderes Ereignis mit Sicherheit den Schaden — ganz oder teilweise — ebenfalls verursacht hätte (hypothetischer Sachverhalt). Daß ein hypothetischer Sachverhalt die Schadenshaftung desjenigen, der für einen für den Schaden ursächlichen realen Haftungstatbestand gesetzt habe, ausschließe oder mindere, sei bis vor einiger Zeit, insbesondere durch die Rechtsprechung des Reichsgerichts überwiegend abgelehnt worden. Man sei davon ausgegangen, daß dann, wenn die reale Schadenshandlung den Schaden verursacht habe, bevor dieser durch andere Umstände habe eintreten können, der Schadensersatzanspruch bereits entstanden sei und nicht hinterher wieder fortfalle. Die neuere Rechtsprechung und Rechtslehre hätten bisher vor allem drei Fallgruppen erörtert, in denen der hypothetische Tatbestand entweder von einem Dritten oder von dem Geschädigten selbst ausgegangen sei oder ein Zufallsereignis gewesen sei. Der Fall jedoch, wie ihn hier die Beklagten geprüft wissen wollten, daß sich derjenige, der den realen Haftungsbestand selbst gesetzt habe, für einen Haftungsausschluß oder für eine Haftungsminderung darauf berufe, daß er selbst ohne den von ihm gesetzten realen Haftungstatbestand (hier schuldhafte Verletzung der Friedenspflicht) den Schaden auch hätte verursachen können, ohne ersatzpflichtig zu sein (hier: angeblich legitimer Streik nach Ablauf der Friedenspflicht), werde im Grunde kaum erörtert. Die maßgebenden Entscheidungen des Bundesgerichtshofs stellten hinsichtlich der Reserveursache auf Umstände ab, die schon zur Zeit des schädigenden Ereignisses in der Person oder Sphäre des Geschädigten, nicht des Schädigers, vorhanden gewesen seien. Die erwähnten drei Fallgruppen seien dadurch gekennzeichnet, daß bei ihnen das Prinzip der Gewährleistung der Vertragstreue und (oder) des Rechtsfriedens durch eine unter allen Umständen eintretende Haftung für den durch Setzen eines realen Haftungstatbestandes entstandenen Schaden (Sanktion) mit dem reinen Ausgleichsprinzip (Restitutionsprinzip) konkurriere. Ein Teil der neueren Lehre und Rechtsprechung, in sich vielfach gespalten und keineswegs unangefochten, neige dazu, dem Ausgleichsprinzip in solchen Fällen den Vorrang zu geben. Sie lasse daher unter Umständen gewisse hypothetische Ursachen die Schadensersatzpflicht desjenigen aufheben oder mindern, der den realen Haftungstatbestand gesetzt habe. Wenn dagegen in Rede stehe, ob derjenige, der selbst einen realen Haftungstatbestand gesetzt habe, sich darauf berufen könne, daß er unter Umständen den Schaden auch legal und dann ohne Ersatzpflicht hätte verursachen können, so müsse jedenfalls bei Vertragsverletzung im Interesse der Vertragstreue, die ein oberster Grundsatz unserer Rechtsordnung sei, das Prinzip der zivilrechtlichen Prävention (Schutzfunktion, Sanktionsfunktion) den Vorrang haben. Andere sprächen mit Recht vom Verantwortungsgedanken, vom Verhütungszweck. Wenn der Gesetzgeber dem Verschulden im haftungsbegründenden Tatbestand ausschlaggebende Bedeutung beimesse, so gehe er von der Vorstellung aus, daß dem Appell an den Willen, verantwortlich zu handeln, für den Bestand der Ordnung des Zusammenlebens der Menschen entscheidende Bedeutung zukomme. Das gelte auch für die Vereinbarung einer Friedenspflicht. Das ergebe sich aus der Funktion, welche die Friedenspflicht haben solle. Streik und Aussperrung als kollektive Kampfmaßnahmen hätten schwerwiegende Folgen für die Gesamtheit und die beteiligten Kreise des Arbeitslebens. Diese Folgen sollten durch die frei vereinbarte Friedenspflicht im Rahmen des Möglichen vermieden werden. Die Verpflichtung habe nicht nur zum Inhalt, für ihre Dauer keine Arbeitskampfmaßnahmen einzuleiten mit der einzigen Folge, daß nur der „Verfrühungsschaden“, d. h. der Schaden aus der zu frühen Kampfeinleitung zu ersetzen sei. Vielmehr sei der Bruch der Friedenspflicht angesichts ihrer gar nicht hoch genug einzuschätzenden Bedeutung für das Arbeitsleben und das öffentliche Leben der Gemeinschaft überhaupt mit dem schweren Risiko der Pflicht zum Ersatz des gesamten aus der Vertragsverletzung entstandenen Schadens verbunden. Im Arbeitskampfrecht würde die Verletzung der Friedenspflicht entgegen ihren von den Parteien mit in Kauf genommenen Folgen praktisch weitgehend sanktionslos sein, wenn man sich zur Berücksichtigung eines möglichen späteren, und zwar dann angeblich zulässigen Streiks als Reserveursache herbeiließe. Das gelte gerade auch dann, wenn es sich um die Verletzung eines Tarifvertrages handle, der die Verpflichtung enthalte, an sich erlaubte Kampfhandlungen während einer gewissen Zeit zu unterlassen. Diese Verträge seien dadurch charakterisiert, daß von vornherein feststehe, daß die während des Vertrages unzulässige Handlung nach Ablauf der Vertragsdauer oder einer im Vertrag bestimmten Zeit wieder freistehe. Diese besondere Abmachung wäre sinn- und zwecklos, wenn der Verletzer des Vertrages sich damit rechtfertigen könnte, er hätte die vorgeworfene Handlung später vornehmen dürfen. Die angebliche Reserveursache sei in Fällen der vorliegenden Art auch nicht ein zufälliges, von den Partnern gar nicht in Betracht gezogenes Ereignis oder die Handlung eines Dritten. Sie sei vielmehr gerade d i e Handlung, die nach dem Vertrag während einer gewissen Dauer unterlassen werden müsse, während sie nachher wieder freistehe. Wer sich auf diese Reserveursache berufe, verlange nicht im Hinblick auf die neuere Rechtsprechung mit Recht zu seiner Entlastung die Berücksichtigung einer besonderen, nicht voraussehbaren Lage, sondern er wolle zu Unrecht die Folgen seiner Vertragsverletzung deshalb nicht tragen, weil er später entsprechend hätte handeln dürfen. Den Vertragsparteien könne aber der Wille, etwas Derartiges durch die Schlichtungsvereinbarung zu ermöglichen, nicht unterstellt werden. Sie hätten vielmehr die unzulässigen Handlungen ohne Rücksicht auf die spätere Freiheit des Handelns unter Sanktion stellen wollen. Es komme hinzu: Eine hypothetische Ursache könne überhaupt nur dann in Betracht gezogen werden, wenn sie mit Sicherheit oder mit einer an Sicherheit grenzenden Wahrscheinlichkeit eingetreten wäre. Schon daran fehle es und ein Beweisantritt der Beklagten, dessen Übergehung in der Revision gerügt werde, liege nicht vor. Es sei z. B. denkbar, daß es ohne den tarifwidrigen Streikurabstimmungsbeschluß oder ohne die Urabstimmung selbst zu einer Anrufung der Schlichtungsstelle, sei es seitens einer Vertragspartei oder gemeinsam, gekommen und der Streik vermieden worden wäre.

Mit dem zuletzt zitierten Satz wird das Problem des Falles richtig gekennzeichnet. Die Beklagten haben durch die Verletzung der Friedenspflicht die Chance vernichtet, daß der Streik noch insgesamt vermieden worden wäre.

Das Bundesarbeitsgericht geht zunächst davon aus, daß die Beklagten den Schaden verursacht hätten. Es betont aber die Adäquanzprüfung und nimmt die condicio-sine-qua-non-Prüfung nicht vor, ein Verfahren, das der Bundesgerichtshof besonders im Fall der Schiffskollision BGHZ 2, 138 oben VIII gerügt hatte. Hätte das Bundesarbeitsgericht die condicio-sine-qua-non-Prüfung vorgenommen, so hätte es berücksichtigen müssen, daß auch bei Hinwegdenken der Verletzung der Friedenspflicht die drohende Streikgefahr weiter bestand. Dies wird noch deutlicher, wenn man die condicio-sine-qua-non-Formel als Formel des Rechtswidrigkeitszusammenhanges anwendet und deshalb nur die Kausalität des Pflichtverstoßes prüft wie etwa in den Fällen, in denen ein Kraftfahrer mit überhöhter Geschwindigkeit einen Schaden herbeiführt: es wäre das fehlerhafte Verhalten hinweg- und das nicht fehlerhafte Verhalten hinzuzudenken, ohne daß der Schaden entfiele.

Wendet man jedoch die condicio-sine-qua-non-Formel an und legt man den Klägern dazu nach allgemeinen Regeln die Beweislast auf, so wird ein Ergebnis erzielt, das nicht mehr vertretbar erscheint. Die Beklagten könnten beliebig und rechtswidrig streiken, ohne daß dies Folgen für sie hätte, hier besonders augenfällig könnten sie beliebig eine Pflicht verletzen, die der Abwehr des Streikschadens dienen soll. Dem Bundesarbeitsgericht ist jedenfalls im Ergebnis zuzustimmen, wenn es solche Ergebnisse mit Rücksicht auf Sinn und Zweck der Friedenspflicht ablehnt. Man könnte nun erwägen, den Zweck der Friedenspflicht dadurch zu erreichen, daß man die Beweislast umkehrt und so zu der selbstverständlichen Verurteilung der Beklagten gelangt, die nicht nachweisen könnten, daß der Streik mit Sicherheit ohnehin eingetreten wäre. Zwar hat die Rechtsprechung von jeher dazu geneigt, in Fällen wie diesen die rechtspolitisch nicht hinzunehmenden Ergebnisse des Kausalprinzips durch die Umkehr der Beweislast abzuwenden; neben den in diesem Kapitel aufgeführten Fällen ist auch auf den strafrechtlichen Fall des Steinbruchunternehmers zu verweisen, an dessen ungeschütztem Steinbruch ein Junge abstürzte, der Unternehmer aber geltend machte, der Junge habe den Zaun, wäre er ordnungsgemäß errichtet worden, auch überklettert und ebenfalls abstürzen können. Der Bundesgerichtshof hat den Unternehmer mit einer Umkehr der Beweislast im Strafrecht verurteilt [90a]). In ähnlichen Fällen des Strafrechts haben sowohl das Reichsgericht als auch der Bundesgerichtshof die Beweislast zum Nachteil des Angeklagten verschoben oder gelockert, bis der Bundesgerichtshof in BGHSt 11, 1 aussprach, daß dies gegen den Grundsatz „in dubio pro reo" verstoße. Das Bundesarbeitsgericht geht diesen Weg nicht, sondern sucht die Begründung im materiellen Recht. Nachdem es wohl nur im Ergebnis überzeugend angenommen hat, daß die Kausalität bejaht werden kann, ist das fehlerfreie Geschehen nur noch unter dem Gesichtspunkt der überholenden Kausalität beachtlich. Hierzu macht das Bundesarbeitsgericht wesentliche Ausführungen. Es betont, daß auch das Schadensersatzrecht das Leben der Menschen ordnen solle und daß diese ordnenden Maßnahmen nicht durch den Einwand hinfällig werden dürften, der Schaden wäre aus anderen Gründen ohnehin eingetreten. Diese Gedanken sind zu unterstützen; sie gehen in der Vermeidbarkeitstheorie auf, welche die Zurechnung nach der Vermeidepflicht ausrichtet. Soll die vom Bundesarbeitsgericht hervorgehobene ordnende Maßnahme kraftvoll bleiben, so muß in einer condicio-sine-qua-non-Formel unterstellt werden, daß sie erfolgreich gewesen wäre; sonst fehlt es an der Sanktion. So verfährt auch das Vermeidbarkeitsprinzip: die Beklagten haben alles zu tun, um den Streik durch Erfüllung der Friedenspflicht zu vermeiden; diese Pflicht bleibt unberührt davon, daß schließlich die Einigung doch ausbleibt. Will man also die bestehende Vermeidepflicht nicht hinfällig werden lassen, so ist im condicio-sine-qua-non-Verfahren wie nach der Auffassung des Bundesarbeitsgerichts zu unterstellen, daß die Tarifpartner sich geeinigt hätten und der Streik abgewendet worden wäre. Nun stellt aber das Bundesarbeitsgericht dem Ordnungsprinzip das Ausgleichsprinzip gegenüber, das am besten mit der Auffassung des Bundesgerichtshofs zum Direktorfall BGHZ 10, 6 oben XXVI wiedergegeben wird, daß nämlich der Geschädigte durch den Schadensersatz keine krisenfeste Position erlangen dürfe. Wegen der Bedeutung der Friedenspflicht entscheidet sich das Bundesarbeitsgericht im vorliegenden Fall für das Ordnungsprinzip. Dies erscheint zwar bedenklich, weil die Rechtsgüter etwa des § 823 BGB dem hier geschützten wohl gleichkommen oder noch schützenswerter sind, dadurch wird aber nichts daran geändert, daß die Entscheidung des Bundesarbeitsgerichts durchaus vertretbar ist. Das hier vorgeschlagene Vermeidbarkeitsprinzip folgt nur aus überwiegenden rechtspolitischen Gründen dem Gedanken BGHZ 10, 6; es verzichtet hier auf die auch nach dem Vermeidbarkeitsprinzip mögliche Zurechnung, weil die Arbeitgeber nicht so gestellt werden sollen, als hätte eine Streikgefahr nie bestanden.

Die Hilfserwägung des Bundesarbeitsgerichts, ein hypothetisches Ereignis sei nur dann zu berücksichtigen, wenn es mit Sicherheit eingetreten wäre,

---

[90a]) MDR 1953, 20.

und die Beklagten hätten hier keinen Beweis angeboten, ist gegenüber den grundsätzlichen Ausführungen des Gerichts nicht mehr von wesentlicher Bedeutung. Es dürfte damit der Rechtsprechung des Reichsgerichts und des Bundesgerichtshofs zu den Anlagefällen und damit der Argumentation gefolgt sein, der Schädiger habe keinen Schaden angerichtet, wenn das betroffene Rechtsgut im Keim schon mit einer Schadensanlage versehen war, die mit Sicherheit zum gleichen Schaden geführt hätte. Will man diesem — hier abgelehnten — Gesichtspunkt überhaupt folgen, so fragt sich im vorliegenden Fall insbesondere, ob für die Arbeitgeber „der Keim einer Schadensanlage" erst dann vorhanden ist, wenn auch der rechtmäßige Streik mit Sicherheit unabwendbar erscheint, oder ob man nicht schon bei einem weit geringeren Wahrscheinlichkeitsgrad schon von einer Schadensanlage sprechen müßte.

Nach der vorgeschlagenen Lösung ist wie dargelegt der hypothetische Streik zu berücksichtigen. Anders als nach dem Kausalprinzip geraten damit die Kläger aber nicht in die aus dem Kausalprinzip folgende Beweisnot, die Vermeidung des Streiks durch die weiteren Schlichtungsverhandlungen und damit den Gang unwägbarer menschlicher Entscheidungen nachweisen zu müssen. Gemäß Leitsatz III genügt der Nachweis, daß die Beklagten durch die Verletzung der Friedenspflicht Chancen einer glücklichen Entscheidung vernichtet haben. Im vorliegenden Fall hätte das Gericht wohl die Überzeugung gewonnen, daß die Abwendung des Streiks nicht aussichtslos war, zumal eine rücksichtslos jede Verhandlung ablehnende Haltung der Beklagten erneut gegen die Friedenspflicht verstoßen würde und gemäß Leitsatz II Satz 1 Halbsatz 1 unbeachtet bleiben müßte. Damit ist die Klagabweisung bereits ausgeschlossen. Gewinnt das Gericht die Überzeugung, daß der Ausgang der Schlichtungsverhandlungen völlig offen war, so hat es sich damit auch die Überzeugung gebildet, daß die Beklagten eine fünfzigprozentige Rettungsmöglichkeit vergeben haben. Gewinnt das Gericht die Überzeugung, der Wahrscheinlichkeitsgrad für die Abwendung des Streiks sei größer oder geringer, so läßt sich dies wiederum in Prozentsätzen ausdrücken. Entsprechend dem Umfang der vernichteten Chance ist dann gemäß Leitsatz III Halbsatz 2 der Schaden aufzuteilen.

Achtes Kapitel

Schrifttum

I. Chance und Schadensbegriff

Zu dem Fall Chaplin v. Hicks (1911) K. B. 786, dem der Fall 3 des 1. Kapitels nachgebildet wurde und der mit dazu diente, Leitsatz III zu formulieren, hat in einem grundlegenden Aufsatz Steindorff Stellung genommen[91]). Er nimmt zugleich Bezug auf den Schiffsmakler- oder Spediteursfall BGHZ 29, 393 oben 7. Kapitel II, der ebenfalls mit an erster Stelle geeignet erscheint, den Schädiger nach dem Umfang der vernichteten Chance verantwortlich zu machen. Steindorff sucht die Lösung nicht aus einem Zurechnungsprinzip, sondern aus dem Schadensbegriff abzuleiten: § 252 BGB sei entgegen der herrschenden Auffassung nicht nur als Beweiserleichterung zu verstehen, sondern mache verschiedene materielle Schadensbegriffe sichtbar. Während der Interessenbegriff den konkreten Schadensnachweis, ggf. unter den Erleichterungen des § 252 BGB, fordere, könne dem Geschädigten ein Schadensersatz auch ohne Nachweis zugebilligt werden. Wer in seinem Urheberrecht verletzt worden sei, könne eine angemessene Vergütung als Schadensersatz verlangen, ohne daß es darauf ankomme, ob er sie erzielt hätte oder auch nur hätte erzielen wollen. Dies sei der Ersatz eines wirklichen materiellrechtlich abstrakten Schadens, während bisher herrschend die abstrakte Berechnungsmethode nur dem Prozeßrecht zugeordnet werde. — Steindorff leitet aus Fällen des Common Law ab, daß die an den Kläger gestellten Anforderungen zur Geltendmachung seines Ersatzanspruchs umso schwächer seien, je schwerer die Rechtsverletzung wiege und je leichter verletzlich das betroffene Rechtsgut sei. Auch für das deutsche Recht dürfe der genannte materiell-abstrakte Schadensersatz nur dann zugelassen werden, wenn er zum Schutz leicht verletzlicher Güter erforderlich sei. Der durch Entziehung eines Luxuspferdes entstandene Schaden sei konkret nachzuweisen, der auf Verletzung eines Ausschließlichkeitsrechts beruhende Schaden dagegen nicht. Auf Grund einer solchen wertenden Entscheidung habe das englische Gericht im genannten Fall Chaplin v. Hicks der Klägerin den Schadensnachweis ganz erlassen und das ihr entzogene Recht auf Teilnahme am Schönheitswett-

---

[91]) AcP 158 (1959/60), 431.

bewerb für sich selbst bewertet. Für das Wettbewerbsrecht sei ferner zu beachten, daß die Verletzung eines Diskriminierungsverbots nicht zum genannten abstrakten Schadensersatz führen dürfe, weil damit ein Kontrahierungszwang gegenüber dem Diskriminierten geschaffen werde; in solchen Fällen müsse es beim konkreten Schadensnachweis bleiben. So sei auch der Schiffsmaklerfall zu entscheiden: da die Schiffsmakler keinen Kontrahierungsanspruch, sondern nur einen Anspruch auf Zulassung zum Wettbewerb hatten, müßten sie ihren Schaden konkret nachweisen.

Es ist hier nicht weiter zu untersuchen, ob der Sinn des Wettbewerbsrechts alle oder bestimmte Arten abstrakter Schadensberechnung verbietet, wie Steindorff zur Erwägung stellt und wie von Werner Kahrs[92]) und Mailänder[93]) weiter untersucht worden ist. Alle Autoren lassen jedenfalls die konkrete am Interessenbegriff ausgerichtete Berechnungsmethode zu. Allein um diesen konkreten Nachweis bemüht sich ebenso wie die condicio-sine-qua-non-Formel des Leitsatzes I auch die Chancenformel des Leitsatzes III. Vom Standpunkt einer Zurechnungslehre aus betrachtet ist es gewiß von Bedeutung, ob die Rechtsentwicklung einen Weg nimmt, der bisher nötige Feststellungen durch Generalisierungen ersetzt. So hat der Bundesgerichtshof in BGHZ 35, 396 entgegen BGHZ 27, 181 entschieden, der merkantile Minderwert eines Kraftfahrzeuges bestehe unabhängig davon, ob der Geschädigte das Fahrzeug verkaufen oder behalten wolle, so hat ferner der Bundesgerichtshof in BGHZ 40, 345 für die Entziehung eines Kraftfahrzeuges eine dessen Wert angepaßte Mietwagenpauschale anerkannt, ohne daß ein Mietwagen benutzt worden war, so daß bei allem Streit, der wegen dieser Fragen noch besteht[94]), dennoch bereits das Urteil des Bundesgerichtshofs in NJW 1967, 552, 553 auffällt, mit dem er es dem Eigentümer eines großen Citroen-Kraftwagens versagt, neben den tatsächlich entstandenen Mietwagenkosten für einen Volkswagen und einen Ford auch noch die Differenz der Wagenklasse zum Citroen zu verlangen. Diese Entwicklung mag zweckmäßig sein. Sie ist auch nicht neu. So hat das Reichsgericht in RGZ 102, 383 dem Kläger den Wertverlust für ein teures durch den Beklagten verletztes Pferd als Schadensersatz zugebilligt, obwohl der Kläger das Pferd behalten wollte. Ebenso hat der Bundesgerichtshof in LM BGB § 906 Nr. 17 den Fall eines Villengrundstücks beurteilt, das der Geschädigte nicht verkaufen wollte. Zu verweisen ist ferner auf die von Neuner[95]), Esser[96]) und Werner Kahrs[97]) erörterten Problemfälle, daß dem Verpächter eines Fischwassers Fische entzogen werden, er aber keinen Schaden nachweisen kann, weil er das Wasser durch ent-

[92]) Zivilrechtliche Ansprüche auf Grund einer Verletzung des Diskriminierungsverbots (1965) S. 190.

[93]) Das Verbot horizontaler Wettbewerbsbeschränkungen und die Rechtsbeziehungen zu Dritten (1963) S. 254.

[94]) Vgl. Palandt-Danckelmann BGB § 253 Anm. 3.

[95]) AcP 133 (1931), 277, 282, 289, 309.

[96]) Schuldrecht § 48 2 c.

[97]) Zivilrechtliche Ansprüche auf Grund einer Verletzung des Diskriminierungsverbots S. 201.

geltliche Ausgabe von Fischereikarten nutzt und der Absatz der Karten durch den Fischentzug nicht beeinträchtigt wird, oder daß jemandem eine Theaterkarte entzogen wird, die dieser geschenkt erhalten hat. So mag die Entwicklung auch dahin gehen können, daß deutsche Gerichte wie schon das englische Gericht im Falle des Schönheitswettbewerbs in Chaplin v. Hicks ebenfalls auf den Schadensnachweis verzichten und eine verlorene Chance allein noch objektiv bewerten. Solange jedoch ein konkreter Schadensnachweis überhaupt noch gefordert wird, den Steindorff hier auch für den Schiffsmaklerfall weiterhin fordert, so lange bestehen auch die damit gegebenen Zurechnungsprobleme weiter, deren Lösung die hier vorgeschlagenen Leitsätze dienen sollen.

Zum Schiffsmakler- oder Spediteursfall BGHZ 29, 393 oben 7. Kapitel II ist Steindorffs Einwand besonders zu prüfen, daß eine Diskriminierung im freien Wettbewerb auf dem Weg über leichten Schadensersatz nicht im Ergebnis zum Kontrahierungszwang führen darf. Dieser Gesichtspunkt ist anzuerkennen; es verbleibt jedoch bei der nach Leitsatz III Halbsatz 2 vorzunehmenden Schadensteilung im Verhältnis ein Drittel zu zwei Dritteln. Die diskriminierten Schiffsmakler werden dadurch nicht so gestellt, als wären sie sicher beauftragt worden, sondern sie erhalten nur ihre im Wettbewerb nicht aussichtslose Position zurück.

II. Überholende Kausalität und Schadensbegriff

Auch die Problematik der überholenden Kausalität kann sich nach der Art des Schadensbegriffes verschieden gestalten. Wenn der herrschende Schadensbegriff des in Deutschland seit Mommsen[98]) geltenden subjektiven Interesses in der Differenz zweier Güterlagen im Vermögen des Geschädigten insgesamt besteht und hieraus folgt, daß der zu ersetzende Schaden erheblich über den Wert etwa einer zerstörten Sache hinaus steigen kann, so ist es auch folgerichtig, wenn dieser Wert nach der Art des Vermögens des Geschädigten auch unterschritten werden kann. Wird ein Spezialfahrzeug zerstört, so ist dem Eigentümer nicht nur der gemeine Wert zu ersetzen, sondern auch Verdienstausfall für die Aufträge, die er nur mit dem Spezialfahrzeug durchführen konnte. Dann könnte es vertretbar sein, wenn die hypothetische Zerstörung des Spezialfahrzeugs ebenfalls berücksichtigt werden sollte. Für einen abstrakt-objektiven Schadensbegriff vereinfacht sich die Rechnung: es wird im einen wie im anderen Fall nur der gemeine Wert des Fahrzeugs ersetzt.

Nun wird etwa von Bydlinski[99]) und Coing[100]) die Meinung vertreten, neben den Problemen der Vorteilsausgleichung und des Drittschadens-

---

[98]) Zur Lehre vom Interesse (1855).

[99]) Probleme der Schadensverursachung nach deutschem und österreichischem Recht (1964) S. 26ff., 37.

[100]) SJZ 1950, 866, 872.

ersatzes sei auch das Problem der überholenden Kausalität von der Differenzlehre her nicht zu lösen. Demgegenüber müsse die das Bürgerliche Gesetzbuch beherrschende Vorstellung von der Einheitlichkeit des Schadens zurücktreten oder dürfe doch jedenfalls nicht mehr radikal durchgeführt werden, nachdem ihre Mängel erkannt seien. Hierzu ist zunächst festzuhalten, daß das Bürgerliche Gesetzbuch vom rein subjektiven Interessebegriff ausgeht. Dies folgt aus dem Wortlaut des § 249 BGB, weiter aber auch aus zahlreichen Einzelvorschriften wie § 430 HGB, § 19 Abs. 5 OrderlagerscheinVO, § 85 EVO, § 35 Abs. 1 KVO, §§ 658, 659 HGB, § 26 BinnenschiffahrtsG, in denen im Gegensatz zu § 249 BGB bestimmt wird, daß der gemeine Wert zur Zeit der Beschädigung der Sache zu ersetzen sei. Aber auch der Wille des Gesetzgebers ist fast sicher feststellbar. Zwar weist Coing[101]) darauf hin, daß in der gemeinrechtlichen Dogmatik die Unterscheidung zwischen unmittelbarem und mittelbarem Schaden bekannt gewesen ist und aus den römischen Quellen ein gegliederter Schadensbegriff abgeleitet wurde, der den Ersatz für den unmittelbaren Sachschaden von den übrigen Nachteilen unterschied, die im Vermögen des Geschädigten entstanden waren, ferner, daß auch Mommsen[102]) den Sachwert als die untere Grenze des Interesses bezeichnet, so daß mit Coing auch Neuner[103]) und Larenz[104]) zu dem Ergebnis kommen, die starke Betonung der Naturalherstellung und des Rechtsgüterschutzes im Bürgerlichen Gesetzbuch spreche mangels gegenteiliger Formulierung für den fortgeführten gegliederten Schadensbegriff im Sinne der gemeinrechtlichen Tradition. So läßt sich möglicherweise die Figur des „einmal entstandenen und abgeschlossenen“, des „realen“, auch des „unmittelbaren Schadens“ im Gegensatz zum nur „mittelbaren Schaden“ begründen. Neuner meint, das Bürgerliche Gesetzbuch sei in der Vereinheitlichung etwas zu weit gegangen; auch für das Problem der überholenden Kausalität führe die Einheitslösung zu unhaltbaren Konsequenzen. Larenz führt den Vorschlag Neuners, zwischen unmittelbarem und mittelbarem Schaden zu unterscheiden, weiter fort. Auch Reimer Schmidt[105]), Esser[106]), Neumann-Duesberg[107]), Bötticher[108]), Otto Lange[109]), Jost Heinemann[110]) und Cassens[111]) stimmen dem im Ergebnis zu. Abgelehnt wird diese Auffassung dagegen von

---

[101]) SJZ 1950, 866, 867.
[102]) Zur Lehre vom Interesse S. 10.
[103]) AcP 133 (1931), 277.
[104]) NJW 1950, 487, 492; Schuldrecht I, § 14 III e.
[105]) Soergel-Siebert BGB Bem. 71 und 72 zu § 249.
[106]) Schuldrecht I § 48 5; § 62 8 d.
[107]) JZ 1955, 263, 265; vgl. auch dessen Stellungnahmen NJW 1952, 131, JR 1952, 225 und JZ 1953, 171.
[108]) AcP 158 (1959/60), 385, 393.
[109]) JR 1951, 73, 74.
[110]) Überholende Kausalität und Schadensbegriff, Hamburger Dissertation 1961, S. 72 ff.
[111]) Die Bedeutung des gegliederten Schadensbegriffs für die Berücksichtigung hypothetischer Schadensereignisse, Kieler Dissertation 1961 S. 96 ff.

Rabel[112]) und von Caemmerer[113]), Niederländer[114]), Hermann Lange[115]), Enneccerus-Lehmann[116]), Knappe[117]), Götz Hueck[118]) und Lemhöfer[119]). Knappe legt im Anschluß an Michaelis[120]) überzeugend dar, daß das Bürgerliche Gesetzbuch den Schadensbegriff einheitlich hat fassen wollen; gerade hierdurch unterscheide es sich von vielen älteren Gesetzen und vom gemeinen Recht, wo in verschiedener Weise in unmittelbaren und mittelbaren Schaden aufgegliedert wurde. Richtig betont Knappe auch, daß Mommsen die Ansicht, der gemeine Wert stelle die untere Grenze des Interesseersatzes dar, nicht zu einer Spaltung des Schadensbegriffs hat verwenden wollen, sondern daß ihm an dessen Einheitlichkeit entscheidend gelegen war. Wenn es dann in den Motiven heißt, positive Vermögenseinbuße und entgangener Gewinn seien zu ersetzen, unter der Schadensersatzpflicht verstehe sich also durchgehend die Verpflichtung zur Leistung des ganzen Interesses, wenn ferner § 220 E I bestimmte, es sei nicht nur der gemeine Verkehrswert, sondern auch der Wert maßgebend, welchen der Gegenstand für den Gläubiger nach dessen besonderen Verhältnissen habe, so wird damit nur die Grundsatzentscheidung angesprochen, daß sich der Ersatzanspruch nicht auf den gemeinen Wert beschränkt, nicht aber gefordert, daß der gemeine Wert eines Gegenstandes innerhalb des subjektiven Interesses des Geschädigten einen festen Sockelbetrag bilden muß. Dies wird in den Motiven[121]) noch weiter ausgeführt: „. . . daß die Haftpflicht eintritt ohne Unterschied, ob die Handlung oder Unterlassung unmittelbar oder mittelbar den Schaden bewirkt hat (s. dagegen Code 1150, 1151, schweiz. Oblig. R. 116; vgl. ALR I 6 §§ 2, 3, 15, 18, 19; 5 §§ 362, 363 16 § 17); letzteres besonders im Gesetze auszusprechen, hielt man für überflüssig, weil, falls der Unterscheidung besondere Bedeutung beigelegt werden sollte, dies im Gesetze auszudrücken wäre". Findet danach die Unterscheidung in unmittelbaren und mittelbaren Schaden wie überhaupt eine isolierte Betrachtung etwa einer zerstörten Sache im Gesetz keine Stütze, so wäre auf diese Unterscheidung oder eine isolierte Betrachtung allenfalls dann zurückzugreifen, wenn hierin die einzige Möglichkeit bestünde, die hier zu erörternde Problematik der überholenden Kausalität zu lösen. Insoweit ergeben sich jedoch schon praktische Zweifel. Larenz, der mit Neuner, Michaelis und Coing die Unterscheidung zwischen unmittelbarem und mittelbarem Schaden wieder aufgreifen will, äußert sich zum

---

112) Warenkauf I (1936) S. 451.
113) Das Problem der überholenden Kausalität im Schadensersatzrecht S. 12, 13.
114) JZ 1959, 617.
115) AcP 152 (1952/1953), 153, 160, 166, 168, jedoch mit dem Vorschlag, die Einheitslösung des § 249 BGB de lege ferenda aufzugeben.
116) Schuldrecht § 15 III 5.
117) Das Problem der überholenden Kausalität (1954) S. 78ff.
118) JR 1953, 404, 405.
119) JuS 1966, 337.
120) Beiträge zur Gliederung und Weiterbildung des Schadensrechts, in: Leipziger rechtswissenschaftliche Studien, Heft 124 (1943) S. 11ff.
121) II, S. 17ff.

Löschteichfall OGHZ 1, 308, oben 7. Kapitel XXII, dahin, nur das ohne behördliche Erlaubnis entfernte Kellergewölbe sei ein unmittelbarer Schaden, bezüglich dessen es nicht darauf ankomme, ob die behördliche Erlaubnis leicht zu erlangen gewesen sei, dies gelte jedoch nicht mehr für die Sanddiebstähle Dritter nach Entfernung des Kellergewölbes[122]). Niederländer wendet ein, auch die Sanddiebstähle seien zur Realität geworden[123]), Rudolf Schmidt[124]) wendet sich generell dagegen, daß die im Falle der Sanddiebstähle etwas längere Kausalitätskette so unterschiedliche Ergebnisse rechtfertige und erwähnt weiter das Beispiel, daß ein Tier mit einer ansteckenden Krankheit infiziert wird und dann weitere Tiere infiziert. Bydlinski[125]) fügt die Fallvariante hinzu, daß das zuerst infizierte Tier gegen die Krankheit immun ist und erst die anderen Tiere erkranken. Rudolf Schmidt ergänzt, daß der Schaden an einer Sache mit dem Schadensereignis auch noch nicht abgeschlossen sei und an der Sache selbst weiterfressen könne. Ist letzterem Gesichtspunkt auch mit Larenz[126]) entgegenzuhalten, daß dann der an dem Schadensobjekt noch wachsende Schaden zu ersetzen sei, so bleibt doch die Problematik der Abgrenzung bestehen. Soweit Bydlinski[127]) die Grenze rechtlich zu ziehen versucht mit dem Argument, objektiver Schadensersatz sei nur möglich bezüglich solcher Rechtsgüter, deren Bedrohung an sich — ohne Rücksicht auf vorhandene oder fehlende weitere Gefährlichkeit oder Schädlichkeit der Handlung — das schadensursächliche Verhalten unzulässig gemacht habe, der Grund hierfür sei die rechtsverfolgende und schlechthin rechtsgutschützende, nicht bloß das Vermögen des in seinen Rechten Verletzten bewahrende Aufgabe des Schadensersatzrechts, wie dies am deutlichsten im Vorrang der Naturalherstellung zum Ausdruck komme, so ist dem entgegenzuhalten, daß das Bürgerliche Gesetzbuch diese mögliche Konsequenz nicht gezogen hat und daß die Berücksichtigung des Schutzzwecks der verletzten Norm, die Anwendung der Theorie vom Rechtswidrigkeitszusammenhang oder eine parallele Sicht wohl nicht über die Abgrenzung von objektivem und subjektivem Schaden, sondern über die Reichweite des Anspruchs überhaupt und endgültig entscheidet; bedenklich ist deshalb Bydlinskis Lösung, erst hinsichtlich der vom Gedanken der Rechtsverfolgung nicht mehr erfaßten weiteren Schäden die Berücksichtigung hypothetischen Geschehens zuzulassen[128]). Mit Recht verweist dagegen von Caemmerer[129]) auf den besseren Weg, den ungegliederten und uneingeschränkten Schadensbegriff des subjektiven Interesses zu übernehmen und erst dann nach Sinn und Zweck des Schadensersatzes gewisse Modifikationen vorzuneh-

[122]) NJW 1950, 487, 492.
[123]) AcP 153 (1954), 41, 79.
[124]) AcP 152 (1952/1953), 112, 120.
[125]) Probleme der Schadensverursachung S. 39.
[126]) Schuldrecht § 14 III.
[127]) Probleme der Schadensverursachung S. 32 ff.
[128]) Probleme der Schadensverursachung S. 44 ff.
[129]) Das Problem der überholenden Kausalität im Schadensersatzrecht S. 6, 12, 13, 18.

men. Dem ist von der hier vertretenen Auffassung her hinzuzufügen, daß diese Modifikationen in einer normbezogenen Zurechnungslehre gefunden werden könnten. Von Caemmerer betont, daß der gegliederte Schadensbegriff ohnehin nur eine Teillösung brächte; denn bei einer Vermögensschädigung, etwa durch Betrug, sittenwidriges oder wettbewerbswidriges Vorgehen, sei oft nur eine Berechnung nach dem subjektiven Interesse möglich. Auch bei Personenverletzungen lasse sich der Schaden weitgehend nur subjektiv berechnen. Das gelte nicht nur von dem Erwerbsausfall, sondern auch von den Heilungskosten. Es bestehe kein Anspruch auf Ersatz der „normalerweise" bei einem Oberschenkelbruch entstehenden Arzt- und Krankenhauskosten, wenn der Patient ohne Zusammenhang mit dem Unfall nach Einlieferung in das Krankenhaus sterbe, weil er etwa wegen Aufdeckung von Verfehlungen eine Überdosis Schlaftabletten nehme. Auch bei der Tötung eines Menschen werde der Schaden gemäß § 844 Abs. 2 BGB subjektiv nach dem Unterhaltsentgang der Angehörigen berechnet: sind Unterhaltsberechtigte nicht vorhanden, so fällt der objektive Wert der Arbeitskraft nicht dem Nachlaß zu. Von Caemmerer führt weiter zutreffend aus, der gemeine Wert werde natürlich in der Mehrzahl der Fälle auch das Mindestmaß des subjektiven Interesses sein. — Von der in der vorliegenden Arbeit vertretenen Auffassung aus ist insbesondere dem Gesichtspunkt beizutreten, daß der gegliederte Schadensbegriff nicht überall anwendbar ist, weiter aber auch, daß er auch in anderer Hinsicht als der durch von Caemmerer hervorgehobenen nur eine Teillösung bietet. Es sei angenommen, man würde, wie es Bydlinski[130]) versucht, einen praktikablen und allgemein gültigen Begriff des objektiven Schadens erarbeiten können; dies erscheint nicht ausgeschlossen, weil andere Länder wie z. B. Österreich mit diesem Begriff seit langem arbeiten (vgl. § 1332 ABGB). Wie ist dann aber der Fall zu entscheiden, daß ein Kraftfahrer mit überhöhter Geschwindigkeit einen Unfall herbeiführt, den er auch bei zulässiger Geschwindigkeit nicht vermeiden konnte, daß ihm aber vorgeworfen wird, bei zulässiger Geschwindigkeit hätte er die Unfallstelle noch nicht erreicht gehabt und den Unfall somit vermieden? Wie ist der Fall zu beurteilen, daß ein Apotheker pflichtwidrig ein Spezialserum zur Rettung eines Menschen oder eines Tieres nicht vorrätig hält, dann aber einwendet und beweist, daß der Arzt, hätte er das Serum zur Verfügung gehabt, es ohnehin gegen die ärztliche Kunst angewendet hätte, so daß der Schaden unvermeidbar war? Darf ein Arzt sich darauf berufen, daß der Patient, wäre er gefragt worden, die zur Operation nötige Einwilligung gewiß oder möglicherweise erteilt hätte? Dürfen zwei Brüder, die aus Leichtfertigkeit gleichgültig mit ansehen, wie der dritte Bruder ermordet wird, sich darauf berufen, sie seien jeder für sich nicht, gemeinsam aber doch in der Lage gewesen, den Angreifer abzuwehren, aber der jeweils zweite Bruder hätte ohnedies nicht geholfen? Darf der Unternehmer geltend machen, der Arbeiter hätte den Sicherheitsgurt sicher oder nur möglicherweise ohnehin

---

[130]) Probleme der Schadensverursachung S. 48 ff., 51 ff.

nicht getragen? — Nach der Zahl der Fälle gerechnet wird gewiß das Problem des hypothetischen Geschehens geringer, wenn man das spätere hypothetische Geschehen mit einem objektiven Schadensbegriff in dieser oder jener Form abschirmt, in der Sache sind jedoch mit der Antwort auf die obigen trotz eines objektiven Schadensbegriffs weiter zu stellenden Fragen alle wesentlichen dogmatischen und rechtspolitischen Aspekte schon entschieden, die innerhalb des späteren hypothetischen Geschehens noch auftreten können, und sie blieben offen, würde die Lösung des Problems im objektiven Schadensbegriff gesucht. Damit ist hier nicht generell gegen einen objektiven Schadensbegriff Stellung genommen. Zu oben I dieses Kapitels ist bereits auf die Rechtsprechung des Bundesgerichtshofs zu den Fällen des merkantilen Minderwerts und der Mietwagenkosten bei Kraftfahrzeugunfällen und auf vergleichbare Entscheidungen hingewiesen worden. Auch der Hinweis Bydlinskis[131]) auf das österreichische Recht kann beeindrucken, das der verletzten Hausfrau das Geld für eine Hausgehilfin auch dann zubilligt, wenn Hausgehilfinnen nicht zu finden sind und die Hausfrau deshalb ihre Arbeit mit wesentlich höherem Aufwand an Zeit und Kraft selbst leisten muß. Es mag deshalb auch für ein künftiges deutsches Recht nützlich sein, den Schadensbegriff des subjektiven Interesses zu überdenken, für die deutsche Rechtsprechung, das geltende Recht vorsichtig zu modifizieren. Diese Fragen werden in der vorliegenden Arbeit, wie schon am Ende des 1. Kapitels dargelegt wurde, nicht entschieden. Wohl aber ist für die vorliegende Untersuchung davon auszugehen, daß mit der Grundentscheidung des Bürgerlichen Gesetzbuches für den Schadensbegriff des subjektiven Interesses das Problem der überholenden Kausalität den weitergespannten Rahmen erhalten hat und darüber hinaus, daß der objektive Schadensbegriff die Probleme des hypothetischen Geschehens nicht grundsätzlich lösen kann. Wo sich freilich der Gesetzgeber wie in § 430 HGB, § 19 OrderlagerscheinVO, § 85 EVO, § 35 Abs. 1 KVO, §§ 658, 659 HGB, § 26 BinnenschiffahrtsG oder der Richter sich für den objektiven Schadensbegriff entscheidet, so daß es nur auf den gemeinen Wert der Sache im Zeitpunkt ihrer Zerstörung ankommt und ihr weiteres hypothetisches Schicksal damit unbeachtlich wird, dort werden die hier vorgeschlagenen Leitsätze entsprechend der damit vollzogenen Abschirmung hypothetischen Geschehens zum Teil entbehrlich.

Deshalb ist auch zu der Auffassung Mertens[132]) nicht abschließend Stellung zu nehmen, der den Schaden bereits in der individuellen Vermögenswertminderung im Augenblick des Schadensfalls sieht und deshalb zu dem Ergebnis kommt, der Anspruch des Klägers auf Schadensersatz für eine vernichtete Sache werde nicht dadurch berührt, daß diese später aus anderen Gründen untergegangen wäre; nur für die Berechnung des Wiederbeschaffungswerts sei der Zeitpunkt der Urteilsfindung zugrundezulegen. Für

---

[131]) Probleme der Schadensverursachung S. 51.

[132]) Der Begriff des Vermögensschadens im Bürgerlichen Recht (1967) insbes. S. 212, 224, 229.

diesen Fall kommt die hier vorgeschlagene Lösung gemäß Leitsatz II Satz 1 Halbsatz 2 zu dem gleichen Ergebnis. Unterschiede zwischen beiden Lösungen ergeben sich nur insofern, als Mertens dem Kläger einen Anspruch auch für die beschädigte und von ihm weiter benutzte, vor Urteilsfindung jedoch untergegangene Sache zubilligen würde, während die hier vorgeschlagene auf dem uneingeschränkten Interessebegriff beruhende Lösung dem Kläger das Risiko für die Existenz der von ihm weiter benutzten Sache auferlegt. Wiederum ist zu betonen, daß die Definition des Schadensbegriffs gegenüber den Prinzipien der Schadenszurechnung den Vorrang hat, weil die Zurechnungsprinzipien allein der Verknüpfung zwischen dem bereits definierten Schaden und dem schädigenden Verhalten dienen sollen. Es ist Mertens zu folgen, wenn er annimmt, daß seine Auffassung die Problematik der überholenden Kausalität verkürzt. Sie ist damit jedoch nicht erledigt, wie sich aus den zuletzt genannten Beispielen schwieriger Schadenszurechnung und, bei besonderer Berücksichtigung der überholenden Kausalität, aus dem weiteren Beispiel ergibt, daß jemand sich wie im Fall BGH LM § 249 BGB (Ba) Nr. 12 oben 7. Kapitel XVIII auf das hypothetische sonst gleichzeitige fehlerhafte Verhalten eines Dritten beruft. In diesem Zusammenhang ist auch auf den strafrechtlichen Denunziantenfall BGHSt 2, 20 hinzuweisen, in dem der eine Denunziant sich darauf berief, hätte nicht er denunziert, so hätte dies mit gleichem Erfolg der Inhaftierung des Denunzierten an seiner Stelle ein anderer getan. Der Bundesgerichtshof in Strafsachen wies diese Verteidigung mit dem Bemerken zurück, die gegenteilige Ansicht führe dazu, daß Angehörige einer verbrecherischen Organisation, bei der ein Mitglied, das sich der ihm angesonnenen Begehung eines Verbrechens entziehe, durch ein dazu bereites Mitglied ersetzt werde, die Verantwortlichkeit für Straftaten mit dem Hinweis ablehnen könnten, daß an ihrer Stelle andere eingesprungen wären, wenn sie selbst nicht gehandelt hätten. Diese für das Strafrecht wie für das Zivilrecht gleichartige Problematik, die hier nur als ein Teilbeispiel strafrechtlicher und zivilrechtlicher Parallelität angeführt werden soll, kann mit einem schadensersatzrechtlichen oder nur zivilrechtlichen Gesichtspunkt nicht gelöst werden. Für das Problem der hypothetischen Schadensursachen wird man deshalb aus der Definition des Schadensbegriffs trotz ihres Vorrangs keine umfassende Lösung gewinnen. Man wird, im Gegenteil, sogar daran denken können, die heute vordringenden verschiedenartigen Tendenzen zu einer Objektivierung des Schadens in diesem Bereich anzuhalten, weil hier infolge der angewandten Zurechnungsprinzipien für eine weitere Objektivierung kein Bedürfnis mehr besteht. Wenn die hier vertretene aus der Zurechnung abgeleitete Lösung für den Fall der Vernichtung einer Sache, die später ohnehin untergegangen wäre, zu dem gleichen Ergebnis führt, wie es die Theorie vom entstandenen und abgeschlossenen Schaden und im Ergebnis ähnliche Lösungen vorsehen, so mag für Sachen nur noch die Frage kontrovers sein, ob eine nur beschädigte und dann vor Urteilsfindung untergegangene Sache noch zum vollen Ersatzanspruch nach Maßgabe ihrer Beschädigung berechtigen sollte, als wenn sie noch weiter existierte. Man wird mit der Rechtsprechung zum merkantilen Minderwert, der Entziehung beschädigter Kraftfahrzeuge oder mit RGZ 102, 383 zum Fall eines verletzten Luxuspferdes, das nicht verkauft werden soll, der Meinung sein können, daß für den Minderwert und für die Gebrauchsentziehung in jedem Falle Ersatz zu leisten ist, wenn dem Geschädigten auch keine konkrete Berechnung gelingt; schließlich dienen Sachen nicht nur solcher Lebensbetätigung, aus denen sich konkrete Rechnungen herleiten lassen. Ob diese eine Objektivierung aber auch andere Objektivierungen in Richtung der Erstattung des gemeinen Werts oder des Ersatzes eines einmal entstandenen und abgeschlossenen Schadens ohne Rücksicht auf die spätere negative Vermögensentwicklung des Geschädigten nach sich ziehen oder erleichtern sollte, wird auch von den Ergebnissen her für zweifelhaft gehalten werden müssen. Hier ist noch einmal auf die beiden im 7. Kapitel wiedergegebenen Fälle zu verweisen, in denen sich zwei Gerichte mit den Fällen zu befassen hatten, daß ein verletzter und weiterverwendeter Hund vor Urteilsfindung einging. Das Urteil des Landgerichts Hechingen NJW 1965, 1916 oben 7. Kapitel XXXIX, das den späteren Tod des Hundes berücksichtigt, ist kaum weniger überzeugend als das Urteil des Oberlandesgerichts Düsseldorf MDR 1963, 47 oben 7. Kapitel XXXVIII, das den Tod des Hundes nicht berücksichtigt. Selbst wenn man jedoch der Theorie vom einmal entstandenen und abgeschlossenen Schaden folgen wollte, so treten für Personenverletzungen weitere Schwierigkeiten auf. Hier wird man doch gewiß berücksichtigen wollen, daß der Geschädigte später aus anderen Gründen ohnedies arbeitsunfähig geworden wäre oder etwa wegen einer Strafverbüßung ohnedies nicht gearbeitet hätte. Selbst wenn man also der Meinung wäre, die umfassende Differenzhypothese des subjektiven Interesses gelte nicht oder sie solle de lege ferenda nicht mehr gelten, so besteht für das Problem der überholenden Kausalität vom Standpunkt einer Zurechnungslehre her trotz des anzuerkennenden logischen Vorrangs des Schadensbegriffs kaum Anlaß, von der umfassenden Differenzhypothese des subjektiven Interesses abzuweichen.

III. Überholende Kausalität und Forderungsrisiko

Niederländer[133]) stützt seine Auffassung, daß hypothetische Ereignisse bei Sachschäden nicht berücksichtigt werden dürfen, auf den Gedanken des Forderungsrisikos: Solange eine Sache existiert, trägt der Eigentümer die Gefahr ihres zufälligen Untergangs. Wird sie später durch ein Ereignis zerstört, das einen Ersatzanspruch begründet, so tritt die Ersatzforderung an die Stelle der zerstörten Sache. Aber auch die Gläubigerstellung ist nicht ohne Risiko. Der Schuldner kann zahlungsunfähig oder zahlungsunwillig

---

[133]) AcP 153 (1954), 41, 55; JZ 1959, 617, 620.

sein. Zahlt der Schuldner, so trägt der frühere Gläubiger wieder entweder für das Geld oder für die damit gekaufte Ersatzsache das Sachrisiko. — Niederländer meint nun, würde man nach Zerstörung der Sache ihr hypothetisches Schicksal weiter berücksichtigen, so trüge der Geschädigte ein doppeltes Risiko: er trüge die Gefahr für die Uneinbringlichkeit der Forderung und weiterhin die Gefahr für die bereits zerstörte Sache; dies sei abzulehnen. Zeuner[134]) ist dieser Lösung beigetreten, hat sie jedoch modifiziert. Niederländers Gedanke gelte nicht, soweit es um hypothetische Schadensereignisse gehe, die vor der Entstehung des Schadens und des Ersatzanspruchs eingetreten seien, weil sich das Risiko erst mit der Entstehung des Schadens und des Ersatzanspruchs ändere. Wer also schuldhaft einen Kraftwagen zerstört habe, könne sich nicht darauf berufen, daß der Kraftwagen darauf ohnehin ersatzlos zerstört worden wäre, wohl aber darauf, daß nach diesem Zeitpunkt eine beabsichtigte Vermietung des Kraftwagens nicht mehr möglich gewesen wäre. Zeuners Auffassung unterscheidet damit zwischen der Substanzverletzung, die nach seiner Auffassung immer zu ersetzen ist, und dem entgangenen Gewinn, der vor seinem Entstehen noch dem Risiko der hypothetischen Entwicklung unterliegt. Hiergegen wendet sich Niederländer mit dem Gedanken, daß der Geschädigte vor dem Schadensereignis auch das Risiko trage, daß mit dem zufälligen Verlust der Sache auch der Gewinn hinfällig wird, der mit der Sache zu erzielen war; trenne man zwischen Substanz und entgangenem Gewinn, so bleibe das doppelte Risiko erhalten[135]). Zeuner repliziert[136]), das dem Ersatzanspruch eigene Risiko werde für den Schadensausgleich erst dann bedeutsam, wenn ein zu ersetzender Schaden vorliege, d. h. im Zeitpunkt des Schadenseintritts. Erst von diesem Zeitpunkt an ergebe sich die Frage, wie der Risikobelastung des Anspruchs zu begegnen sei, damit er seine Funktion voll erfüllen könne. Für den entgangenen Gewinn folge hieraus, daß die befürwortete Beachtung von Reserveursachen den Verletzten nur dann ungerechtfertigt belaste, wenn sich schon vor dem Zeitpunkt, in dem der Gewinn erlangt worden wäre, in Bezug auf ihn ein Schaden eingestellt hätte, den der fragliche Ersatzanspruch alsbald ausgleichen sollte. Das aber sei nicht der Fall, weil der Schaden des entgangenen Gewinnes erst in dem Zeitpunkt entstehe, in dem der Gewinn ohne den zum Ersatz verpflichtenden Umstand eingetreten wäre. Zeuner ergänzt, die damit gebilligte grundsätzliche Beachtlichkeit hypothetischer Schadensereignisse sei auch nicht auf die Fälle entgangenen Vermögenszuwachses beschränkt. Es sprächen vielmehr gewichtige Gründe dafür, auch beim Anspruch auf Ersatz eines positiven Schadens regelmäßig solche hypothetischen Abläufe zu berücksichtigen, die sich nicht erst nach der Entstehung des Schadens, sondern schon vorher, d. h. im Zeitraum zwischen dem die Ersatzpflicht auslösenden Umstand und dem Schadenseintritt ausgewirkt hätten. Eine solche Lage,

---

[134]) AcP 157 (1958/1959), 441, 444; JZ 1960 409, 411.
[135]) JZ 1959, 617, 620.
[136]) JZ 1960, 409, 412.

bei der ein positiver Schaden mit der zum Ersatz verpflichtenden Verhaltensweise noch nicht abgeschlossen sei, könne dort auftreten, wo sich ein Gegenstand infolge des haftungsbegründenden Umstandes außerhalb seines bestimmungsgemäßen Gefahrenbereichs befinde; denn das habe zur Folge, daß er Risiken zum Opfer fallen könne, denen er nicht hätte ausgesetzt werden sollen, während er einem hypothetischen Schadensverlauf in seinem bestimmungsgemäßen Bereich entzogen sei. Hierzu sei das Beispiel der §§ 287 Satz 2 und 848 BGB hervorzuheben.

Die Auffassungen von Niederländer und Zeuner gehen von dem Ansatzpunkt aus, daß die Zahlungsunfähigkeit des Schuldners auf die Gestaltung des Anspruchs selbst Einfluß haben kann. Mit Recht verweist jedoch Hofmann[137]) darauf, daß das Bürgerliche Gesetzbuch sich bei der Gestaltung von Ansprüchen um ihre Durchsetzbarkeit allgemein nicht kümmert. Hält man dies jedoch nicht für wesentlich, so stellt sich gleichwohl die Frage nach den Fällen, in denen die Solvenz des Schuldners außer Zweifel steht und deshalb tatsächlich ein Forderungsrisiko für den Gläubiger nicht vorhanden ist. Es sei angenommen, daß eine Sache durch Amtspflichtverletzung zerstört wird. Der Schuldner wäre dann keinem beachtlichen Forderungsrisiko ausgesetzt, jedenfalls aber wäre dies oft erheblich geringer als das Sachrisiko der fortbestehenden Sache. Umgekehrt kann es auch den Gläubiger einer ganz sicher uneinbringlichen Forderung nicht wesentlich interessieren, ob sich ein Anspruch nun auch noch materiellrechtlich verkürzt. Von Caemmerer[138]) gibt ferner zu bedenken, daß die auf das Forderungsrisiko gestützte Risikotheorie schlecht nur auf Sachschäden begrenzt werden kann; wer nämlich in seiner Erwerbsfähigkeit endgültig beeinträchtigt wird, verliert das entsprechende Gesundheitsrisiko für alle Zeit. Statt dessen erwirbt er eine Forderung. Ist die Existenz des Forderungsrisikos jedoch für den Bestand oder Nichtbestand des Gesundheitsrisikos entscheidend, so erwirbt damit der Verletzte eine „krisenfeste Position" jedenfalls in den Fällen, in denen der Schuldner zahlen kann. Der arbeitsunfähig Verletzte könnte eine Straftat begehen, die Gefängnisstrafe verbüßen und Ansprüche geltend machen, weil er durchgehend seit der Verletzung das Forderungsrisiko trägt. Man wird den Risikogedanken aber nicht überzeugend nur auf Sachschäden beschränken können. Andererseits erschiene es auch gekünstelt, den Zeitabschnitten der Rentenzahlung entsprechend, sich den Übergang des Gesundheitsrisikos auf das Zahlungsrisiko abschnittsweise zu denken, nachdem der Verletzte doch das Gesundheitsrisiko mit der Verletzung für immer verloren und statt dessen eine Forderung mit deren Risiko gewonnen hat. Man wird deshalb wohl von der Begründung absehen müssen, die Niederländer und Zeuner dem Risikogedanken gegeben haben, und ihn für sich selbst prüfen. Es ist in der Tat nicht einzusehen, warum der Eigentümer die Gefahr für den Bestand der Sache weiterhin tragen soll, obwohl sie bereits zerstört ist, oder warum

[137]) VersR 1960, 1063, 1073.

[138]) Das Problem der überholenden Kausalität im Schadensersatzrecht S. 27.

die Angehörigen des Ermordeten noch ein Risiko tragen sollen, das nur den noch Lebenden betroffen hätte.

Mit der vorgeschlagenen Lösung wird versucht, den Risikogedanken in die Schadenszurechnung einzupassen. Gemäß Leitsatz II Satz 1 Halbsatz 2 des Lösungsvorschlags bleibt die Gefahr unberücksichtigt, die nach Zerstörung des Rechtsguts nur das weiter bestehende Rechtsgut betroffen hätte, wenn sie nicht mit dem betroffenen Rechtsgut untrennbar verbunden war. Das fortbestehende teilzerstörte Rechtsgut nimmt weiterhin an den Risiken seines Bestehens teil. Von diesem Standpunkt aus ergeben sich keine Bedenken, den von Niederländer und Zeuner hervorgehobenen Risikogedanken weithin zu übernehmen, auch wenn er an den Ausgangspunkt seiner Begründung, das Forderungsrisiko, nicht angeschlossen wird. Für den entgangenen Gewinn ergeben sich danach keine Besonderheiten. Zunächst muß der Schädiger verpflichtet gewesen sein, auch den entgangenen Gewinn zu vermeiden. Diese Vermeidepflicht baut notwendig auf bestimmten Tatsachen auf, etwa daß ein Pferd seinen Käufer finden wird. Ist dies nicht sichergestellt, so fehlt es insoweit an der Vermeidepflicht und die Klage ist abzuweisen. Die Vermeidepflicht ist jedoch unabhängig davon, ob das Pferd sonst getötet worden wäre. Gemäß Leitsatz II Satz 1 Halbsatz 2 ist dies nur dann von Bedeutung, wenn dieses Risiko mit dem Pferd bereits untrennbar verbunden war. Ist das nicht der Fall, so haftet der Schädiger auch in Höhe des entgangenen Gewinns.

Für die Verwendung des Risikogedankens hat sich auch Rother ausgesprochen[139]). Er leitet aus dem Ausgleichsgedanken des Schadensersatzrechts die Folgerung ab, die hypothetischen Schadensursachen seien nach Einfluß- oder Herrschaftssphären zu unterscheiden. Von den vielen Schäden, die jeder Mensch im Laufe seines Lebens erleide, trage er den weitaus überwiegenden Teil selbst und es könne nur in Ausnahmefällen berechtigt und erfolgreich sein, den Schadensausgleich durch einen Dritten zu erzwingen. Die von der Herrschaftssphäre des Geschädigten selbst herrührenden oder als Zufall zu bestimmenden Ereignisse sowie alle Arten von schicksalhaften Veränderungen, wie sie sich etwa aus der Körperbeschaffenheit oder dem Gesundheitszustand des einzelnen ergäben, z. B. das Nachlassen der Kräfte oder anlagebedingte physische oder psychische Schäden seien hinzunehmen und bestimmten das Risiko, dem der Geschädigte ausgesetzt sei. Daraus ergebe sich die weitgehende Berücksichtigung hypothetischen vom Geschädigten ohnehin zu duldenden Geschehens. — Auch Rother ist insoweit zuzustimmen. Seine Ausführungen geben jedoch in besonderer Weise Anlaß, darauf hinzuweisen, daß der Risikogedanke und das ganze Problem der überholenden Kausalität nicht von der condicio-sine-qua-non-Formel gelöst betrachtet werden können. Rother leitet seine Ausführungen zum Problem der überholenden Kausalität damit ein, daß er die Kausalität und die überholende Kausalität getrennt behandelt. Die Denkfigur der überholenden Kausalität, so meint Rother im Einklang mit der ganz herr-

[139]) Haftungsbeschränkung im Schadensrecht (1965) S. 197 ff.

schenden Auffassung, ziele auf die Einschränkung oder den Ausschluß der Schadenshaftung ab; zweifelhaft sei hier, ob derjenige, der einen bestimmten Schaden in zurechenbarer Weise bewirkt habe, auch dann Ersatz schulde, wenn derselbe Schaden gleichzeitig oder später durch ein anderes Ereignis verursacht worden wäre. Dem ist nicht zu folgen. Die Kausalität ist, wie im 2. Kapitel dargelegt wurde, kein taugliches Zurechnungsprinzip und auch das Gegeneinander der condicio-sine-qua-non-Formel als Zurechnungsformel einerseits mit dem Problem der überholenden Kausalität andererseits bringt nur Unklarheiten, weil in einigen Fällen schon die Konstituierung dieser Formel ohne den Ausgleichs- und Risikogedanken fehlschlagen muß: Wer seinen Arbeitern keine Sicherheitsgurte zur Verfügung stellt, kann nach dem Vermeidbarkeitsprinzip für ihren Tod auch dann verantwortlich gemacht werden, wenn sie die Gurte ohnehin nicht, wie es ihnen jedoch möglich war, getragen hätten; denn diese Tatsache ist für die Vermeidepflicht des Unternehmers ohne Bedeutung[140]). Zur condicio-sine-qua-non-Formel gelangt man vorbehaltlich des Leitsatzes III in diesen Fällen nur dadurch, daß man auf die Zurechnung verzichtet, weil den Arbeitern kein Schaden entstanden ist, den sie nicht „in ihrer Sphäre" ohnehin hätten dulden müssen. Nur wenn das hypothetische und auch nach dem Vorschlag Rothers zu berücksichtigende aus der Sphäre des Geschädigten stammende Geschehen Bedeutung gewinnt, kann es eine condicio-sine-qua-non-Formulierung geben: Das pflichtwidrige Verhalten des Unternehmers könnte entweder hinweggedacht werden, ohne daß sich am Schadenserfolg etwas änderte, oder es könnte nicht hinweggedacht werden, ohne daß der Schaden entfiele — wenn die Arbeiter die Gurte nämlich getragen oder nicht getragen hätten. Man wird gewiß zögern, diese Lösung ebenso wie die Anwendung des Risikogedankens mit seinen notwendigen Differenzierungen dem spezifisch schadensersatzrechtlichen Ausgleichsprinzip zu entnehmen, weil, wie auch an dem letztgenannten Beispiel noch einmal deutlich wird, sogar für das Strafrecht nichts anderes gelten sollte, jedenfalls aber ist die Handhabung des Risikogedankens Teil der Schadenszurechnung, oder, wenn man so will, von vornherein Bestandteil einer „juristischen Kausalität".

IV. Überholende Kausalität und hypothetisches haftungsbegründendes Geschehen

Der Risikogedanke wirkt auch in der Auffassung fort, daß der Schädiger sich jedenfalls nicht auf ein hypothetisches haftbarmachendes, vielleicht sogar rechtswidriges Geschehen berufen darf. Jung[141]) ist zuzustimmen,

---

[140]) Vgl. oben 5. Kapitel II.

[141]) Die conditio sine qua non und ihr Beweis im Zivil- und Zivilprozeßrecht, Dissertation, Frankfurt a. M. 1927, S. 50ff.

wenn er einen Unterschied macht zwischen hypothetischen allgemeinen Gefahren, wie sie jedem drohen — sie sollen berücksichtigt werden —, und Gefahren, die zum Ersatzanspruch führen — sie sollen unbeachtlich sein. Esser[142]) zögert, diese Unterscheidung vorzunehmen, weil das deutsche Recht nicht den Satz kenne: „Wer rechtswidrig handelt, darf sich nicht auf die Rechtswidrigkeit fremden Handelns berufen". Er wendet sich jedoch nicht gegen die mit diesem Satz erreichten Ergebnisse[143]). Bedenken begegnet allerdings die Begründung, mit der die herrschende Auffassung diesen Satz zu stützen versucht: entstehe ein Ersatzanspruch, so sei der tatsächliche Schaden durch das hypothetische Ereignis nicht gemindert[144]). Ebenso wie der Bundesgerichtshof im Fall der vergifteten Schweine LM § 249 BGB (Ba) Nr. 12 oben 7. Kapitel XVIII meint auch die herrschende Auffassung im Schrifttum, durch den Ersatzanspruch sei der bei Berücksichtigung des hypothetischen Ereignisses hinzunehmende Verlust wieder ausgeglichen. Das ist jedoch dann nicht der Fall, wenn der hypothetische Zweitschädiger zahlungsunfähig ist[145]). Offenbar kann es jedoch hierauf nicht ankommen. Von Caemmerer[146]), Blomeyer[147]) und Herm. Lange[148]) entnehmen deshalb dem Grundgedanken der §§ 830 und 840 BGB den Satz, daß der Schädiger sich auf das hypothetische schuldhafte Verhalten eines Dritten nicht berufen darf. Nun bestehen gewiß Zweifel, ob auf das Verhältnis zwischen Erstschädiger und nur hypothetischem Zweitschädiger die Mittätervorschriften des § 830 BGB auch nur ihrem Grundgedanken nach angewandt werden können. So lehnt Lemhöfer[149]) die Anwendung des § 830 BGB ab und gelangt deshalb konsequent zu einer Differenzierung nach der Zahlungsfähigkeit des hypothetischen Zweitschädigers. Gegen beide Überlegungen bestehen jedoch Bedenken. Es ist auch an dieser Stelle an das Urteil des Bundesgerichtshofs in Strafsachen BGHSt 2, 20 zu erinnern, in dem ein Denunziant sich damit verteidigte, hätte nicht er denunziert, so hätte dies an seiner Stelle sofort ein anderer Denunziant mit der gleichen Folge der Inhaftierung des Denunzierten getan. Der Bundesgerichtshof in Strafsachen wies diese Verteidigung zurück, weil die gegenteilige Ansicht dazu führe, daß Angehörige einer verbrecherischen Organisation, bei der ein Mitglied, das sich der ihm angesonnenen Begehung eines Verbrechens entziehe, durch ein dazu bereites Mitglied ersetzt werde, die Verantwortlichkeit für Straftaten mit dem Hinweis ablehnen könne, daß an ihrer Stelle andere eingesprungen wären, wenn sie selbst nicht gehandelt hätten. Auch hier zeigt sich, daß die Problematik über rein

---

[142]) Schuldrecht § 62 5 Anfang.
[143]) Schuldrecht § 62 10 III.
[144]) Palandt-Danckelmann BGB Vorbem. 5 d ff vor § 249; Enneccerus-Lehmann § 15 III 5.
[145]) Bydlinski, Probleme der Schadensverursachung nach deutschem und österreichischem Recht S. 78; Hermann Lange AcP 152 (1952/53) 153, 162.
[146]) Das Problem der überholenden Kausalität im Schadensersatzrecht S. 21.
[147]) JR 1958, 258.
[148]) AcP 152 (1952, 1953), 153, 162.
[149]) JuS 1966, 337, 341.

zivilrechtliche Gesichtspunkte hinausgeht. Allgemein aber könnte der Gesichtspunkt gelten, daß der Verletzte oder Geschädigte im Strafrecht wie im Zivilrecht das rechtswidrige Verhalten eines Dritten nicht rügelos hinzunehmen braucht und insoweit auch kein Eigenrisiko trägt. Für das Zivilrecht ist dieser Gedanke dahin auszugestalten, daß der Geschädigte kein Risiko hinsichtlich eines Geschehens trägt, das ihm einen Ersatzanspruch verschafft hätte, gleichgültig, worauf dieser beruht. In der hier vorgeschlagenen Lösung ist dieser Gedanke bereits enthalten. Das hypothetische Handeln des Dritten läßt die Vermeidepflicht des Schädigers, soweit sie nicht darauf aufbaut, unberührt, so daß die Zurechnung ohne Rücksicht auf das hypothetische Handeln des Dritten erfolgen kann. Damit ist auch das mit Hilfe einer entsprechenden Anwendung des § 830 BGB erstrebte Ergebnis möglich. Erst dann stellt sich unter dem Risikogedanken die Frage, ob auf die Zurechnung verzichtet werden soll. Die Fälle hypothetischen haftungsbegründenden Geschehens rechtfertigen den Verzicht nicht, weil der Geschädigte in diesen Fällen gerade kein Risiko tragen soll, so daß es bei der Schadenszurechnung verbleibt. Der Verzicht würde nur dann erfolgen, wenn der Geschädigte keinen größeren Schaden erlitten hat, als er rügelos ohnedies zu dulden hatte. Damit wird der Risikogedanke für sich und ohne die Berücksichtigung der Zahlungsfähigkeit des Zweitschädigers übernommen. Auf die weitere Differenzierung hinsichtlich des Risikos, das durch die Tathandlung beseitigt worden ist, wird an dieser Stelle nur ergänzend verwiesen. Damit wird durch entsprechenden Verzicht auf die mögliche Zurechnung erreicht, daß der Grundsatz der Nichtbeachtlichkeit hypothetischen Geschehens, wenn man ihn überhaupt aufstellen will, im Ergebnis durch bestimmte aus dem Risikogedanken folgende Ausnahmen durchbrochen wird.

V. Überholende Kausalität und Vorteilsausgleichung

Nur selten wird die Auffassung vertreten, daß die hypothetischen Ereignisse ohne Einschränkung berücksichtigt werden müssen. Siber[150]) vertritt diesen Standpunkt und begründet ihn aus der Differenzhypothese des subjektiven Interesses: Wer ein Tier im Stall töte, das dort eine Stunde darauf ohnehin verbrannt wäre, habe zwar den Tod des Tieres, aber keinen Schaden verursacht. Regelmäßig bemühen sich jedoch die Autoren, die vom Grundsatz der Beachtlichkeit hypothetischer Ereignisse ausgehen, um möglichst festumrissene und tragfähig begründete Ausnahmen.

Veith[151]) und Moors[152]) sowie von Godin[153]) und Isele[154]) versuchen

---

[150]) Grundriß des Schuldrechts (1931) S. 41.

[151]) JW 1933, 2641, Anm. zu RG JW 1933, 2328 = RGZ 141, 365 oben 7. Kap. XXXI (unterschlagene Mietgelder) und JW 1934, 1904 Anm. zu RG JW 1934,

im Anschluß an Oertmann[155]), eine Lösung aus der Vorteilsausgleichung abzuleiten: Wenn sich der Ersatzanspruch des Geschädigten insoweit mindere, als ihm infolge der schädigenden Handlung ein Vorteil zugefallen sei, so gelte dies auch hier, weil die schädigende Handlung dem Geschädigten den Nachteil der hypothetischen Schädigung erspart habe. Da jedoch nur solche Vorteile anzurechnen seien, die adäquat verursacht sind, würden auch nur hypothetische Ereignisse berücksichtigt, mit deren Eintritt adäquat nach der Lebenserfahrung habe gerechnet werden können. Damit wird zwischen fernliegenden und naheliegenden hypothetischen Ereignissen unterschieden.

Gegen diese Übertragung der Regeln über die Vorteilsausgleichung auf das Problem der überholenden Kausalität wird einhellig Widerspruch erhoben mit dem Argument, zum anrechenbaren Vorteil gehöre ein realer Wertzuwachs, hier würden nur hypothetische Nachteile vermieden[156]). Nun hatten sowohl Veith als auch Moors nicht übersehen, daß die bloß äußerliche Vergleichbarkeit von realem Vorteil und vermiedenem Nachteil gewiß nicht ausreicht, um die Lösung des einen Problems in der Lösung des anderen zu suchen. Sie hatten gerade die rechtspolitische Vergleichbarkeit beider Probleme hervorgehoben und deshalb gemeint, daß der für das Problem der Vorteilsausgleichung herrschende Adäquanzgedanke auch dem Problem der überholenden Kausalität angemessen sei. Ohne daß das Problem der Vorteilsausgleichung hier geprüft werden kann, besteht es erkennbar jedoch in der Aufgabe, die Anrechenbarkeit naheliegender Vorteile zu ermöglichen, die Anrechenbarkeit fernliegender Vorteile jedoch auszuschalten. Gerade dieser Ausgangspunkt ist für das Problem der überholenden Kausalität nicht zu verwenden. Das zeigt sich an den Rentenfällen. Hypothetische Arbeitsunfähigkeit durch Schwangerschaft, Trunksucht, Strafhaft ist zu berücksichtigen, man kann leicht auch fortfahren, hypothetische Arbeitsunfähigkeit durch Blitzschlag, spätere außergewöhnliche Krankheit — solange nämlich der Betroffene weiterlebt und für sein weitergeführtes Dasein hinsichtlich auch zufälliger Schicksalsschläge keine krisenfeste Position erhalten soll. Umgekehrt ist der hypothetische Kriegsdienst nicht zu berücksichtigen, selbst wenn der Freiwillige auf dem Transport ins Feld zu einem späteren für alle anderen Soldaten

---

1564 = RGZ 144, 80 oben 7. Kap. VII (pflichtwidrig gelöschte Hypothek); Veith hält beide Entscheidungen des RG für bedenklich.

152) NJW 1954, 332.

153) JW 1933, 2898 Nr. 2, Anm. zu RG JW 1933, 2700 und RG JW 1933, 2383 Nr. 2 = RGZ 141, 365 oben 7. Kap. XXXI. (unterschlagene Mietgelder).

154) JW 1934, 89, Anm. zu RG JW 1934, 89 = RGZ 142, 8 oben 7. Kap. XXXII (Wertverlust eines Bauernhofes).

155) BGB, Vorbem. 4c vor § 249. Im übrigen vertritt Oertmann die Auffassung, daß ein bereits infolge eines ersten Umstands eingetretener Erfolg nicht dadurch wieder beseitigt werde, daß hinterher ein zweiter Umstand eintrete, der seinerseits den Erfolg sonst herbeigeführt haben würde. Vgl. weiter Oertmann, Die Vorteilsausgleichung beim Schadensersatzanspruch im römischen und deutschen bürgerlichen Recht (1901) S. 223ff.

der Truppe tödlichen Sondereinsatz verletzt wurde und in die Heimat zurückkehrt; er soll eben nicht neben dem tatsächlichen Risiko auch noch das Risiko einer zweiten Existenz tragen. Abstufungen nach dem Grad der Wahrscheinlichkeit und Voraussehbarkeit etwa der Trunksucht oder des Kriegsdienstes treffen das Problem deshalb wohl nicht entscheidend.

Deshalb dürfte auch den Auffassungen von Hueck[157]), Rudolf Schmidt[158]), Erman[159]) und Mertens[160]) nicht zu folgen sein, die ohne die Begründung aus der Vorteilsausgleichung nur adäquate hypothetische Ereignisse berücksichtigen wollen.

VI. Überholende Kausalität und Interessenabwägung

Heck bezieht die hypothetischen Ereignisse in eine Interessenabwägung ein[161]). Er geht zunächst von der Differenzhypothese nach dem Schadensbegriff des subjektiven Interesses aus und berücksichtigt deshalb grundsätzlich alle hypothetischen Ereignisse. Dies entnimmt er auch der Regelung in §§ 287 Satz 2 und 848 BGB, die er nur als eine Ausprägung des Grundsatzes von der Beachtlichkeit hypothetischer Ereignisse, „der Reserveursache", bezeichnet. Nun erscheint Heck eine uneingeschränkte Berücksichtigung hypothetischen Geschehens jedoch unvertretbar. Er hält das Gesetz für ergänzungsbedürftig und versucht, Lösungen aus dem Sinn des Schadensersatzes abzuleiten. Aus §§ 287 und 848 folgert er, daß „bei jedem Zusammentreffen mit Zufall die Ersatzpflicht verneint werden muß, weil sonst der Gläubiger durch die Leistung einen Gewinn machen würde und für diese Interessenlage die Analogie zu §§ 287 und 848 BGB durchgreift". Dieser Gesichtspunkt der Gewinnabwehr soll auch dort durchgreifen, wo der Geschädigte das hypothetische Ereignis selbst herbeigeführt hätte. Begründeten jedoch beide Ereignisse die Haftung — die zweite hypothetisch —, so komme es der Einwirkungstendenz beider Ereignisse am nächsten, beiden Tätern die Entlastung zu versagen und sie gesamtschuldnerisch haften zu lassen.

Diese Auffassung ist bedenklich. Selbst wenn die §§ 287 Satz 2 und 848 BGB eine Privilegierung für Zufallshaftungen erkennen ließen, so macht Knappe[162]) doch mit Recht darauf aufmerksam, daß sich hieraus nicht der Fortfall des auf Verschulden gegründeten Ersatzanspruchs beim Zusammentreffen mit einem hypothetischen zufälligen Ereignis folgern

---

156) Esser, Schuldrecht § 62 8 a); Knappe, Das Problem der überholenden Kausalität S. 63; Otto Lange JR 1951, 73, 74.
157) JR 1953, 404.
158) AcP 152 (1952/1953) 112, 125 ff.
159) BGB § 249 Bem. 5 d a. E.
160) Der Begriff des Vermögensschadens im Bürgerlichen Recht (1967) S. 225.
161) Grundriß des Schuldrechts (1929) S. 48 ff.
162) Das Problem der überholenden Kausalität (1954) S. 67.

läßt. Ganz abzulehnen ist ferner, wie Knappe ebenfalls darlegt[163]), die Konsequenz, den nur hypothetisch tätigen „zweiten" Täter für einen Schaden mithaften zu lassen, den er in Wirklichkeit nicht mitverursacht hat. Wenn das Gesetz wie etwa im § 823 Abs. 1 BGB bestimmte Rechtsgüter der schädigenden Handlung gegenüberstellt, so ist damit gewiß auch gemeint, daß die Rechtsgüter noch vorhanden gewesen sein müssen, als die schädigende Handlung stattfand. Man wird deshalb Hecks Versuch einer Lösung nicht für überzeugend halten können.

VII. Überholende Kausalität und Verschuldensgrade

Eine wesentlich weitergehende Interessenabwägung nimmt Knappe vor[164]). Er betont drei Funktionen des Schadensersatzrechts: den Ausgleichsgedanken, den Sanktionsgedanken und die Gewinnabwehrfunktion. Wie Knappe ausführt, verlangen der Ausgleichs- und der Sanktionsgedanke stets vollen Ersatz, stets die Haftung des Schädigers in vollem Umfang. Anders wirke dagegen die Gewinnabwehrfunktion. Ihr widerspräche es, dem Erstverursacher vollen Ersatz für einen Schaden aufzuerlegen, der auch ohne sein Verhalten für den Geschädigten bestünde; denn die Ersatzleistung würde nicht mehr eine Lücke schließen, sondern zu einer Besserstellung des Betroffenen führen. Dem Gewinnabwehrgedanken entspreche es daher, die nachträgliche hypothetische Schadensursache zu berücksichtigen. Diese drei Funktionen würden nun in verschiedenen Fallgruppen der überholenden Kausalität auch verschieden berührt: Der Sanktionsgedanke werde bei grob schuldhaftem Verhalten des Schädigers am meisten, bei Zufallshaftung am geringsten betroffen. Das hypothetische zufällige Ereignis stütze dagegen die Gewinnabwehrfunktion, weil der Geschädigte hierfür keinen Ersatz erlangt hätte. Setze man nun grob schuldhaftes Tatverhalten mit zufälligen hypothetischem Geschehen in Beziehung, so überwiege der stark berührte Sanktionsgedanke und der Schädiger bleibe haftbar. Wo die erste Ursache hingegen leicht fahrlässig gesetzt sei, dort gebe der Gewinnabwehrgedanke gegenüber dem nur wenig betroffenen Sanktionsgedanken den Ausschlag. Sei die hypothetische Ursache von einem Dritten zu vertreten, so müsse der Geschädigte in jedem Fall Ersatz erlangen können; dies fordere der Ausgleichsgedanke in allen Fällen; er werde bei grob schuldhafter Erstschädigung noch verstärkt. Bei hypothetischem eigenen Verschulden des Geschädigten stünden sich nur wiederum Gewinnabwehr-

---

163) Das Problem der überholenden Kausalität S. 68.

164) Das Problem der überholenden Kausalität S. 111.

165) Vgl. Motive II S. 17 ff.: „Die Hereinziehung moralisierender oder strafrechtlicher Gesichtspunkte, worauf jene Abstufung beruht, muß bei der Bestimmung der zivilrechtlichen Folgen widerrechtlichen Verhaltens durchaus fern gehalten werden." Vgl. auch Götz Hueck JR 1953, 404, 405.

und Sanktionsfunktion gegenüber, über die je nach Verschuldensgraden bei Schädiger und Geschädigtem zu entscheiden sei.

Knappe hat nicht übersehen, daß seine Lösung dem geltenden Recht widersprechen muß. Das Bürgerliche Gesetzbuch hat bewußt die Abstufung des Ersatzanspruchs nach dem Verschuldensgrad abgelehnt[165]). Nach mannigfacher Kritik und Diskussion[166]) und nachdem der Deutsche Juristentag[167]) 1960 empfohlen hatte, die Schwere des Verschuldens mit zu berücksichtigen, hat 1967 das Bundesministerium der Justiz den Referentenentwurf eines Gesetzes zur Änderung und Ergänzung schadensersatzrechtlicher Vorschriften mit Begründung vorgelegt, der in § 255a BGB allerdings immer noch keine Verschuldensabstufung, wohl aber bei sehr hohen Schäden die Möglichkeit einer Begrenzung nach Billigkeitsgrundsätzen vorsieht. Aber selbst wenn das geltende Recht die Reichweite der Haftung von einer Verschuldensabstufung abhängig machen würde, so wäre noch immer fraglich, ob hinsichtlich der Begründung des Anspruchs ebenso verfahren werden könnte. Eine ausgesprochen strafrechtsähnliche Zielsetzung hätte nämlich auch ein solches Recht nicht, so daß nur mit Zweifeln von einem besonderen Sanktionsprinzip innerhalb des Schadensersatzrechts gesprochen werden könnte. Nun hat allerdings der Schadensausgleich mit die Funktion, daß ein fehlerhaftes Verhalten damit geahndet und eine Präventivwirkung erzielt wird[168]), gegenwärtig aber erscheint es zu weit gegriffen, die eine Funktion des Schadensersatzrechts von der anderen zu isolieren und sie gegenüber der jeweils anderen Funktion mit materiellrechtlichen Folgen überwiegen zu lassen. Überdies sind auch nicht alle von Knappe vorbereiteten Ergebnisse überzeugend. In der für das Problem der überholenden Kausalität wichtigen Entscheidung BGHZ 10, 6 oben 7. Kapitel XXVI hat der Bundesgerichtshof den Direktorfall dahin entschieden, daß ein vorsätzlich aus dem Amte gedrängter Direktor seinem Anspruch entgegenhalten lassen muß, er hätte wegen seiner langjährigen Mitgliedschaft zur NSDAP nach Kriegsende seinen Posten ohnehin verloren. Hier stehen sich grobes Verschulden, sogar Vorsatz, und gegebenenfalls leichtes Verschulden gegenüber. Selbst wenn der Fall aber in beide Richtungen extrem verschärft würde, sollte die Entscheidung ebenso lauten. Man wird deshalb der Lösung Knappes nicht folgen wollen[169]). Gleiches gilt für die vorsichtigeren Vorschläge Hermann Langes[170]) und

---

[166]) Otto von Gierke, Der Entwurf eines bürgerlichen Gesetzbuchs und das deutsche Recht (1889) S. 198, 266; Kohler, Lehrbuch des Bürgerlichen Rechts (1906) I 1 S. 140; Rümelin AcP 90 (1900) 171, 302.

[167]) Verhandlungen des 43. Deutschen Juristentags 1962 C 120 (2. Bd.).

[168]) Vgl. Bötticher AcP 158 (1959/1960), 385, 386; Jürgen Prölss, Beweiserleichterungen im Schadensersatzprozeß S. 76; G. Boehmer, Grundlagen der bürgerlichen Rechtsordnung Bd. I (1950) S. 19; Deutsch, Fahrlässigkeit und erforderliche Sorgfalt (1963) S. 83; Rother, Haftungsbeschränkung im Schadensrecht (1965) S. 289.

[169]) Esser, Schuldrecht § 62 8b; von Caemmerer, Das Problem der überholenden Kausalität im Schadensersatzrecht S. 28; Neumann-Duesberg JZ 1955, 263, 266; Niederländer AcP 153, 476.

[170]) AcP 152 (1952/53), 153, 167.

Rühls[171]), die ebenfalls in gewissem Umfange dem Verschuldensgrad Einfluß auf die Schadensbemessung einräumen wollen.

Heck[172]) und Esser[173]) sehen in den §§ 287 BGB, 848 BGB, 565 HGB und 44 BinnenschiffahrtsG die Ausprägung des Grundsatzes, bei Zufallshaftung sei das hypothetische Geschehen in jedem Falle zu berücksichtigen. Es ist oben im 5. Kapitel VIII bereits ausgeführt worden, daß diese Vorschriften zwar einen allgemeinen Rechtsgedanken enthalten, dieser Rechtsgedanke ist jedoch ein anderer, als ihn Heck und Esser sehen. Alle diese Vorschriften betreffen den Fall, daß jemand nur deshalb haftet, weil er eine Sache schuldhaft ihrem bestimmungsgemäßen Bereich entzogen hat; ihn trifft dann das Risiko ihrer zufälligen Vernichtung im neu eröffneten ihrer Bestimmung fremden Bereich. Da aber der Eigentümer, wäre die Sache ihrem bestimmungsgemäßen Gebrauch nicht entzogen worden, auch ein Risiko getragen hätte, so ist es vertretbar, wenn sich der Haftpflichtige mit dem Nachweis entlasten kann, daß die Sache auch im bestimmungsgemäßen Bereich beeinträchtigt worden wäre. Trennt man nun die Zufallshaftung von ihrer Grundlage, der Risikoverschiebung, und hält man deshalb jede verschuldensfreie Haftung für privilegiert, so reißt man damit, wie von Caemmerer[174]) mit Recht bemerkt, nur einen unnötigen Graben auch zwischen der Verschuldens- und der Gefährdungshaftung auf.

VIII. Überholende Kausalität und Kausalität

Für Mommsen[175]) ist das Problem der überholenden Kausalität ein Problem der Kausalität. Die Kausalität bestimmt den Umfang des Interesses. Er führt dazu aus, der Umstand, daß der Schaden möglicherweise auch ohne die Dazwischenkunft der zum Ersatz verpflichtenden Tatsache eingetreten wäre, stehe ihrer Berücksichtigung nicht entgegen. Dagegen könne der Schaden nicht in Anrechnung gebracht werden, wenn es als gewiß vorliege, daß der Schaden auch sonst eingetreten wäre. Wolle man die bloße Möglichkeit, daß der Schaden auch sonst eingetreten wäre, für einen genügenden Grund halten, dem Beschädigten den Anspruch auf den Ersatz zu entziehen, so würde selbst derjenige Schaden, der die unmittelbare Folge der verpflichtenden Tatsache sei, nicht berücksichtigt werden können, weil eine derartige Möglichkeit in keinem Fall ausgeschlossen sei. Durch die Leistung des Interesses solle dem Berechtigten dasjenige zuteil werden, was er haben würde, wenn das beschädigende Ereignis nicht eingetreten wäre.

---

171) NJW 1950, 508.
172) Schuldrecht § 14 6.
173) Schuldrecht § 62 7c; § 62 9 IIb; § 62 10 Ia und IIc.
174) Das Problem der überholenden Kausalität im Schadensersatzrecht S. 17; vgl. auch Otto Lange, JR 1951, 73, 74.
175) Zur Lehre von dem Interesse (1855) S. 146ff.

Dazu könnten selbstverständlich solche Vorteile nicht gerechnet werden, welche auch ohne die Dazwischenkunft des beschädigenden Ereignisses aus dem Vermögen des Beschädigten ausgeschieden oder nicht in das Vermögen des Beschädigten gelangt wären. Wie Coing[176]) richtig bemerkt, bildet diese Auffassung die Grundlage der reichsgerichtlichen Rechtsprechung. Der einmal kausal herbeigeführte Schaden bleibt bestehen, er kann durch ein zweites Schadensereignis nicht mehr herbeigeführt werden; dieses zweite Schadensereignis wird allenfalls dann in Betracht gezogen, wenn es mit Sicherheit oder mit einer an Sicherheit grenzenden Wahrscheinlichkeit eingetreten wäre.

Mommsen ist zuzustimmen, wenn er die Lösung nicht im Schadensbegriff oder Methoden der Schadensberechnung, sondern in der Verknüpfung zwischen Tat und Schaden sucht. Wie oben im 2. Kapitel ausgeführt wurde, vermag die Kausalität jedoch eine solche Verknüpfung nicht herzustellen. Nur kurz ist anzumerken, daß die Auffassung Mommsens nicht ganz konsequent ist, weil sie hypothetische mit Sicherheit oder mit einer an Sicherheit grenzenden Wahrscheinlichkeit eintretende Ereignisse berücksichtigen will. Die Kausalität rechtfertigt das nicht.

Ebenso wie Mommsen ist auch den Autoren zu widersprechen, die in der Zeit des Reichsgerichts die Lösung des Problems in der Kausalität gesehen haben[177]). Inzwischen wird das Problem der überholenden Kausalität nicht mehr in der Kausalität gesehen, weil die Kausalität zu starr sei, um die in der Rechtsprechung sich abzeichnenden Fallgruppen zu erklären[178]).

Die Diskussion über die Rolle der Kausalität innerhalb dieses Problems hat Bydlinski wieder aufgegriffen[179]). Seine Stellungnahme bezieht sich nicht allein auf die überholende Kausalität, sondern auch auf die Ursachenkonkurrenz: Zwei Personen geben gleichzeitig eine je für sich schon tödliche Menge Gift ins Hundefutter; der Hund verendet. Diesem Fall der Ursachenkonkurrenz steht der Fall der überholenden Kausalität gegenüber: Die eine Person gibt das tödlich wirkende Gift zuerst, der Hund stirbt daran, er wäre jedoch an der später gegebenen Dosis der anderen Person ebenfalls gestorben. Bydlinski verweist darauf, daß im ersten Fall allgemein angenommen werde, daß beide Täter haften, im zweiten Fall dagegen, daß nur der Ersttäter hafte. Er meint, diese Unterscheidung sei nicht einleuchtend und sogar anstößig. Der Zweitschädiger im letzteren Fall solle nach allgemeiner Meinung nicht haften, weil nur der reale Ver-

---

176) SJZ 1950, 865, 869.

177) Neben Oertmann BGB Vorbem. 4c zu §§ 249-255, der auch eine Verschuldensabstufung und die Anwendung der Regeln von der Vorteilsausgleichung in Erwägung zieht, sind dies Kunick JW 1933, 2383 und Carl JW 1938, 319 und die Kommentare, hinsichtlich derer auf Knappe, Das Problem der überholenden Kausalität (1954) S. 52ff. verwiesen werden kann.

178) Esser, Schuldrecht § 62 5; Cassens, Die Bedeutung des gegliederten Schadensbegriffs für die Berücksichtigung hypothetischer Schadensereignisse, Kieler Dissertation 1961 S. 61ff.

179) Probleme der Schadensverursachung nach deutschem und österreichischem Recht (1964) S. 65ff.

ursacher für die Haftung in Betracht komme. Ein solcher Unterschied, so meint Bydlinski, sei nicht vorhanden. Der erste Täter habe gewiß verursacht, daß das Tier zu einem bestimmten Zeitpunkt an einem bestimmten Ort verendet sei, nach der Differenztheorie habe er aber keinen Schaden herbeigeführt. Einen Schaden habe aber auch der Zweitschädiger nicht herbeigeführt. Der Fall der überholenden Kausalität sei deshalb dem Fall der Ursachenkonkurrenz gleich zu achten, in dem beide Täter hafteten. Da dort aber nach der Differenzhypothese auch beide Täter jeder für sich keinen Schaden verursacht hätten, müsse das Kausalerfordernis gemindert werden und diese Minderung des Kausalerfordernisses sei auf die Fälle der überholenden Kausalität zu übertragen. Mit Nachdruck sei zu behaupten, daß auch eine Ersatzpflicht des hypothetischen zweiten Verursachers in Betracht gezogen werden muß. Da in den Fällen der Ursachenkonkurrenz trotz Haftbarkeit der Täter der einzelne Kausalnachweis nicht zu führen sei, müsse man sich wie bei der Mittäterregelung des § 830 BGB mit möglicher Kausalität begnügen. Danach werde gehaftet für ein schuldhaftes oder sonst einen starken Haftungsgrund darstellendes in Richtung auf den eingetretenen Schadenserfolg in der konkreten Situation gefährliches und für den entstandenen Schaden zumindest potentiell kausales Verhalten. Hiernach sei auch zu erklären, warum auch nach der Differenztheorie in zahlreichen Fällen die Haftung des sogenannten realen Verursachers bei der überholenden Kausalität zu bejahen sei: auch er habe den Schaden nicht wirklich verursacht, weil nach der Differenztheorie die hypothetische causa stets zu beachten sei, wohl aber habe auch er durch sein schuldhaft-gefährliches Verhalten eine hypothetische Ursache des Schadens gesetzt. Daß dies ausreichen könne, zeige die im Ergebnis unbestrittene Behandlung der Ursachenkonkurrenz. Gehe man hiervon aus, so könne in dem beschriebenen Hundefall die Schadensersatzpflicht auch des Zweitverursachers durchaus gegeben sein; dann nämlich, wenn er ein schuldhaftes und in Richtung auf den tatsächlich eingetretenen Schaden in der konkreten Situation gefährliches Verhalten gesetzt habe. Liege erwiesene wirkliche Schadensverursachung vor, so genüge für die Haftung eine sehr geringe Gefährlichkeit des Ereignisses, sei dagegen eine große konkrete Gefährlichkeit gegeben, so könne die wirkliche Schadensursächlichkeit zu einer nur potentiellen verblaßt sein, ohne daß dies die Haftung ausschließen würde. Hierdurch werde Wilburgs[180]) Erkenntnis bestätigt, daß die Schadensersatzpflicht auf mehrere nebeneinanderstehende Haftungsgründe zurückgeführt werden müsse und daß für die Verantwortlichkeit nicht das Zusammentreffen aller oder bestimmter Elemente erforderlich sei, sondern daß beliebige Verbindungen genügen könnten. — Für das Problem der überholenden Kausalität gelangt Bydlinski nach weiteren Ausführungen, auf die hier verwiesen werden muß, zu der These, daß bei zufälligem Zweitereignis eine Schadensteilung zwischen Täter und Verletztem eintreten könne. Lasse sich das zweite Ereignis der Sphäre des Verletzten zu-

---

[180]) Die Elemente des Schadensrechts (1941) S. 28 ff.

ordnen — Eigenverschulden — so falle dies bei der Abwägung ins Gewicht. Voll auf die Vermögensdifferenz haftbar sei der erste hypothetisch kausale Täter dann, wenn für das zweite hypothetisch kausale Ereignis eine andere Person ersatzpflichtig wäre, die jedoch tatsächlich mangels eines ausreichenden Haftungsgrundes nicht verantwortlich sei. Habe dagegen auch diese zweite Person schuldhaft und konkret gefährlich gehandelt, so hafteten beide Täter solidarisch.

Larenz[181]) hält die von Bydlinski vorgenommene weitgehende Gleichsetzung von nur möglicher und wirklicher Kausalität für problematisch, weil sie der bisherigen allgemeinen Auffassung widerspreche[182]).

Der Kritik Larenz' ist beizutreten. Wenn die Lösung des Problems der überholenden Kausalität auch der Rechtsprechung und dem Schrifttum vorbehalten wurde, so hat der Gesetzgeber jedenfalls nicht den Standpunkt geteilt, den Bydlinski im Anschluß an Wilburg vertritt. Wenn das Gesetz das Tatbestandsmerkmal der Verursachung ausdrücklich hervorhebt wie im § 823 Abs. 1 BGB („des daraus entstehenden Schadens") oder 823 Abs. 2 BGB i. V. mit § 230 StGB („den Tod eines Menschen verursacht"), so ist damit gemeint, daß im Zivilrecht wie im Strafrecht das Erfolgsprinzip gilt. Auch wer eine noch so unerhörte Tat begangen hat, wird nicht für einen Schaden verantwortlich gemacht, der sich nicht mit der Tat verknüpfen läßt. Umgekehrt führt auch die größte Hilfsbedürftigkeit des Opfers nicht zu einem Ersatzanspruch, wenn nicht wiederum eine Verknüpfung zur Tat feststellbar ist. Die Verknüpfung mag ganz verschieden zu gestalten sein, sie kann aber weder ganz noch teilweise entweder durch ein anderes Tatbestandsmerkmal ersetzt werden noch durch ein Institut wie das der Gefährdung, das gerade keine Verknüpfung zwischen Tat und Schaden aufweist. Sonst wäre die Haftung in den zuletzt genannten beiden Fällen bald eine naheliegende Folge. Freilich ist Bydlinski einzuräumen, daß die Entlastung des Zweitschädigers nicht jedermann einleuchten wird, wenn er einen Hund vergiften will, ein anderer Täter ihm jedoch zuvorkommt, so daß sein Gift zu spät wirkt. Dieses Ergebnis, das noch weniger überzeugend scheint, wenn der Erstschädiger zahlungsunfähig ist und der Geschädigte deshalb den Schaden allein tragen muß, folgt jedoch nicht aus unrichtigen Auffassungen zur überholenden Kausalität, sondern aus dem Erfolgsprinzip, das nicht nur im Zivilrecht für unbillig gehalten werden kann. Mit Recht weist Arthur Kaufmann[183]) für das Strafrecht darauf hin, zu welchen Folgen dieses Prinzip führen kann: Wer die Vorfahrt ohne Folgen verletzt, wird kaum bestraft, wer jedoch dabei mit gleicher Schuld einen Omnibus mit Schulkindern verunglücken läßt, wird dagegen, wenn der Entwurf eines Strafgesetzbuchs 1962[184]) Gesetz geworden ist, in der

[181]) Schuldrecht I § 14 III 3 e.
[182]) Vgl. auch Hermann Lange AcP 152 (1952/1953), 153, 163.
[183]) Das Schuldprinzip (1961) S. 162.
[184]) Bundesratsdrucksache 200/62 und Bundestagsdrucksache IV/650.

Regel mit Gefängnis bis zu fünf Jahren bestraft, weil er gemäß § 138 Abs. 2 Nr. 2 „den Tod vieler Menschen verursacht hat". Ein Maurer, der vom Hochhaus einen Stein fallen läßt, der einen Kollegen trifft, wird bestraft und haftpflichtig, er wird dagegen nicht bestraft und haftpflichtig, wenn der Kollege sich rein zufällig einen Augenblick zur Seite wendet. so daß der Stein danebenfällt. Wenn die Haftung von solchen Zufälligkeiten der Erfolgsherbeiführung abhängen kann, so wird man es für das Zivilrecht und innerhalb des Problems der überholenden Kausalität nicht mehr für ungerecht halten, wenn der Zweitschädiger, der nicht mehr zum Zuge kommt, nicht belastet wird; im Maurerbeispiel hätte dann eben der Stein nicht getroffen. Ebenso ist zu entscheiden, wenn der Maurer vom Hochhaus fahrlässig einen Stein fallen läßt, der einen Kollegen trifft, der soeben ermordet worden ist oder der sonst einen Unfall erlitten hat, der soeben seinen Tod herbeiführte. Auch § 830 BGB oder eine Analogie dazu könnte die Haftung des hypothetischen Zweitschädigers nicht begründen, weil damit gegen das Erfolgsprinzip verstoßen würde. Im genannten Beispiel ist der Sachverhalt auch nicht unklar, so daß eine Anwendung des § 830 BGB in Betracht kommen könnte. Gewiß ist § 830 BGB dann anzuwenden, wenn Unklarheit darüber besteht, ob der eine oder der andere Täter den Schaden wirklich herbeigeführt hat, sofern auch die anderen Voraussetzungen des § 830 erfüllt sind. Eine Parallelität zu den Fällen des § 830 BGB erhält das genannte Beispiel aber nur durch die Kausalauffassung, wie sie von Bydlinski vertreten wird. Er fordert die condicio-sine-quanon-Beziehung zwischen Verhalten und Schaden, bezieht das Verhalten des hypothetischen Zweitschädigers mit ein und gelangt so zu dem Ergebnis, daß die Verantwortlichkeit des Schädigers trotz mißglückten Kausalnachweises gefordert werden muß; trotz mißglückten Kausalnachweises kann allerdings auch § 830 BGB zur Haftung führen. Es ist jedoch vorzuziehen und für die Fälle hypothetischer zufälliger Schäden, die nur von einer Person herbeigeführt werden und für die § 830 BGB auch in einer Analogie nicht passen würde, auch unabweisbar, ein Zurechnungsprinzip zu schaffen, das mit dem Haftungsbedürfnis kongruent ist und bei der Lösung grundsätzlicher Fragen nicht auf die Mittäterregelung des § 830 BGB Bezug nimmt. Nun ist es allerdings nicht schädlich, wenn Bydlinski von möglicher und potentieller Kausalität spricht, sofern damit eine anders geartete, jedenfalls aber dem Erfolgsprinzip entsprechende Verknüpfung zwischen Verhalten und Schaden dargestellt würde. Eine Gefährdung allein kann eine solche Verknüpfung aber nicht bilden, so daß der Auffassung Bydlinskis wohl nicht gefolgt werden kann.

IX. Überholende Kausalität und Anlagefälle

Wie in der Rechtsprechung, so ist es auch im Schrifttum unstreitig, daß ein hypothetisches Ereignis berücksichtigt werden muß, wenn es bereits zur Zeit der schädigenden Handlung im betroffenen Rechtsgut im Keim vorhanden war und sich weiterentwickelt hätte. Die dazu gegebenen Begründungen sind jedoch nicht einheitlich.

Überwiegend lautet die Begründung dahin, es handle sich nicht um ein Problem der überholenden Kausalität, sondern der Schadenshöhe[185]). Die schädigende Handlung trifft auf einen Gegenstand, der zwar noch nicht entwertet ist, vorausrechenbar jedoch entwertet sein wird; nach Ablauf der begrenzten weiteren Lebensdauer der Sache ist ihr Wert gleich Null. Deshalb kann auch nur der Beschleunigungsschaden noch ein faßbarer Schadensposten sein. Dieser Begründung ist nicht zu widersprechen, nur hat sie den Nachteil, daß sie auf Personenschäden nur sehr schwer angewandt werden kann. Auch in den Fällen zur Tatzeit bereits vorhandener Krankheiten wird die hieraus entstehende Erwerbsunfähigkeit jedoch ebenfalls berücksichtigt. Mit Recht trennt sich deshalb von Caemmerer von dem reinen Wertgesichtspunkt[186]). Er meint, in dem Urteil der Allgemeinheit über den geminderten Wert einer Sache komme zum Ausdruck, daß den Eigentümer insoweit ein unabwendbares Risiko trifft. Richtig überträgt von Caemmerer diesen Risikogedanken auf Personenschäden: jedermann trägt das Risiko späterer Krankheit. Nur mit dieser Begründung aus dem Risikogedanken läßt sich die Theorie von der Schadensanlage gleichmäßig für Sach- und Personenschäden halten. Nur mit dieser Begründung aus dem Risikogedanken läßt sich aber auch die Ausnahme dieser Theorie begründen, daß nämlich nicht nur schon zur Zeit der Tat vorhandene, sondern auch spätere hypothetische Ereignisse jedenfalls bei Dauerschäden berücksichtigt werden. Ohne den Gedanken, daß jeder das Risiko seines Daseins trägt, wäre es nicht erklärlich, warum ein dauerhaft erwerbsunfähig Verletzter sich noch nach Jahren entgegenhalten lassen muß, daß seine zur Zeit der Verletzung florierende Firma inzwischen in Konkurs gefallen ist, so daß er dort ohnehin nicht hätte weiterarbeiten können, daß er wegen einer Straftat, die er lange nach seiner Verletzung verübte, in Haft genommen wurde und deshalb ohnehin nichts verdient hätte, oder daß er inzwischen neu erkrankt ist und deshalb nicht mehr hätte arbeiten können. Abzulehnen ist die Begründung, es müsse die Kausalität der schädigenden Handlung für jeden einzelnen Zeitabschnitt der Rentenzahlung nachgewiesen werden. Richtig weisen Enneccerus-Lehmann[187]) darauf hin, daß eine endgültig herbeigeführte Erwerbsunfähigkeit für alle künftigen Zeitabschnitte feststeht. Nicht unbedenklich ist dagegen die Begründung, die von Caemmerer[188]) und Esser[189]) für die Berücksichtigung hypothetischen Geschehens bei Dauerschäden geben, dort könne die Schadensentwicklung gar nicht anders festgestellt werden als durch den Vergleich mit dem hypothetischen Geschehensablauf — sollte es etwa ein zwingender Rechtssatz sein, daß ein Denunziant, der sittenwidrig einen

---

185) Palandt-Danckelmann BGB Vorbem. 5 d ff. vor § 249.
186) Das Problem der überholenden Kausalität im Schadensersatzrecht S. 16.
187) Schuldrecht § 15 III 5 entgegen RGZ 68, 352 oben 7. Kapitel XXX.
188) Das Problem der überholenden Kausalität im Schadensersatzrecht S. 16.
189) Schuldrecht § 62 10 II a.

leitenden Angestellten aus dem Amte drängt, nur bis zu einer späteren hypothetischen berechtigten Kündigung des leitenden Angestellten ersatzverpflichtet sein darf? Wie wäre der Fall zu behandeln, daß der leitende Angestellte in seiner Firma einen Tresoreinbruch plante, den er nun nicht mehr ausführen kann, wegen dessen er aber mit Sicherheit ebenfalls gekündigt worden wäre? Auch Dauerschäden lassen sich durchaus so geregelt vorstellen, daß die Berücksichtigung hypothetischen Geschehens nicht zwingend wird. Im übrigen führt die abschnittsweise Ausnahme für Dauerschäden auch deshalb nicht weiter, weil der fortdauernde Gebrauch der zum Teil zerstörten Sache die gleichen Probleme aufwirft: Wird ein Rassehund leicht verletzt und wird er deshalb für jede Ausstellung wertlos, behält ihn jedoch der Eigentümer und verendet der Hund vor der Schadensregulierung durch Zufall, so ist dieses nachträgliche hypothetische Schadensereignis zu berücksichtigen, wenn man nicht entgegen dem Schadensbegriff des subjektiven Interesses für Sachschäden die Theorie des einmal entstandenen und abgeschlossenen Schadens anwenden will[190]). Der Risikogedanke ermöglicht eine durchgehende Lösung. Ist ein Mensch getötet oder eine Sache zerstört worden, so ist das Risiko künftiger Schädigungen entfallen und es sollten nur noch solche Risiken berücksichtigt werden, die mit dem betroffenen Rechtsgut zur Zeit der schädigenden Handlung untrennbar verbunden waren. Wird ein Mensch nur verletzt und besteht eine nur beschädigte Sache fort, so treten die Risiken des fortgeführten Daseins dazu.

Anders als die Rechtsprechung, die nur vorsichtig von Fall zu Fall vorangeht, stellt das Schrifttum jedoch zur Theorie der Schadensanlage weitgreifende kritische Fragen. Esser[191]) bringt Beispiele, daß sich ein Tier im einen Fall schon vergiftet hatte, als es getötet wurde, im anderen, daß es ausweglos im Eis eingebrochen war: im ersten Fall sei die interne Schadensanlage zu berücksichtigen, im zweiten die ausweglose Gefahr, die der internen Schadensanlage gleichkomme. Esser fährt fort, irgendwo freilich bedürfe es der Rückkehr zum Prinzip, wenn nicht jede Gefahrenanlage wie eine Beschlagnahme-, Lawinen- oder Kriegsgefahr den Täter entlasten solle, der mit seinem Eingriff solche Gefahren doch gerade ausgeschlossen habe. Auch Blomeyer[192]) und von Caemmerer[193]) behandeln die drohende Gefahr wie eine Schadensanlage, zurückhaltend versuchen dagegen Enneccerus-Lehmann[194]), im Anschluß an den Brandgassenfall BGHZ 20, 275 oben 7. Kapitel XXIII die behördliche Abbruchplanung noch als Keim der Vernichtung zu kennzeichnen. Esser trifft dabei wohl am besten das Problem: das Risiko ist abzugrenzen. Die eine Möglichkeit dazu bietet sich mit Hilfe der Beweisumkehr. Wie oben dargelegt, wird der Schädiger jedoch damit zu weitgehend entlastet. Verletzt jemand einen Flugzeugpassagier tödlich, der einen bestimmten Flug gebucht hatte, so sollte er sich

---

[190]) Vgl. oben II.
[191]) Schuldrecht § 62 8 c.
[192]) Schuldrecht § 32 4 d.
[193]) Das Problem der überholenden Kausalität im Schadensersatzrecht S. 17.
[194]) Schuldrecht § 15 III 5.

nicht auf den sicheren Absturz der Maschine berufen dürfen[195]). Die andere Möglichkeit besteht darin, in den Fällen der Zerstörung des Rechtsguts nur interne Schadensanlagen zu berücksichtigen. Auch diese Grenze schien zu eng gezogen[196]). Mit Leitsatz II der vorgeschlagenen Lösung werden interne Schadensanlagen einbezogen, aber auch unmittelbar drohende Gefahrenanlagen, nicht dagegen sonstige auch sichere hypothetische Ereignisse. Das wird mit der Formulierung erreicht, daß das Risiko mit dem Rechtsgut untrennbar verbunden gewesen sein muß, wenn es beachtet werden soll. Diese Grenzziehungen sind zulässig, weil die Schadenszurechnung gemäß Leitsatz I der vorgeschlagenen Lösung in allen solchen Fällen möglich ist und deshalb nur noch die rechtspolitische Entscheidung gefällt werden muß, wie weit der Geschädigte durch die schädigende Handlung eine krisenfeste Position erhalten soll und wie weit nicht. Mit der hier vorgeschlagenen Lösung dürfte damit dem Anliegen des Schrifttums, soweit es die Berücksichtigung interner Schadensanlagen fordert, als auch dem weiteren Anliegen eines Teils des Schrifttums, soweit es die Berücksichtigung unmittelbarer Gefahrenanlagen verlangt, Rechnung getragen sein. Der überwiegend auch im Schrifttum vertretenen Auffassung, daß die Grenze der Berücksichtigung hypothetischen Geschehens durch die Umkehr der Beweislast gezogen werden kann, ist damit jedoch widersprochen.

---

[195]) Vgl. dazu 5. Kapitel VII und 6. Kapitel IV Anfang.
[196]) Vgl. 6. Kapitel IV Mitte.

Neuntes Kapitel

Zusammenfassung

Das Kausalprinzip ist kein gültiges Prinzip für die Verknüpfung zwischen haftungsbegründendem Geschehen und Schaden. Die Kausalprüfung ist deshalb auch in keiner Phase dieser Zurechnungsprüfung bedeutsam. Statt dessen gilt das Vermeidbarkeitsprinzip, das nach der condicio-sine-qua-non-Technik gehandhabt wird, von der Kausalformel jedoch auch in den Ergebnissen erheblich abweichen kann.

Seine Leitsätze lauten:

I. Dem Schädiger wird ein Schaden zugerechnet, wenn er dessen Eintritt bei nicht haftungsbegründendem Verhalten vermieden hätte.

II. Neben dem Geschehen, auf dem das Verhalten des Schädigers als haftungsbegründend aufbaut, wird weiter auch ein Geschehen berücksichtigt, dessen Risiko der Geschädigte ohnedies hätte tragen müssen; hat das Tatgeschehen den Sachverhalt jedoch so sehr verändert, daß ein dem betroffenen Rechtsgut zunächst drohendes Risiko damit insgesamt nicht mehr bestand, so wird insoweit nur noch solches Geschehen berücksichtigt, dessen Risiko mit dem Rechtsgut untrennbar verbunden war. Haftet der Schädiger nur deshalb, weil er eine Sache ihrem bestimmungsgemäßen Bereich vorenthält, so kann er sich mit dem Nachweis entlasten, daß die Sache auch in ihrem bestimmungsgemäßen Bereich beeinträchtigt worden wäre.

III. Dem Schädiger wird der Schaden schon dann zugerechnet, wenn er durch sein haftungsbegründendes Verhalten auch nur geringe objektive Möglichkeiten vernichtet hat, die bei glücklichem menschlichen Verhalten dazu geführt hätten, daß der Schaden vermieden worden wäre; der Schaden wird nach dem Umfang der vernichteten Möglichkeit geteilt.

FSC
www.fsc.org
MIX
Papier | Fördert gute Waldnutzung
FSC® C083411

Kolibri 360 GmbH
Ferdinand-Jühlke-Straße 7
99095 Erfurt, Deutschland
produktsicherheit@kolibri360.de